地方治理实验书系·乡村治理改革研究
华中师范大学政治学一流学科建设成果文库

陈荣卓／主编

安顺经开实验：ANSHUN JINGKAI SHIYAN

以共同缔造行动推进乡村建设实质性进展

YI GONGTONG DIZAO XINGDONG TUIJIN XIANGCUN JIANSHE SHIZHIXING JINZHAN

陈荣卓　李梦兰　金　静　著

中国社会出版社
国家一级出版社·全国百佳图书出版单位

图书在版编目（CIP）数据

安顺经开实验：以共同缔造行动推进乡村建设实质性进展／陈荣卓，李梦兰，金静著．-- 北京 ：中国社会出版社，2023.6

（地方治理实验书系 · 乡村治理改革研究／陈荣卓主编．华中师范大学政治学一流学科建设成果文库）

ISBN 978-7-5087-6819-9

Ⅰ.①安… Ⅱ.①陈… ②李… ③金… Ⅲ.①农村－社会主义建设－研究－安顺 Ⅳ.①F327.733

中国国家版本馆 CIP 数据核字（2023）第 119336 号

出 版 人：程　伟
终 审 人：魏光洁
责任编辑：刘延庆
策划编辑：郑双梅
责任校对：张　党
封面设计：时　捷

出版发行：中国社会出版社
地　　址：北京市西城区二龙路甲 33 号
邮政编码：100032
编 辑 部：(010)58124831
网　　址：shcbs.mca.gov.cn
发 行 部：(010)58124864；58124845
经　　销：新华书店

印刷装订：北京九州迅驰传媒文化有限公司
开　　本：170 mm×240 mm　1/16
印　　张：15.25
字　　数：240 千字
版　　次：2023 年 6 月第 1 版
印　　次：2023 年 6 月第 1 次印刷
定　　价：48.00 元

中国社会出版社微信公众号

中国社会出版社天猫旗舰店

编 委 会

前 言

中国改革开放成功的一个重要因素，就是战略决策上坚持顶层设计、统一领导，战术选择上鼓励基层创新、因地制宜。党的十八大以来，以习近平同志为核心的新一届中央领导集体高度关注中国基层发展，鼓励大胆试验、大胆突破，扎实推进基层治理重大政策创制、重大规划实施、重大典型选树、重点任务落实，基层治理水平提升与民生改善同频共振，让发展成果更多、更好、更公平地惠及广大社区居民。农村社区作为乡村振兴与新型城镇化"双轮驱动"下形成的特殊形态，既不等同于简单的村庄翻新，也不仅仅是实现农村人口聚居，而是加快缩小城乡差距，在农村营造一种新的社会生活状态，让农民享受优质的社区公共服务，这对于乡村振兴和城乡融合发展具有重要意义。围绕党的十九届五中全会提出的"社会治理特别是基层治理水平明显提高"的主要目标，推进新型农村社区治理高质量发展势在必行。本书出版的初衷正是在充分了解和尊重中国乡村现实的基础上，研究探索具有中国特色、时代特征、可推广借鉴的社区治理模式，总结规律、提炼经验，助推全国农村社区治理试点和地方乡村振兴发展实践。

安顺经济技术开发区（以下简称安顺经开区）位于贵州省安顺市城区西部，辖区面积170平方千米，辖两镇一办、两个新型社区，共71个村居，常住人口30余万，是目前省政府重点培育的3个国家级开发区之一。作为黔中崛起的新兴城，在这里，传统与现代、民族与特色、经济与生态、城市与乡村交叉融合迸发出新活力。2017年，安顺经开区作为全国唯一的非建制县区成功入选民政部首批全国农村社区治理实验区，围绕"健全农村社区服务机制、补齐农村社区服务短板、扩大农村公共服务供给"的实验主题，以决战脱贫攻坚、决胜全面小康为引领，着力构建环境优美、乡风文明、功能完善、治理有效的农村社区治理新模式。创建过程中，安顺经开区紧紧把握城乡接合部农村社区的特征，坚持党建引领、固本强基，坚持以人为本、服务群众，坚持政府主导、多方参与，坚持因地制宜、突出特色，实施生态治理、产业振兴、文化提升、自治能力提升和公共服务提升“五项工程”，努力实现在新时代西部大开发上闯新路、在乡村振兴上开新局、在实施数字经济战略上抢新机、在生态文明建设上出新绩的发展目标。2022 年，民政部确认安顺经开区顺利通过全国农村社区治理实验区结项评估，并指出“贵州省安顺经济技术开发区积极推进农村社区服务标准化建设，提升农村社区服务的适用性和可及性”。

从安顺经开区的创新实践可以看出，现代农村社区治理不仅是新形势下农业农村发展战略与时俱进的升级版，也是缩小城乡差距实现共同富裕的重大举措。安顺经开区通过抢抓“全国农村社区治理实验区”建设契机，主动适应新时代脱贫攻坚、乡村振兴战略需求，以巩固拓展脱贫攻坚成果为基础，完善基础设施和公共服务设施建设，推进公共服务设施与居民住宅同步规划、同步建设，打造功能完善、利民惠民的新型农村社区；以强化乡村环境整治为切入点，开展生态型、宜居型、发展型、特色型村寨创建活动，不断改善农村居住条件和生活环境，建设天蓝、地绿、水净、繁荣、和谐的美丽乡村；以城乡经济高质量发展、城市乡村宜居宜业、城乡面貌焕然一新为突破口，集聚当地民族历史文化资源优势，创新文化传播手段，推动农文旅商融合；以民生改善为落脚点，健全自治、法治、德治相结合的乡村治理体系，让村民端起“生态碗”、吃上“旅游饭”，人民群众的获得感、幸福感不断增强。安顺经开区的经验再次充分证明“基层是经济社会发展矛盾的聚焦点，必须把抓基层打基础作为党的工作的长远之计和固定之策。社会服务和管理能力强了，社会治理的基础就实了”。当前，农村社区治理的社会复杂性、脆弱性和敏感性不断增加，如何更好地应对治理复杂多元的风险，不断完善社区治理体系，提升社区治理效能，这既是新时代对基层社区治理能力现代化的一项重要命题，也是对国家治理体系和治理能力的一次大考。

党的二十大报告提出：“全面建设社会主义现代化国家，最艰巨最繁重的任务仍然在农村。”推进农业农村现代化是全面建设社会主义现代化国家的重大任务，是解决发展不平衡不充分问题的重要举措，是推动农业农村高质量发展的必然选择。没有农业现代化，没有农村繁荣富强，没有农民安居乐业，国家现代化是不完整、不全面、不牢固的。既如此，迈向全面建设社会主义现代化国家新征程中，我们党正在团结带领广大人民群众建设宜居宜业和美乡村，奋力推进中国特色社会主义伟大事业不断向前发展。这不仅一以贯之地体现了我们党对乡村建设规律的深刻把握，也为推进基层治理体系和治理能力现代化提供了根本遵循和行动指南。作为人文社科领域的学者，这就需要我们把加强政策制度的顶层设计与坚持调查研究的问计于民辩证统一起来，持续关注城乡社区治理创新等重大理论和现实问题，并与地方基层开展更加全面、更加深入的合作，通过扎实调查研究、跟踪指导，以调查数据、研究成果和智库报告等多种形式，及时发现和总结实践探索中涌现的特色做法、经验成果，共同为基层治理、地方治理和国家治理的现代化作出应有贡献。我们坚信，随着农村社区建设的普遍推进和城乡基本公共服务均等化的实现，广大农民憧憬的幸福美好乡村生活画面将成为近在眼前的真实生动场景。今天的安顺经开区，正在展开和描绘这幅画卷！

目　录

第一章　勠力攻坚：破解农村社区发展难题

第二章　头雁领航：凝聚农村社区领导力量

第三章　村寨建设：打造农村社区宜居面貌

第四章　村社合一：筑牢乡村振兴产业根基

第五章 整乡推进：提升农村社区服务效能

第六章 共同缔造：构筑协同互动治理格局

第一章　勠力攻坚：破解农村社区发展难题

基层治理是国家治理的基石，统筹推进乡镇（街道）和城乡社区治理，是实现国家治理体系和治理能力现代化的基础工程。

——习近平总书记 2021 年 1 月 28 日在主持召开中共中央政治局会议审议《关于加强基层治理体系和治理能力现代化建设的意见》时的讲话

第一节　接力担当，城乡基础实现大提升

城乡发展，基础先行。加强和改进城乡社区治理的前提是不断夯实城乡基础、筑牢发展稳定基石。当前，我国已经顺利打赢脱贫攻坚战，确保了我国现行标准下农村贫困人口实现脱贫、贫困县全部摘帽、区域性整体贫困得到有效解决。尽管我国“三农”工作已经取得了显著成就，但广大地区农业基础还不稳固，城乡区域发展和居民收入差距仍然较大，我国仍然面临城乡发展不平衡、乡村发展不充分的难题。对于广大摆脱了绝对贫困的地区而言，如何实现巩固、拓展脱贫攻坚成果与乡村振兴有效衔接，集中力量补齐农业农村发展短板，不断提升农村社区公共服务水平，推动城乡互融共荣仍然是迫切需要解决的问题。在脱贫攻坚的伟大实践中，安顺经开区奋力而为，发挥敢闯敢干、团结奋斗的精神，认真审视当前存在的问题，精准扶贫、尽锐出战，不断探索总结新方法、新路径，从过去贫困面大、贫困程度深、贫困人口多，转变成如今的经济发展高质高效、城市乡村宜居宜业、城乡面貌焕然一新，顺利交好了乡村振兴的“接力棒”。

一、从“共生繁荣”到圆梦小康

30 年前，作为贵州省首批成立的三大经济技术开发区之一，安顺经开区把握改革开放的发展机遇，成为安顺多种经济成分共生的前沿阵地。过去，开发区地处“三线”建设的腹地，聚集了大量的军工企业，周边不是山就是农田。为了大力开发土地资源，经开区通过内联外引双向推进，在“资源、市场全面开放，经济、技术综合开发”的工作思路下，用足用好各项优惠政策，以理顺各种工作关系来提高办事效率；通过加快基础设施建设来改善投资环境、增强招商引资的吸引力，各项工作都逐渐有了起色。从 20 世纪 90 年代末开始，我国开始实施西部大开发战略，安顺经开区迎来了一次千载难

逢的历史机遇，引进了诸多生产型企业和工业项目，为它们提供全天候、全方位、全过程的服务。作为国家星火技术密集区，经开区的改革发展历程是实验区的延伸与拓展。这些年来，经开区一路栉风沐雨，在改革开放的浪潮中昂首阔步，走出了一条勇立潮头、抢抓机遇、转型升级的发展之路。

进入新时代，安顺经开区又成为充满魅力与生机、极具创新力的新兴地区。随着全区经济社会的大发展，经开区构建了公路、铁路、航路的高效立体交通网。利用三年的时间建成了市政道路140多千米，几乎是建成区时的6倍，并将道路交通规划纳入主城区交通路网进行全方位规划布局，四通八达的交通脉络为全区城乡经济发展保驾护航。2016年12月，安顺经开区拉开了高铁时代的序幕，安顺西站成为全市规模最大的高铁站，也是黔中地区的重要交通枢纽。如今，开发区的航空网络布局更加完善，城市通达能力得到进一步提升。通过对开发区交通秩序、卫生环境等方面的大力整治，城乡文明程度不断提升，人居环境也发生了翻天覆地的变化，人民群众的获得感、幸福感持续提升。

近年来，经开区不断解放思想、凝聚积极力量、努力攻坚克难，致力于经济快速发展与民生持续改善、社会和谐稳定的有机统一，努力推进新型工业化、城镇化，推进农业现代化和旅游产业化。从温饱不足到圆梦小康，从靠天吃饭到产业兴旺，在顺利打赢脱贫攻坚战的基础上，全区上下认真学习贯彻习近平总书记视察贵州重要讲话精神，按照省委、省政府统一安排部署，发扬伟大脱贫攻坚精神，把巩固拓展脱贫攻坚成果同乡村振兴有效衔接作为重大政治任务和民生工程，强化动态监测、产业帮扶和易地扶贫搬迁后续扶持，采取了一系列有效改革举措，坚决守住不发生规模性返贫的底线，持续巩固拓展脱贫攻坚成果，推进乡村振兴取得新成效。

二、后发赶超，脱贫攻坚实现精彩跨越

党的十八大以来，以习近平同志为核心的党中央把脱贫攻坚工作纳入“五位一体”总体布局和“四个全面”战略布局，并将其作为实现第一个百年奋斗目标的重点任务。经过全国上下共同努力推进脱贫攻坚，农村贫困人口显著减少，贫困发生率持续下降，贫困地区农民生产生活条件显著改善，贫困群众获得感显著增强，我国向解决区域性整体贫困迈出了坚实步伐。2018年6月15日，中共中央、国务院发布了《关于打赢脱贫攻坚战三年行动

的指导意见》，提出要强化到村到户到人精准帮扶举措、加快补齐贫困地区基础设施短板、加强精准脱贫攻坚行动支撑保障、夯实精准扶贫精准脱贫基础性工作与加强和改善党对脱贫攻坚工作的领导。就脱贫攻坚与乡村振兴的关系而言，“脱贫攻坚是基础，重点解决公平问题，以消除绝对贫困为目标；乡村振兴是升级，重点解决发展问题，缓解发展过程中相对贫困问题”。[①] 为了有效实现脱贫攻坚与乡村振兴的有效衔接，解决好城乡社区发展问题，“十三五”以来，安顺经开区把脱贫攻坚作为头等大事和第一民生工程，坚决扛起责任，落实“六个精准”，打好“四场硬仗”，鼓足干劲做好精准帮扶工作，书写黔中大地脱贫攻坚的精彩篇章。

（一）抓党建强基础，筑牢扶贫战斗堡垒

党的基层组织处在脱贫攻坚的最前沿，既是党在贫困地区带领群众脱贫攻坚、走向共同富裕、克服治理困难的坚强战斗堡垒，又是党与贫困地区人民群众联系沟通的桥梁与纽带。抓党建促脱贫攻坚工作，实际上就是把党建与扶贫、党的政治优势和组织领导优势、加强党的建设和推进中国特色社会主义伟大事业有机结合起来，动员全党全国全社会力量，齐心协力打赢脱贫攻坚战。早在 2015 年 11 月 29 日出台的中共中央、国务院《关于打赢脱贫攻坚战的决定》中就指出要“发挥基层党组织战斗堡垒作用”，“抓好以村党组织为领导核心的村级组织配套建设，集中整顿软弱涣散村党组织，提高贫困村党组织的创造力、凝聚力、战斗力”。面对党建与脱贫工作融合度不高、推动脱贫攻坚先锋力量不强、村党组织脱贫核心引领作用难以有效发挥的现实状况，安顺经开区立足“围绕发展抓党建，抓好党建促发展”的思路，通过优化基层组织架构、创新探索多种党组织模式，紧紧把党员的力量凝聚起来，为脱贫攻坚注入强大动力。

在开发区脱贫攻坚任务重的一些贫困村，知识青年大多在外工作、青壮年外出务工、能人在外经商，村级领导班子只能从有限的“留守人员”中勉强挑选组建，村级班子成员年龄普遍偏大、性别比例失衡、文化素质整体偏低以及党组织后备力量薄弱，这些都成为制约农村经济社会发展的瓶颈。为

---

① 张大维，解惠强．国家治理现代化视角下的脱贫攻坚经验与乡村振兴趋向［J］．中国农村研究，2021（1）：5－27.

解决这一困境，经开区深入推进“兵支书”建设，发挥退役军人村干部在脱贫攻坚中的示范引领作用，把考核合格、热爱农村、勇于奉献的优秀苗子纳入“兵支书”后备人才库；明晰区、镇、村三级脱贫攻坚主体责任，建立帮扶单位、乡镇、帮村书记、驻村干部、村党组织书记“五位一体”责任捆绑机制。截至2020年10月，共选派46名部门（单位）“一把手”担任“帮村书记”，选派143名干部开展同步小康驻村帮扶，选派1515名干部与贫困户开展“一对一”结对帮扶，在岗在编干部职工按照30%的比例储备了248名驻村干部。同时，以市场化引才模式，每年面向社会全覆盖公开招考50名雇员任村（居）扶贫主任，将他们作为抓党建促脱贫的重要力量和村“两委”干部队伍的后备军，充实基层帮扶力量。严格按照“政治素质好、协调能力强、带富能力强”“一好双强”的选拔标准，建立规范村级干部联审联查以及备案管理制度，严把入口关。实行动态管理，加强对村“两委”干部的分析研判，持续优化村“两委”班子队伍，推动脱贫攻坚成效持续巩固。

（二）拔“穷根”明靶向，提高公共服务效率

“一般而言，生存环境的恶劣、就业的不足以及教育、医疗等公共保障和服务的缺失是贫困的根源”①，而“易地搬迁”扶贫能有效从根本上解决相对贫困和实现持续减贫，提高公共保障与服务水平。易地扶贫搬迁作为发生在我国贫困地区农村的一次伟大而深刻的历史性变革，是人类迁徙史和世界减贫史上的伟大壮举。“十三五”以来，我国用5年时间帮助生活在“一方水土养不起一方人”地方的近1000万建档立卡贫困人口实现了易地扶贫搬迁、彻底摆脱绝对贫困，有力推动了搬迁地区乡村振兴战略实施和新型城镇化进程，为打赢脱贫攻坚战作出了重要贡献。贵州省的易地扶贫搬迁工作主要是以《贵州省2016年易地扶贫搬迁工程实施方案的通知》为基础，同时还根据《贵州省扶贫生态移民工程规划（2012—2020年）》《贵州省生态扶贫移民就业工作实施方案》等文件要求，通过科学合理规划，深入实施“五个一批”工程，推进住房政策、土地政策、就业政策、产业政策等社会保障政策协调运作，集中精力着重扶持当地的贫困人口，并采取多种方式筹措资金，保障

---

① 黄祖辉．新阶段中国“易地搬迁”扶贫战略：新定位与五大关键［J］．学术月刊，2020，52（9）：48－53.

搬迁安置点后续发展的可持续性，提高搬迁民众的整体素质和自我发展能力。

由于易地扶贫搬迁安置点相关基础设施不配套，易地搬迁社区精细化管理服务跟不上，干部、师资和医技人员力量等相关配备不够、服务保障水平不足，安顺经开区多次召开易地扶贫搬迁后续服务工作联席会议，将其作为巩固脱贫攻坚成果与乡村振兴有效衔接的一项重要内容，这是确保搬迁群众“稳得住、有就业、逐步能致富”的关键环节。作为经开区唯一一个易地扶贫搬迁安置点，幺铺镇龙井村在前期推进“五个体系”建设的基础上，围绕开展筑牢“五心”行动，搭好“五桥”、建强“五家”，持续抓好易地扶贫搬迁“后半篇文章”，以切实做好安置点社区服务设施建设、认真谋划社区设置管理、抓好安置点居民自治与社会和谐为出发点，积极引导社会力量共同参与易地扶贫搬迁安置点的社区治理工作。2018 年，龙井村贫困户 102 户 395 人全部脱贫；2020 年，龙井村安置点获安顺市易地扶贫搬迁 2020 年第一批“十佳文明安置点”荣誉称号。现在的龙井村基础设施完善、产业配套齐全、收入渠道拓宽、生活条件得到改善，居民群众的归属感、幸福感进一步增强。

（三）抓产业助增收，增强群众“自我造血”功能

2019 年，安顺市纵深推进产业扶贫，调减低效作物种植面积 29.04 万亩并发展高效替代产业，辐射带动 15.85 万贫困人口增收，初步建成以西秀、平坝为核心的安顺高标准蔬菜示范区，培育形成普定韭黄、镇宁小黄姜、关岭牛、紫云红心薯、经开区食用菌等“一县一业”种养基地。

由于坝区跨度过大、地块较为零散，难以从整体上进行调整和打造，经开区按照市委、市政府调整 500 亩以上坝区建设和农业产业结构调整工作要求，选择相对集中连片的地块进行调整。以基础设施建设、产业选择、经营主体培育、产销对接、统筹调度为重点环节，统筹推进。经开区全面落实“五步工作法”，围绕农业产业“八要素”，将春耕备战和农村产业调整向纵深推进，在抓好疫情防控的基础上，以 500 亩坝区建设为抓手，加快完善配套基础设施，创新发展模式，选精选准优势主导产业，推动规模化标准化的发展，不断促进农业产业提质增效、农民致富增收；疫情防控期间，为加快农业产业结构调整，还通过召开农业产业结构调整现场调研调度会的方式，让各乡镇（街道）在比中学、在学中干，形成比学赶超的浓厚氛围，以此推动全区农业产业结构快速高效调整，为确保打赢脱贫攻坚战提供了有力的产

业支撑。

在产业扶贫进程中，安顺经开区采用党建引领、业务部门指导、村党支部具体负责的发展模式，建立“村社合一”农民专业合作社 54 个，将 54 个涉农村（居）建档立卡贫困户 1512 户 4997 人纳入“村社合一”合作社，创新利益联结机制，农户可通过土地流转、资金入股、进场务工、集体收益等多种渠道增加收益。近年来，经开区幺铺镇阿歪寨村积极寻找村级集体经济发展的突破口，基于村民有种植蔬菜经验的优势，利用山东省青岛西海岸新区定点帮扶资金支持，打造了百亩蔬菜大棚项目，同时加大对农民生产技术培训力度，促进了农民生活富裕。

三、持续发力，旧貌换新颜开新篇

2021 年 2 月 25 日，习近平总书记在全国脱贫攻坚总结表彰大会上的讲话中指出，脱贫摘帽不是终点，而是新生活、新奋斗的起点。党的十九届五中全会首次明确提出“实现巩固拓展脱贫攻坚成果同乡村振兴有效衔接”，为我国如何巩固脱贫攻坚成果、应对相对贫困指明了方向，同时也对乡村振兴工作提出了新的要求。随着深度贫困县紫云自治县脱贫摘帽，安顺市彻底撕掉了千百年来绝对贫困的标签，标志着全市的全面脱贫。为科学分析、研判脱贫后面临的困难、挑战，乘势而上加快乡村振兴进程，2021 年 10 月，安顺市人民政府出台了《安顺市“十四五”巩固拓展脱贫攻坚成果同乡村振兴有效衔接规划》，指出当前重点帮扶区域要补齐基础设施短板，持续改善生态环境，进一步提高城乡基本公共服务均等化水平，筑牢乡村振兴基础，着力建设巩固拓展脱贫攻坚成果样板区，走具有贵州特色的乡村振兴之路。

（一）巧用“微改造”推进宜居乡村建设

生态宜居是乡村振兴的内在要求，是提高广大农村居民生态福祉的重要基础和保障。从“村容整治”到“生态宜居”，不仅反映了农村生态文明建设质的提升，更能体现广大农民群众对建设美丽家园的美好愿景。2022 年 5 月 23 日，中共中央办公厅、国务院办公厅印发了《乡村建设行动实施方案》，提出了乡村建设要广泛依靠农民、教育引导农民、组织带动农民，要“引导鼓励农民开展庭院和村庄绿化美化，建设村庄小微公园和公共绿地”。近年来，安顺市以“村庄清洁助力乡村振兴”为主题，确立了“一年攻坚突破，两年提质增化，三年巩固成效”的目标，经开区以“四清两改四严禁”为乡村治理标准，努力打造干净清爽的乡村环境，同时发挥“一约四会三榜”作用，激发广大农民群众参与乡村建设行动的热情。在阿歪寨村牛蹄组，村民们在政府帮助下拆除自家门前的围墙用于养花种蔬菜等，把过去的“脏乱差”改造为微景观、微田园、微菜园，同时注重公厕、凉亭、广场等乡村公共空间的打造，真正把乡村打造成诗意田园、乡愁家园；通过挖掘老物件价值进行墙面装饰、庭院美化、DIY 创意等，变废为宝，让一路一步皆成景，一草一木皆有韵，还原浓浓的乡村味道。这既改善了农村生活条件、助力宜居宜业美丽乡村建设，又保留了具有本土特色和乡土气息的乡村风貌。

（二）“景城一体”推进新型城镇化建设

2020 年 4 月，贵州省新型城镇化推进大会召开，对要加快构建以县城和特色小城镇为支撑的城镇空间格局提出了新的要求。为进一步提升城市环境质量、居民生活质量和城市竞争力，近年来，安顺经开区坚持景城一体，围绕“山、水、人、文、景”做文章，秉承开发一片、绿化一片、美化一片的理念，打造了自行车山体公园、龙头山山体公园、高铁站前广场、生态广场31 个；以“城市双修”理念和“海绵城市”的手法建成娄湖生态公园，修复了生态环境、提高了城市颜值，实现了“城在绿中、湖在城中、山环水绕、人在景中”；运用高端信息化操控技术，建成了全区第一条“车来灯亮、车走灯熄”的环湖路灯照明系统，推进生态环保与智慧城市的打造；同时提出“1 + N”镇村联动发展模式，通过 1 个示范小城镇带动辖区内 N 个美丽乡村的创建和发展，积极培育创建包括三合苗寨、羊场村等在内的 3 个“四在农家·美丽乡村”省级示范村，以及马厂村、白果村等 11 个市级示范村，切实推进了“产城景互动”和“城乡一体化”发展。安顺经开区幺铺镇在小城镇建设推进过程中，在原有项目基础上不断丰富小城镇建设的外延和内涵，形成了以中核高铁新城、多彩万象旅游城、神骏文旅小镇、“十里荷廊”和特色民国风情街等为主的一批重大城镇建设项目和农文旅融合发展项目，在挖掘乡村历史文化、培育新型主导产业的同时，让群众感受乡村面貌变化，享受乡村发展红利。

（三）“三步走”助推公共服务惠民生

一是以“专业 + 志愿”模式优化养老服务。养老服务体系建设是民生大事，是社会保障和公共服务体系建设的重要组成部分。为破解老年人养老领域存在的重点难点问题，创新社区养老发展模式，经开区在星光社区南新居委会成立了日间照料养老服务中心，为社区60周岁以上的老年人提供健康管理、居家养老、康复训练、文化娱乐等服务，让老年人能够老有所养、老有所乐，解决老年人养老难题。同时，还配备了健康风险评估系统、预适应训练仪、电磁波治疗仪等无创康复医疗设备。截至2021年9月，该中心共有床位20张，设有康复训练、理疗康复等多个功能室，由专业的社会工作者和社区志愿者为老年人提供心理疏导等一系列服务项目。

二是以“网格+帮扶”模式提升医疗服务。通过组建经开区医疗集团，形成以中西医结合医院为核心，宋旗、幺铺两镇卫生院为“两翼”，村卫生室、社区服务站为支点的医疗服务网格体系，推行医疗集团内部“人、财、物”统一管理，资源纵向整合、横向联合，实现合理高效配置。构建基层首诊、双向转诊、急慢分治、上下联动的分级诊疗模式，组建了30个由区、镇、村三级医生组成的家庭医生团队开展家庭医生签约服务，实现“优势资源延伸到乡镇、精准医疗服务到村居”，群众不出镇就能享受到区级医院优质医疗服务。同时，与山东省青岛西海岸新区建立东西部协作关系，由来自青岛西海岸新区区立医院的14位政治素质高、业务能力强的专家赴经开区中西医结合医院和幺铺卫生院进行驻点帮扶，累计诊疗患者2459人次、开展手术153台、会诊57例、培训医务人员1033人次。

三是以“点对点”输送模式助力返岗就业。为解决农民工就业难的问题，经开区成立农民工就业返岗工作专班，采取送工人到企业、送岗位到村（居）的方式，收集企业用工需求信息，在辖区范围逐村逐户排查和动员，做好劳动力就业意向摸底调查，帮助有意愿外出务工的农村剩余劳动力做好岗位对接。此外，进一步加强与青岛西海岸新区沟通协调，达成劳务输出共识，为贫困劳动力输出到外地就业提供政策支持，尤其是把建档立卡贫困劳动力和易地扶贫搬迁劳动力作为就业服务优先对象，确保至少一户一人就业；同时开展点对点企业用工劳动力求职推介会，为企业筛选合适人员，为农民工寻找合适岗位。

第二节　择善而从，城乡产业实现大发展

2021年8月24日，习近平总书记在河北省承德市考察时指出，产业振兴是乡村振兴的重中之重。《中共中央 国务院关于做好2022年全面推进乡村振兴重点工作的意见》强调要“聚焦产业促进乡村发展”。产业兴旺是推动乡村振兴的原动力，也是实现农业强、农村美、农民富的经济基础，是乡村建设、乡村治理的前提。贵州省党的第十三次代表大会指出，要坚定不移推动“四化”，奋力推进工业大突破、城镇大提升、农业大发展、旅游大提质，构建支撑高质量发展的现代产业体系。近年来，作为安顺市经济建设的主战场，经开区为更好适应工业化、城镇化、信息化和现代化发展要求，坚持认真贯彻落实新发展理念，以脱贫攻坚统揽经济社会发展全局，深化农业产业结构调整与制度变革，打造多种工业产业集群，构建产城融合、城乡一体的发展格局。

一、深化农业产业革命，乡村振兴开新局

党的二十大报告指出，加快建设农业强国，扎实推动乡村产业、人才、文化、生态、组织振兴。农业农村经济是安顺经开区经济社会发展的“稳定器”“压舱石”。由于地处我国唯一一个没有平原支撑的省份，其生态环境与全国其他地区规模化农业种植相比不具优势。因此，安顺经开区积极响应贵州省委书记“来一场振兴农村经济的深刻产业革命”号召，对标农村产业发展的“八要素”，深入践行“五步工作法”，持续深化农村产业革命，谱写产业脱贫新篇章。

（一）“三权”促“三变”：盘活农村发展资源要素

过去，由于经开区外出务工人员增多，很多偏远山区土地撂荒，土地和

森林资源成了沉睡的资金。为了进一步整合有效资源，调动农民参与改革的积极性，促进农业的集约化和特色化经营，经开区结合实际情况，探索实施“三权”促“三变”改革，聚焦“富民强村”目标，围绕权属明晰抓确权、市场价值抓赋权、资产流动抓易权，促进资源变资产、资金变股金、农民变股东。在发展产业类型方面，完成了25个涉农村（居）的农村土地确权、林地确权，以食用菌、莲藕和乡村旅游等为主导产业；在激活发展要素方面，动员农户以土地、房屋、资金等不同方式入股，参与经济事务发展，整合各类财政资金；在转变生产方式方面，推动了农村生产方式由分散式向集中规模化方式转变。真正让农民重回土地、立足土地、依靠土地发展，让土地更加集中、生产更加集约、效益更加凸显，发展和壮大了村集体经济，赋予农民更多财产权利，切实拓宽了农民增收渠道，破解了农村发展难题。

（二）“村社合一”发展模式：推进农业产业结构调整

2016年5月24日，习近平总书记在黑龙江省抚远市玖成水稻种植合作社考察调研时指出，农业合作社是发展方向，有助于农业现代化路子走得稳，步子迈得开；农民专业合作社是带动农户增加收入、发展现代农业的有效组织形式，要总结推广先进经验，把合作社进一步办好。安顺经开区结合当地农业发展实际，推行村党组织和农民专业合作社互融共建，形成了以“党社联建、交叉任职、选准产业、培训农民、人才支撑、产销对接、利益联结、要素保障、组织群众、健全机制”十条措施为主的“村社合一”发展模式，全区54个涉农村（居）全部纳入“村社合一”建设，拓宽了群众增收致富路，为脱贫攻坚打下了坚实基础。同时，经开区结合交通、区位、土壤、气候等优势，按照“一县一业”安排部署深入推进农业产业结构调整，选取食用菌、蔬菜（莲藕）、林业（花椒、金刺梨）、花卉及中药材、生态畜牧渔业作为主导产业，成立五大产业发展专班和农业产业结构调整区、镇、村三级指挥体系。“村社合一”发展模式充分发挥了农村基层党组织战斗堡垒作用，进一步完善了党组织领导的自治、法治、德治相结合的乡村治理体系，也为贵州省脱贫攻坚、全面建成小康社会提供了一条有效途径。

（三）培育新型经营主体：构建利益联结共同体

培育农村新型农业经营主体是当前农业农村改革面临的关键问题，是实现农业现代化、提高农产品在国内和国际市场竞争力的关键举措，同时更是落实农业农村优先发展和乡村振兴战略，解决人民日益增长的美好生活需要与农业领域不平衡不充分发展之间矛盾的必由之路。为解决规模经营主体实力不强，农户之间组织方式简单、利益联结不牢等问题，经开区通过持续深化农村产业革命，全面推行“公司＋合作社＋农户”发展模式，鼓励种植大户、家庭农场、合作社、龙头企业等经营主体参与产业发展，在技术提升、科技研发、基地建设、品牌创建、市场推广和贷款贴息等方面给予支持，完善利益联结机制，引导经营主体健康发展。截至2021年底，全区共有农产品加工企业20家，国家级农业产业化重点龙头企业2家，省级农业产业化重点龙头企业8家，市级农业产业化重点龙头企业18家。通过持续深化农村产业革命，激发各类经营主体的发展活力，让所有参与产业革命的农户都能增收脱贫致富。

（四）“产销对接”机制：打通农产品销售渠道

加强脱贫地区农副产品产销对接，深化消费帮扶，是促进经开区脱贫产业发展壮大和脱贫群众增收致富的重要举措。2018年中央一号文件提出，要“健全农产品产销稳定衔接机制”。加快完善农产品产销对接体系，推动农业高质量发展，这既是农业供给侧结构性改革的客观需要，也是农业产业发展的必然要求。经开区通过引进聚福菌、人和园、合方圆等龙头企业公司、农民专业合作社，采取土地流转的方式，按照“公司＋合作社＋农户”模式参与坝区创建工作。加大“黔货出山”“安货入湾”宣传推介，积极搭建好销售平台，采取农超对接、农校对接、批零对接等直采直供模式，依托秀辣天下公司、聚福菌公司等农业企业发展订单农业，构建“公司＋合作社＋农户＋市场”的产销对接模式，让农户种植的产品不愁销路，调动了农户种植的积极性，带动了农户增收致富。

二、打造工业产业集群，构建产城融合发展格局

工业发展是我国经济高质量发展的基础和建设社会主义现代化强国的关键，经过改革开放40多年的发展，我国工业化进程快速推进，工业经济总量跃居世界第一，大量工业产品产量位居世界前列。“十四五”时期，我国工业发展的主要任务是以做实做强做优实体经济为主攻方向，以调结构、促转型

为发展目标，积极发展先进制造业和战略性新兴产业，加大技术改造投入力度，牵引带动传统产业转型升级，加大企业创新研发投入和关键核心技术攻关力度，围绕国内国际双循环，努力提高产业链供应链稳定性和工业现代化水平。面对城镇化快速发展的需求，“十三五”期间，经开区工业经济实现了规模总量提升、结构调整优化、企业培育成长和园区聚集辐射，形成了军民融合、装备制造、民族制药、食品加工等工业产业集群，在推进产业融合发展的过程中，逐步构建了产城融合、城乡一体、协同发展的格局。

（一）以“军民融合”发展战略性新兴产业

党的十九大报告指出，要更加注重军民融合，走中国特色强军之路。实施军民融合发展战略是构建一体化国家战略体系和能力的必然选择，是实现党在新时代强军目标的必然选择，也是促进经济发展方式转变和经济结构调整的现实需要。2018 年，经开区紧紧抓住国家推进军民融合深度发展的重大战略机遇，积极推动军民融合创新，争创国家军民融合创新示范区，基本实现了全要素、多领域、高效益的军民融合深度发展格局。作为全国首批 4 个国家级民用航空高技术产业基地之一、全国 26 个通用航空产业综合示范区之一，以及新中国三线建设的主战场，经开区依托军民融合优势资源，发展战略性新兴产业。其中，贵飞公司等 19 家企业组成工业联合体，并自主研发 FTC－2000G 外贸飞机，该飞机成功首飞后进军国际军贸市场。2018 年贵州安顺黄果树飞行大会全面展示了贵飞公司无人机和相关航空企业生产的通航飞行器、云雀 Q1 型号轿车等安顺航空文化和地方特色，促进了贵州安顺通航产业、航空文化产业、航空体育产业和以旅游业为主的现代服务业发展，推进了通用航空产业综合示范区建设。

（二）以“双千工程”促进实体经济转型升级

近年来，安顺经开区以“双千工程”为抓手，重点围绕高端装备制造、大健康医药产业补链强链，加快推进供给侧结构性改革，促进经济转型升级，盘活存量、做大增量，积极培育经济增长新动力。黔中（安顺）物流园区作为贵州省唯一上榜单位获批第二批国家级示范物流园区。完成技改投资 11 亿元、“千企改造”投资 16.8 亿元，新增规模工业企业 5 户，完成融合标杆项目 2 个，融合示范项目 11 个，融合企业 20 个。除此之外，贵州百灵企业集团制药股份有限公司作为一家从事苗药研发、生产、销售于一体的上市公司，在全国拥有近50万家客户群体，建立了完善的销售体系。近年来，随着销量稳步增长，为了大幅度提升产品品质、提高生产效率、扩大生产产能，贵州百灵集团通过加快扩能技改项目推进，助推安顺新型工业化高质量发展。同时，扩能技改项目通过智能安全绿色高端技术、先进生产设备和节能设备的投入应用，在帮助企业做大做强的同时，也为工业数字化改造打下坚实基础。

（三）以“011科创谷”为核心开启数字经济发展新征程

为促进工业经济快速发展，经开区按照“集聚化、集约化、集群化、特色化”的要求，加强园区基础设施建设，促进项目的集聚，加快产业发展。同时，经开区深入贯彻2021年2月习近平总书记在贵州考察调研时作出的“希望贵州在实施数字经济战略上抢新机”重要指示精神，顺应数字技术重塑经济增长格局的时代趋势，持续开拓数字经济新“蓝海”。2021年4月，“011科创谷”项目正式落地安顺。该项目意在传承安顺经开区“三线建设”时期011基地航空报国精神，项目名称基于计算机数据二进制的0和1，有着数化万物、智慧安顺的主题寓意。它以产业云脑数字为依托，实现一批应用场景、引进一批市场主体、孵化一批科创企业、培育一批“独角兽”与上市公司、壮大一个数字产业园，最大限度地释放应用场景、驱动数字价值，汇集数字经济总部、数字跨境服务、数字生活服务等若干应用场景，把大数据、5G等先进技术应用到各行各业，成为立足安顺、辐射贵州、应用全国的综合性、多样化、全功能的数智产业集聚园区、数字经济集聚区、新旧动能转化先行区、高质量发展示范区。同时，吸引和聚集更多的创业创新企业家和团队，壮大企业规模，形成产业集群，在实施数字经济战略上抢新机，让数字经济成为安顺高质量发展新的增长极。在招商引资方面，开园以来已引进50家大数据企业，现入驻35家。

三、因地制宜整合资源，推进全域旅游蓬勃发展

加快发展全域旅游，不仅有利于推动旅游业的高质量发展，而且对于应对“三农”领域问题、助推乡村振兴战略的实施都有重要作用。2018年3月9日，国务院办公厅印发的《关于促进全域旅游发展的指导意见》指出：“发

展全域旅游，将一定区域作为完整旅游目的地，以旅游业为优势产业，统一规划布局、优化公共服务、推进产业融合、加强综合管理、实施系统营销，有利于不断提升旅游业现代化、集约化、品质化、国际化水平，更好满足旅游消费需求。”近年来，安顺经开区围绕“四新”主攻“四化”，推进实施旅游产业化“两大提升”“四大行动”，树立产业化思维，积极培育市场主体，增强旅游产品供给，丰富旅游业态，提升服务质量，扎实推进旅游产业化各项工作。围绕“文振经开”，实现谋划一盘棋、发展一体化、地域一家亲，坚持统筹协调、因地制宜，探索出了一条全域旅游助推乡村振兴的有效路径。

（一）“旅游＋多产业”打造文化旅游集散新高地

民族地区旅游业发展最大的特点就是民族性，利用民族文化与主流文化的差异吸引游客，是民族旅游开发的切入点。基于此，安顺经开区结合其特有的区位优势和交通优势，把旅游工作重点转到抓乡村旅游上来，深挖乡村传统文化资源，以“宜居乡村治理”为抓手，推进“旅游＋多产业”融合发展，完善旅游基础设施，打造民宿、康养以及沉浸式体验等新业态，形成旅游“吃住行游购娱”的全要素链条，在提升乡村品质、传承乡村民族文化的同时，切实推进农文旅商深度融合。重点围绕少数民族文化和藤甲文化，推进牛蹄组“文旅＋康养”项目开发建设，将歪寨、牛蹄、“十里荷廊”连片打造成乡村旅游集成示范带。同时积极申报乡村旅游重点村、重点乡镇，着力推进乡村旅游示范点打造，助力全域旅游示范市建设。“十里荷廊”“鱼鳞瀑布”亲水平台、幺铺旅游集散中心、安顺蜡染馆、神骏生态文旅小镇等特色文旅项目点亮了“文振经开”全域旅游发展新路径，实现了“基础设施再提升、旅游业态再丰富、品牌营销再拓展”的总体目标。2021年，经开区接待游客1455万人次，同比增长7.6%；旅游收入150.8亿元，同比增长5.8%。

（二）“三产融合”推动黔菜产业高质量发展

安顺是西南著名的美食之都，近年来，安顺经开区深入贯彻落实省委、省政府推动黔菜美食产业高质量发展决策部署，强化“联动一产、带动二产、拉动三产”战略思维，创新机制推进餐饮产业高质量发展，全力构建“食在多彩贵州·悦享醉美黔菜”的餐饮发展新格局。一是借助“黄果树中央厨房”拉动消费增长。通过成立贵州黄果树中央厨房有限公司运营主体，有效整合优势资源，赋予企业最大限度的自主权，凭借集约化生产、标准化流程、规模化经营，有效降低了资源消耗，提高了资源利用率，极大地降低了人工成本。通过冷链热链方式配送到集体食堂、餐饮门店、酒店、超市、家庭餐桌，为广大消费者品尝“地方特色”“家乡风味”提供了全新的体验。现在，“黄果树中央厨房”在供应链整合、菜品研发、生产工艺、客户结构等方面都处于全国领先水平。二是实施“安顺特色美食”品牌战略。依托安顺得天独厚的自然生态资源，结合屯堡美食文化、少数民族美食文化，推出安顺传统小吃及屯堡特色菜系，打造“黔菜美食特色品牌”。“美食+”功能在促进产业深度融合、打造优质营商环境、推动经济社会发展中的作用得到进一步突显。三是以“一个人的安顺”乡愁文化园、“黄果树三碗粉”等产品为主导，将地方美食、特色小吃汇聚入园，打造“品文化、尝美食、忆乡愁”的特色文化美食旗舰馆、体验地，拉动农业、工业、服务业三产融合并举。其中“黄果树三碗粉”、天赐贵宝金刺梨汁、高原颂牛肉、洪福远蜡染、聚福八宝成功获批安顺十佳旅游商品，“黄果树三碗粉”荣获2021年中国特色旅游商品大赛银奖。

（三）“旅游+康养”催生健康新业态

随着传统工业城市的转型升级，工业遗产的改造与利用已成为人们关注的热点，而发展旅游是实现工业遗产价值的重要途径。安顺经开区开拓创新，对过去许多停工、废弃的工业区、厂房和设备等进行加工改造，将这些具有历史记忆的建筑物逐步打造成旅游胜地，游客们在这里可以认识到工业遗产承载的历史文化价值，感受工业文明时代的历史记忆。除此之外，安顺享有“康养福地”的称号，夏无酷暑，凉爽舒适，负氧离子浓度高，是天然的“大氧吧”，再加上当地得天独厚的交通区位，与大医药、大健康的快速推进，对于发展康养旅居产业有着独特的优势。近年来，安顺经开区以“康养福地、瀑乡安顺”建设为目标，大力发展生态文化养生、避暑度假养生、温泉养生等产业，推动养生产业蓬勃发展。2021年6月，经开区策划实施风雷老厂区旅游康养项目。该项目位于安顺经开区幺铺镇，因风雷老厂整体换迁，便通过招商引资方式新建养生酒店、康养中心、高端养老公寓、中医养生馆、氧吧体验区、民俗风情园、休闲运动中心及其相关基础附属设施，依托得天独厚的地理气候环境，对该地区进行综合开发利用，将其打造成为高端康养及商住基地。

第三节　传承创新，民族文化实现大繁荣

文化是一个国家、一个民族的灵魂，是一个民族生存、发展的重要精神力量，其中所蕴含的思想观念、人文精神、道德规范，不仅孕育着民族的生命力、创造力和凝聚力，同时还深深影响着当地的经济社会发展和民族团结。在实施乡村振兴战略的新时代背景下，如何充分挖掘现有历史文化资源、创新文化传承形式，进而实现乡村文化振兴，成为当前民族地区发展的一项重大课题。2022 年 2 月 11 日，国务院印发出台了《“十四五”推进农业农村现代化规划》，明确指出要保留大量优秀传统乡土文化，发掘乡村多元文化价值，让乡村文明展现出独特魅力和时代风采。作为汉族、苗族、布依族等多民族的共生繁衍之地，安顺经开区民族历史悠久、文化资源富集，底蕴深厚、特色鲜明，其特有的民族文化是黔中大地一块绚丽的瑰宝。通过不断厚植生态与文化优势，大力挖掘并开发本土文化资源，经开区在保护传承优秀传统文化的基础上，以农文旅融合突破乡村发展瓶颈，实现创造性转化与创新性发展，探索出了民族地区脱贫攻坚与乡村振兴有效衔接的文化路径。

一、传统文化资源及其优势内核

“喜山鹰振羽翥云天，故土换新颜。瞰娄湖波漾，荷廊风爽，苗寨人欢。却把乡愁长记，文化创绮园；古朴阿歪寨，藤甲刚坚。难忘戎歌慷慨，述远征痛史，三线雄篇。有齐生故里，德业继前贤。绘宏图、高瞻远瞩；启征程、快马著先鞭。堪吟赞、乡邦杰士，大任承肩。”这首《八声甘州》是安顺籍学者、中国语言学会理事袁本良先生为祝贺安顺经开区成立 30 周年所作。词中生动描绘了经开区纯天然的生态环境和独具特色的民族传统文化，集中展现了少数民族聚居地的历史风貌。正是因为这种不可复制的差异性优势，为当地推动乡风文明建设、打造优秀文化品牌，实现文化资源优势向文化发展优

势转变奠定了基础。

（一）良好自然生态稳固民族文化发展根基

自然地理环境的差异性赋予了不同地区以不同的自然条件和自然资源，在一定程度上，自然地理环境的优越与否影响着当地文化的发展与风俗习惯的形成。安顺经开区优越的区位条件、美丽的自然风光和宜人舒适的气候，为其实现自然与文化的交融创造了条件，也为经济社会可持续发展奠定了基础。这里地势相对平缓，属于亚热带季风性湿润气候，冬无严寒、夏无酷暑。其中，娄湖生态公园有着优质的水源和优美的环境，时常能够吸引成群结队的水鸟飞来栖息觅食；“十里荷廊”河水清澈见底、风光旖旎，每逢夏天便有千顷荷花次第开放，恰似有“接天莲叶无穷碧，映日荷花别样红”的壮丽秀美之感。除此之外，这里的天然溶洞还孕育着发育奇特的钟乳石，兴伟石博园是目前国内最大、品种最齐全、档次最高的超大型奇石展示中心，是保存完好的占地3000多亩的原始森林，它们都是在历史长河中积淀形成的具有自身鲜明特征的文化遗产，为经开区筑牢了生态安全的绿色屏障。

（二）独特/深厚的历史文化滋养自强不息的民族精神

传统历史文化源远流长，是一个民族的身份特征和灵魂血脉，承载着一个民族劳动人民的实践智慧和历史记忆，也维系着民族的生存和发展命运。经过了几千年的历史变迁和文化演绎，在一代代人的血脉传承之下，最终铸就了安顺经开区深厚的历史文化传统，也见证了民族团结一家亲的和谐氛围。这里的阿歪寨村作为全国唯一的藤甲文化之地，至今仍保留着布依族的传统习俗和丰富的三国藤甲文化；坐落在幺铺镇青源村的“四八”烈士黄齐生故居，作为“近现代重要史迹及代表性建筑”，2018年获批为省级文物保护单位和省级爱国主义教育基地；幺铺镇作为中国远征军的出发地，抗战远征军将领戴安澜将军曾率部驻扎于此，他还帮助幺铺镇老百姓修路、打井、取水，与当地百姓结下了深厚的情谊。既有的民族、抗战历史等文化元素为当地实现文化赋能经济社会发展注入了灵魂，前辈们前赴后继无私奉献也时刻鼓舞着经开区人民攻克一个个艰难险阻、赢得一次次浴火重生。

（三）古朴民俗风情铸牢民族团结共同价值

民族民间文化是具有标识性的地方特色，它反映了当地居民在实践过程中形成的价值观念和精神风貌，支撑着一个地区的发展始终保有旺盛生命力，是促进民族团结伟大事业的重要依托。经开区各族人民在长期的共同生活中，创造和积累了多姿多彩的民间文化，集中体现在少数民族村寨、民族风俗习惯及传统工艺等方面。作为纯布依族聚居的古村落，幺铺镇阿歪寨村依托良好的自然资源和得天独厚的历史文化底蕴，较好地实现了布依族传统民居建筑群、络绎山古营盘遗址等特色建筑的传承和保护；而西航办事处马厂村作为汉族、苗族、布依族、白族等多民族的聚居地，既有军屯文化的显著特点，又有浓厚的苗族文化氛围、丰富的民族文化习俗和保存完好的非物质文化遗产。与此同时，苗族人民喜闻乐见的跳花节、芦笙舞等独有的民俗节日与活动，展现了当地百姓安定幸福的美好生活；再加上有着“东方第一染”称号的民间传统工艺品——安顺蜡染，其图案清雅脱俗、美观大方，具有浓郁的民族特色和贵州高原古朴风味。

二、困境与机遇并存：城乡融合背景下的乡土文化发展

民族传统文化是汇集本民族特点的物质和精神财富的总和，它支撑着整个民族的繁衍生息，是维系其生存发展的动力源泉，是乡村文化振兴的深厚土壤，也是乡村全面振兴的内在驱动力量。然而长期以来，由于东西部发展客观差距和民族间发展不平衡等现实原因，各地区人民对于民族文化，特别是少数民族的优秀传统文化，仍然存在认知上的局限性，一定程度上造就了“民族的都是封闭的”“边远的都是落后的”定式思维，阻碍了民族地区的社会发展和进步。与此同时，在现代性文化冲击下，民族地区文化振兴面临村寨建筑文化城市化、传统文化失传、乡土文化主体缺失、村寨公共文化空间萎缩等多重现代性困境。[①] 许多民族地区对少数民族文化的开发和利用缺乏科学和长远的规划，导致文化传承载体形式单一，民族特质减弱，文化价值大打折扣。2021 年 2 月习近平总书记在视察民族村寨——贵州省黔西县新仁苗

① 陶自祥．论民族地区文化振兴的价值认知：基于云南的考察［J］．中南民族大学学报（人文社会科学版），2021，41（4）：54－62.

族乡化屋村时，对民族文化传承创新助力发展作出了重要指示，明确了传承民族传统文化和接续推进乡村振兴等使命任务，对发掘贵州民族文化的时代价值、以民族文化传承创新赋能民族地区高质量发展提出了新的要求。对于安顺经开区来说，传统文化的保护和传承既面临前所未有的巨大挑战，也迎来了前所未有的发展机遇。

（一）多样化需求对文化转型发展的新要求

我国历史悠久、文化资源丰厚，尤其是少数民族地区基于历史、地理等方面的原因，其自然景观和人文景观得以较好的留存，为我们今天饱览地域文化奠定了可贵的物质基础。然而，没有认真挖掘文化资源的时代内涵，缺乏对不同类型文化呈现形式的创新，就会导致文化失去活力。作为文化资源的富集地，经开区不仅有娄湖生态公园、“十里荷廊”田园综合体等自然文化资源，还汇集了屯堡、“三线”、民族、抗战等历史文化资源和安顺地戏、苗族蜡染等非物质文化遗产。要想让这些文化资源“活起来”，就迫切需要经开区在立足传统、深挖内涵的基础上，按照差异化原则进行再创造，根据不同类型文化资源禀赋合理规划与开发利用，促进传统文化中的优秀文化基因与当代文化相适应、与现代社会相协调，彰显民族文化资源价值与时代精神。打造符合绿色发展、绿色生态、社会进步的有创意的自然和人文景观，产出更多创意融合与深度发展的文化精品。

（二）现代文明对传统村落文化传承的冲击

传统村落不仅蕴含着深厚的历史文化气息，还是民族地区人民群众情感维系的纽带。传统村落保护，对于推进生态文明建设和乡村有效治理都有极其重要的价值。然而，随着我国城市化进程的加快，现代文明迅速涌入乡村，少数民族传统特色村寨在保护历史文脉与发展现代生活之间产生了矛盾，许多农民工返乡建房会有意识地模仿城市建筑，传统村落的文化特色在受到冲击后逐渐衰落，甚至部分村落的原始生态环境也遭到了破坏。安顺经开区从2002年开始就加大对当地村庄的扶贫开发和投入力度，规模化种养产业的发展带来了生产方式的变迁，牲畜粪便随意倾倒和化学品农资的大量使用，造成了新的水、土、空气污染，很多村寨的人居环境逐渐恶化。从西航办事处马厂村到幺铺镇颜旗村，从宋旗镇打纸村到幺铺镇阿歪寨村，都曾在一定程度上存在传统自然建筑破损、农村集体建设用地使用与土地开发利用发生冲突等问题，传统村落的景观、历史和文化资源不能得到很好的传承与保护。

（三）数字技术的发展对民族文化传播方式的影响

文化依赖于载体进行表达、传播与传承，但乡村文化的传统载体正在衰减和流失。在当代，文化传播方式已经突破了时空的限制，从口耳相传的示现媒介系统与文字、物品等再现媒介系统，拓展至了视频、音频等机器媒介系统。[①] 由于过去经开区部分村落经济社会发展较为落后，现代信息技术等新媒体资源的不充分利用，导致文化传播形式滞后。然而，随着当前科学技术的发展进步，优秀传统文化与数字技术的碰撞，传统文化开始以一种全新的方式呈现在人们面前，不仅能够塑造出崭新的文化产品，更会给人们带来丰富别样的文化体验。如何以文化创意内容为核心，依托数字技术进行创作、生产、传播和服务，成为科技创新赋能文化传播的新路径。从2020年我国开始提出“推动数字文化产业高质量发展”，到2021年“实施文化产业数字化战略”被写入“十四五”规划，再到2022年5月中共中央办公厅、国务院办公厅印发《关于推进实施国家文化数字化战略的意见》，都对当前文化成果的呈现形式提出了新要求。在文化发展转型升级的新阶段，实现价值内容与技术元素融合再炼，发挥科技赋能的“共享化”和“便利化”作用，让更多村落文化从书本、老照片中走出去，是安顺经开区探索乡村文化振兴的重要路径。

三、文振经开：民族文化高质量发展的路径选择

文化振兴在乡村全面振兴中有着重要地位和巨大作用，必须把文化振兴同乡村经济发展摆在同等重要的位置，增强乡村经济社会全面发展的精神动力和智力支持。[②] 党的十九届四中全会指出：“发展社会主义先进文化、广泛凝聚人民精神力量，是国家治理体系和治理能力现代化的深厚支撑。”尤其强调要坚持民族文化的创造性转化和创新性发展，激发全民族文化创造活力，

---

① 杨华，范岳，杜天欣．乡村文化的优势内核、发展困境与振兴策略［J］．西北农林科技大学学报（社会科学版），2022，22（3）：23－31.

② 王政武，何元凯．“四力”同构：“十四五”时期民族地区乡村振兴的困境与出路［J］．山西农业大学学报（社会科学版），2021，20（4）：77－85.

推进中华优秀传统文化传承发展工程。近年来，安顺经开区坚持把文化提升与社会主义核心价值观相结合，重点提炼、培育屯堡文化、民族文化、三线文化、红色文化及其他民俗文化，深化推进农文旅融合，打造生态博物馆及更多文化创意产品，拓展文化产业发展空间。通过建设研学教育基地，促进民族文化进学校、进课堂等，巩固提升文化品牌意识，推动安顺经开区成为黔中文化的亮丽名片。

（一）创新开发传统村寨，独树“文风”

在推行乡村发展战略的过程中，许多地区往往借助当地的民族文化，打造符合本地实际情况的发展规划策略，借助乡村河流、稻田、山水等自然资源，努力创建自然优美的田园风景，通过此种方式，不仅能推动乡村地区的发展，还能保留当地独具特色的乡村民族文化。近年来，经开区通过挖掘村庄人文特色内涵，突出农耕文化、民族特色文化元素，着力打造“一村一特、一村一品、一村一韵、一村一景”，加大古村落、古民居、古祠堂、纪念性建筑和民族村寨的修缮、保护和开发力度。盘活农房、农田、农产品等资源，大力推进特色、精品民宿发展。2019 年 11 月，阿歪寨传统村落被列为贵州省第二批中国传统村落示范村进行发展和建设。同年，《安顺经济技术开发区幺铺镇磊跨村歪寨传统村落示范保护发展实施方案》出台，为增强其文化识别性，阿歪寨村开始以“乡愁阿歪寨·神秘藤甲谷”为形象定位，依托布依族传统民居建筑群和独特的藤甲文化，把原有的村民老房开发建设成古村落民宿，让村民吃上“文化饭”。

（二）打造文化研学基地，明晰“文义”

文化传承的形式有很多，研学活动作为一种实践教学的课堂，可以让学生们沉浸式体验了解民族文化，通过对民族风情的深入学习，可以真正提升文化自信，帮助他们切实感受家乡的真实变化与繁荣发展。2021 年 7 月，安顺经开区幺铺镇与贵阳文通书局图书有限公司正式签约，启动了牛蹄组宜居乡村建设文化振兴项目。幺铺镇秉承“共谋、共建、共治、共享、共评”的理念，立足牛蹄组良好的生态环境和丰富的文化要素，植入馆藏图书、有声阅读等文化元素，引进文化公司对牛蹄组宜居乡村建设进行全新设计和打造，形成了以山骨图书博物馆为核心，研学、文旅等多产业融合发展的新时代乡村发展模式，实现“望得见山、看得见水、记得住乡愁”的生态宜居美丽牛蹄新风貌。目前，牛蹄组设有鲜花饼加工厂、木器工作室、造纸坊、布依博物馆等研学旅行项目点，能根据不同学校的特点、针对不同年龄段学生，设计一批精品课程、精品路线，让学生在家乡的一山一水、一草一木中体味家国情怀，同时也让学生在行走中切身感受家乡的变化，读懂家乡，健康快乐成长。作为经开区“十里荷廊乡村振兴共同富裕美好生活集成示范带”的试点村，阿歪寨村通过文化植入的方式，融合红色文化、传统文化、布依族文化等各种元素，致力打造安顺乃至贵州的永久性地标和全国知名的研学基地。

（三）深度促进文旅融合，传播“文韵”

推进文化和旅游的深度融合，是为了在发展地域优势特色文化的基础上，最大限度地利用好、保护好旅游资源，从而推动文化事业、文化产业和旅游产业的融合发展，这就要求推动文化和旅游产业协调共生、相互赋能。近年来，经开区在品牌打造、宣传推介、项目建设等方面加大力度，重点培育了一批“旅游＋”深度融合的综合项目，通过挖掘区域优势资源、特色文化，推动文化资源向文化产品的快速转化，打造了幺铺镇莲藕产业，建成了“十里荷廊”生态农业观光园和阿歪寨古村落、“一个人的安顺”乡愁文化园等一批旅游集结地。为创新文化传播载体，经开区以承办第七届安顺旅游产业发展大会为契机，通过政府引导、群众主体、企业参与、社会助力的方式，成功打造了“一个人的安顺”乡愁文化园、蜡染艺术馆、安顺旅游商品集散中心、娄湖艺文中心等重点文旅项目。通过不断丰富旅游业态，经开区实现了民族特色文化“走出去”，形成农旅互融、工旅互动、文旅互促、村旅互进的发展格局，助推经济社会的高质量发展。

第四节　奋勇当先，改革有为实现大突破

“咬定青山不放松，立根原在破岩中。千磨万击还坚劲，任尔东西南北风。”成立于1992年的安顺经济技术开发区因改革开放而生，现在也因改革开放而蓬勃发展。2022年4月25日，中国共产党贵州省第十三次代表大会在贵阳召开，指出进一步把高质量发展的责任担起来、把激情干事的劲头鼓起来、把争创一流的信心提起来，勇当发展的“干将”、改革的“闯将”、攻坚的“猛将”，打造全省“四化”建设新高地，奋力谱写多彩贵州现代化建设新篇章的安顺章节。为进一步建立并逐步完善主体多样、设施配套、功能完善、队伍健全、机制合理的农村社区服务体系，提升农村社区服务水平，改善农村居民生活环境，着力建设环境优美、乡风文明、治理有效的具有开发区特色的新型农村社区，安顺经开区审时度势，聚焦农村社区发展短板，通过实施生态治理工程、产业振兴工程、文化提升工程、自治能力提升工程和公共服务提升工程等举措，大胆改革创新，为农村社区发展注入新动能，带来新成效。

一、推动“高质量”发展，续写乡村振兴新篇章

党的十九届六中全会指出，我国全面建成小康社会目标已经如期实现，在实现第一个百年奋斗目标之后，我们要乘势而上开启全面建设社会主义现代化国家新征程。2022年4月25日，中国共产党贵州省第十三次代表大会报告指出，在开启现代化新征程的关键时刻，因循守旧没有出路，改革创新才能赢得先机。必须充分发挥改革的先导和突破作用，以改革促进开放、以开放倒逼改革、以创新驱动发展，顺应时代潮流、敏锐抢抓机遇，善于发挥优势、创造优势，敢闯敢试、敢想敢干，在闯新路中实现发展的突围突破。安顺经开区紧紧围绕新国发2号文件精神，以“四区一高地”为战略定位，聚

焦自身优势产业，打破常规、破除壁垒，坚定深化体制机制改革的信心和决心，拿出“抢”的姿态、拼的状态、闯的精神力争上游，用好一切资源、团结一切力量，推动经开区实现高质量发展。

一是聚焦脱贫攻坚与乡村振兴有效衔接。在脱贫攻坚战中，经开区着力培养、选拔优秀退役军人进入村“两委”班子，努力打造一支听党指挥、能打胜仗、作风优良、扎根基层的退役军人村干部队伍，使他们成为农村基层党组织带头人和决战脱贫攻坚、决胜全面小康的“领头羊”。同时严格落实三级书记抓乡村振兴的工作机制与区镇抓落实的工作体制，坚持因地制宜、规划先行，实事求是、精准施策，分类推进全区乡村振兴工作。以“产业兴、生态美、乡风好、治理优、百姓富”为标准，将全区在创建宜居乡村工作中基础较好的幺铺镇尚兴村、两河村，宋旗镇湖兴村、西航办新阳村 4 个村作为区级特色田园乡村·乡村振兴集成示范试点村。

二是聚焦高质量发展，深入推进供给侧结构性改革促进产业升级。安顺经开区以推进农业供给侧结构性改革为内生动力，加快农业产业化进程，建成了全市规模最大的食用菌产业基地，在扶贫攻坚战中发挥了重要的支撑作用，并于 2016 年获批“贵州省现代高效农业示范园”。经开区从政府主导、农村改革、企业带动、农商旅融合四个方面发力，积极整合资金资源，推动农户积极发展食用菌产业，形成了标准化生产、规模化种植、规范化管理、品牌化经营的产业发展格局，保障农民收入持续稳定增加。在助推工业经济发展领域，经开区以“双千工程”为抓手，重点围绕高端装备制造、大健康医药产业补链强链，加快推进供给侧结构性改革，促进经济转型升级，盘活存量、做大增量，积极培育经济增长新动力。

三是深化基层治理体制改革，构建共建共治共享格局。经开区抢抓机遇，坚持问题导向，探索推行党政主导、要素主攻、改革主推、群众主体的“四主”模式，有效推动党委政府、企业、村民各方共同参与村庄建设，形成共谋、共建、共管、共评、共享的“共同缔造”新格局。阿歪寨村实现了从“大乱”到“大治”、从“问题村”到“示范村”的蜕变。在构建平安社区领域，为践行新时代“枫桥经验”，解决长久以来困扰基层的矛盾纠纷化解难题，南新社区南新警务室成立了“瀑乡新力量”同心法律服务团南新社区工作站，其创新采用的“π”同心调解工作法有效整合了公安、司法及社区资源，是化解居民小区各类矛盾纠纷的创新探索。

二、扭住关键环节，聚焦改革突破口精准发力

2019 年 6 月 23 日，中共中央办公厅、国务院办公厅印发的《关于加强和改进乡村治理的指导意见》指出，建立以党组织为领导的农村基层组织，深化村民自治实践，健全村级议事协商制度，有助于推进乡村治理体系和治理能力现代化，夯实乡村振兴基层基础。随着新型城镇化建设的加快推进，安顺经开区在基层社会治理领域面临一些新问题、新矛盾。一方面是仍然存在农村基层组织功能“虚化”、领导班子“弱化”、党员群众“退化”，村民参与治理积极性不高的问题；另一方面，农村环境不够整洁美观、基础硬件设施有待提升、农村社区信息化建设有待改进。这些在具体实践中产生的农村社区治理难题倒逼安顺经开区在改革创新的浪潮中奋勇前进。

（一）村民行为主体缺位，农村人居环境整治难质变

自 2018 年中共中央办公厅、国务院办公厅印发《农村人居环境整治三年行动方案》以来，各地区各部门扎实有效推进，加快整治进度，一定程度上扭转了我国农村长期以来存在的脏乱差局面，村庄环境基本实现干净整洁有序，农民群众环境卫生观念发生可喜变化，生活质量普遍提高。但是，我国农村人居环境总体质量水平不高，仍存在区域发展不平衡、基础生活设施不完善、管护机制不健全等问题，与农业农村现代化要求和农民群众对美好生活的向往还存在一定差距。农村居民受传统生活习惯的影响，对人居环境整治的必要性认识不足，对政府推动人居环境整治的行为不能充分理解，责任意识、参与意识严重不足。[①] 随着安顺经开区建成区面积不断扩大，外来人口不断增多，人口素质参差不齐，进一步增加了社区治理难度。然而，村民既是农业农村污染物的主要排放者，又是污染问题的主要解决者；既是垃圾分类、资源节约的实施主体，又是保护庭院环境的责任主体。因此，在推进农村环境整治过程中，不断激发村民内生动力，组织群众、发动群众就变得十分重要。如何创新激励方式和制度，聚焦解决农民群众最关心、最现实、最急需解决的村庄环境卫生难题，成为经开区全体上下共同努力的方向，也是

---

① 于法稳．乡村振兴战略下农村人居环境整治［J］．中国特色社会主义研究，2019（2）：80－85.

更好更快建设生态宜居美丽乡村的迫切要求。

（二）实用人才队伍匮乏，基层组织能力提升难解决

人是乡村振兴的核心和根本。只有解决好了人的问题，乡村才能真正振兴。2021 年 12 月 17 日，农业农村部印发出台了《“十四五”农业农村人才队伍建设发展规划》，指出要选优建强农村基层组织负责人队伍，夯实基层组织基础、提升基层治理水平。但是由于农村吸引力不强，公共服务缺乏，创业创新环境差，资金、风险保障、技术服务等配套支撑不足，近年来农村外出务工人员持续增加，大量农村人口流入城镇、流向工商业。加上乡村人才队伍建设在分配、激励、保障制度方面还不够完善，没有把解决农业生产经营中的实际问题、对农业产业和社会事业发展的实际贡献、农民群众的满意程度作为人才评价认定考核的主要依据，乡村人才的培养也往往滞后于乡村经济社会发展的需要。在基层人才队伍领域，因为经开区部分农村党员年龄结构偏大，农村基层党组织队伍结构不合理，党员发展缓慢，导致基层干部队伍面临后继乏人的境地。基层党组织的领导力和战斗力受到很大的影响，很难为乡村注入自我服务、自我发展的新鲜活力。如何探索建立有效的农村人才队伍发展机制，培养一支懂农业、爱农村、爱农业的“三农”工作队伍，继续强化乡村振兴的智力支撑，成为安顺经开区实现乡村人才振兴的突破口，为进一步充实和提升乡村振兴人力资源的规模和质量，引导村民自我服务、自我发展，促进农村快速发展发挥着积极作用。

（三）数字技术应用不强，现代化公共服务难细化

大数据时代的来临为乡村治理提供了广阔的发展空间，部分乡村已经通过推进农村社区信息化建设实现了乡村管理模式和方法的创新，也进一步改进和优化了乡村公共服务。2022 年 5 月 10 日，民政部等九部门印发了《关于深入推进智慧社区建设的意见》的通知，提出要因地制宜推进智慧社区综合信息平台建设，通过深化大数据挖掘应用，优化社区综合服务设施功能布局。到 2025 年，基本构建起网格化管理、精细化服务、信息化支撑、开放共享的智慧社区服务平台，初步打造成智慧共享、和睦共治的新型数字社区。当前，我国乡村治理的信息化实践取得了一定的成效，但是信息采集和预处理等大量工作仍然需要通过人工来实现，加上少数部门数据互不相通，且不对社区

开放，最终造成了重复采集和重复上报的情况，大数据技术的作用无法得到充分发挥，同时加大了基层工作人员的工作压力。虽然安顺经开区已经开始探索农村社区信息化建设，但是在加快互联网与医疗、教育、安防、政务等领域的融合发展中仍然存在不足，亟待充分利用现代技术与设备，通过信息资源整合，构建起对农村留守老人、儿童、妇女、残障人士、贫困家庭等群体的专业帮扶信息化服务平台，通过精准化监管，加强公共服务的质量保障。

三、破解农村社区发展难题，变治理压力为改革动力

为加强和改进乡村治理工作中面临的难题，安顺经开区坚持党建引领，以共治促自治，制定出台了《安顺经开区农村社区治理领导小组办公室关于在宜居乡村创建中推行“一约四会三榜”促进乡风文明的通知》《安顺开发区关于开展城乡社区协商试点的工作方案》《安顺经济技术开发区2020年城乡社区治理智慧服务体系建设实施方案》等一系列规范性文件，将治理压力转化为改革动力，以改革创新和制度建设为抓手，推进各项重点改革任务取得新进展、新成效。

（一）创建宜居乡村，激发村民内生动力

改善农村人居环境，建设美丽宜居乡村，是以习近平同志为核心的党中央从战略和全局高度作出的重大决策部署，是实施乡村振兴战略的重点任务，事关广大农民根本福祉，事关农村社会和谐。2021年12月5日，中共中央办公厅、国务院办公厅印发了《农村人居环境整治提升五年行动方案（2021—2025年）》，指出要大力推动村容村貌整体提升，深入实施乡村绿化美化行动，促进村庄清洁行动制度化、常态化、长效化。为解决农村非法侵占耕地、乱搭乱建房屋以及农村社区脏、乱、差问题，进一步完善农村人居环境整治相关机制，充分调动广大农村居民参与创建宜居乡村的积极性，安顺经开区紧紧围绕创建宜居乡村“一年攻坚突破、两年提质强化、三年巩固成效”的目标，以治理乡村“脏、乱、差”为切入点，以“四清两改四严禁”为抓手，以党史学习教育和作风整顿月行动为契机，发挥“一约四会三榜”、励志“积分超市”等在改善人居环境方面的激励作用，坚持“形态美”和“内在美”同步抓，切实转作风、树新风，迅速推进宜居乡村创建工作。在安顺经开区幺铺镇阿歪寨村牛蹄组，村民改掉了随意丢垃圾的习惯，他们将塑料瓶、

废纸壳、牛奶盒、废旧书等拿到废旧物回收装置换钱。西航办事处马厂村，幺铺镇阿歪寨村、羊场村等都设立了“创建宜居乡村红黑榜”，通过正向激励和反向约束，引导村民大力推进乡风文明，凝心聚力共建宜居乡村。除此之外，还通过创建“示范户”“示范村”，将推进宜居乡村创建工作成果列入“慢陀螺奖”，进一步压实治理责任，反向倒逼干部想方法、抓落实、提效能。

（二）创新基层民主体制，提升村民自治活力

在深入实施乡村振兴战略、加快推进农业农村现代化进程中，加强有效制度供给以满足农民需求，提高基层群众自治能力以使乡村振兴战略能够行稳致远，关键在于发展农村基层民主，关键要有行之有效的制度体系，关键在于激发广大村民参与自治和维护自身合法权益。安顺经开区以党建为引领，抓好班子队伍建设，强化村级民主管理，助力乡村治理改革创新。一是推进村级民主协商制度创新。2021 年 11 月，经开区幺铺镇阿歪寨村被民政部确认为全国村级议事协商创新实验试点单位，通过健全党建引领多方主体参与的协商组织架构，明确将村集体物业服务管理、环境卫生整治、社会救助救济、征地拆迁安置等涉及村民切身利益的公共事务、公益事业纳入村级议事协商目录，围绕村民意见较为集中的热点、难点问题以及迫切需要解决的矛盾纠纷进行协商，规范议事程序，维护村民合法权益，不断推进村级议事协商制度化、规范化、科学化发展。2021 年，幺铺镇羊场村围绕乡村振兴、疫情防控、人居环境整治等内容开展了三次协商座谈，通过事前民主协商、事后公开监督的方式，实现了群策群力、共谋共建，村级权力运行变得更加规范。二是推进村级民主管理机制创新。作为安顺经开区在农村基层党组织自我管理领域的新尝试，“七个一”工作机制（每天一次民意汇集、每周一次村民议事会、每旬一次公益活动、每月一次理财会、每季度一次绩效考核、每半年一次谈心会、每年一次述职述廉）成功解决了农村基层党组织作用发挥不够、基层自治组织弱化、群众自治意识淡化等问题。2021 年，幺铺镇潘苑村通过邀请帮村部门负责人参与民主理财会，帮助协调 400 余亩软籽石榴园灌溉项目资金 20 余万元，协调园区机耕道项目 50 万余元，让本村群众走上致富道路。

（三）强化科技支撑，释放智慧服务潜力

随着大数据技术在各个领域的广泛运用，在乡村治理工作中，以智能化、

信息化为主要特征的高科技手段，为社会治理整体效能的提升、现代治理水平的提高提供了有力支撑。它不仅有效转变了传统的治理模式，而且使得乡村治理工作进一步向智能化和精准化方向发展。由于安顺经开区属于非建制县区，需要承担的社会管理事务较多，“小政府、大社会，小机构、大服务”的体制机制越来越突出，基层治理工作压力较大。为打破体制机制局限，经开区坚持党的领导，以改革创新为抓手，以实干担当为导向，出台《安顺经济技术开发区2020年城乡社区治理智慧服务体系建设实施方案》，充分运用大数据平台，积极推动现代信息技术融入基层治理，在农村社区公共服务、社区医疗、远程教育、社区安防、政务服务等方面全面打造智慧生活，促进技术融合、业务融合、服务融合，提高治理实效；推出以“互联网+党务政务服务”为主导的“云汇党建”工作管理平台，促进基层党建工作线上线下深度融合；搭建“法律商城服务平台”“乡村和社区治理质态云图”“矛盾纠纷多元化解调处微信公众平台”三大智慧平台，实现组织一体化、资源共享化、管理智能化，促进矛盾纠纷快速、依法、公平、合理解决；依托社区综治中心平台，认真总结治安防控“雪亮工程”“一网通办”等建设经验，全面整合各条块数据资源，打通各方面数据壁垒，逐步实现数据融通、一网汇聚；通过数据统筹管理机制的建立，初步实现了居民信息畅通化、社区治理常态化，基层社会治理水平显著提升，人民群众更有获得感、幸福感和安全感。

第二章　头雁领航：凝聚农村社区领导力量

基础不牢，地动山摇。只有把基层党组织建设强、把基层政权巩固好，中国特色社会主义的根基才能稳固。“十四五”时期，要在加强基层基础工作、提高基层治理能力上下更大功夫。

——习近平总书记2020年9月17日在基层代表座谈会上的讲话

第一节　筑牢“云汇党建”阵地，厚植乡村振兴根基

运用移动互联网技术、大数据技术和信息化手段创新开展党建工作，是党的十九大报告中对加强新时代党的建设、全面增强执政本领提出的新要求。《中共中央关于加强党的政治建设的意见》中更是明确提出，要积极运用互联网、大数据等新兴技术，创新党组织活动内容方式，推进“智慧党建”。近年来，贵州省委提出，各级党组织要运用大数据手段，加强、改进和创新党建工作，着力打造“智慧党建”，运用大数据手段提升党建科学化水平。安顺经开区创新党建工作模式，推出以“互联网 + 党务政务服务”为主导的“云汇党建”工作管理平台，搭建集宣传、管理、服务、监督、教育为一体的“云汇党建”服务平台，实现“三务”公开、村务考核、“三会一课”、党员发展等工作智能化管理，解决基层组织管理服务不规范、不到位的问题，消除基层党建工作盲区。通过平台建设，有效实现了基层党员的“云教育”、村级干部的“云管理”、事务办理的“云服务”以及村民诉求的“云上传”，提升了各级党组织“智慧党建”工作能力和水平。

一、“互联网 + 党务政务”：新形势下的特征呈现

信息化时代背景下，“互联网 + ”正深刻地影响着人们的思维方式和工作模式。以“互联网 + 党务政务服务”为主导的“云汇党建”是一种不同于以往传统党建工作的管理平台，将信息技术与党务政务深度融合，主要呈现出“科学性、实时性、时空性、精准性”等突出特征。

（一）科学性：提供更为开放、灵活、便捷的党建服务

“云汇党建”平台通过各种智能软件和技术的应用，打破党组织层级管理、条块设置的传统模式，构建区域统筹、站点支撑、网格辐射的模块化

组织覆盖新格局。根据党组织需求，优化工作流程，从而为党务人员提供技术支撑。“互联网＋党务政务服务”将“物理世界”的党建工作充分体现到“数字世界”中。在一体化平台建设中，将有关党建工作转变为数据，再以这些数据建立适当的数字化模型，进行统一处理，形成应用系统。“云汇党建”App，让数据多“跑路”，让人少跑腿。同时，整合线上线下资源，将原来分散的资源、管理统筹优化起来，各部门能够更及时到位地服务引导群众、凝聚共识，达到党的建设与服务群众的有效结合，发挥智慧党建的科学优势。

（二）实时性：激发参与党建工作的积极性

“云汇党建”平台由党员App和PC管理端组成，通过“云汇党建”App平台把全区所有部门（单位）党委（党组），各镇（办）党委、各村（居）党支部联结起来，把市级机关、城区单位、非公企业、社会组织等力量分布至全区，推动全区域统筹、各领域融合，动态对接党建业务工作。截至目前，App平台已链接经开区机关、村（居）、教育、非公企业等不同领域的不同类型党组织247个，实现对基层党组织“两学一做”“三会一课”“主题党日”等开展情况的综合掌控，对区域党组织覆盖、党员教育管理、党群活动开展实现动态管控等。PC管理端搭配可视化系统，对全区各级党组织“三会一课”“两学一做”、党员发展与管理、党费收缴以及“七个一”村级事务管理等工作，实现全程跟踪及数据动态综合分析展示，便于及时进行工作监督和掌控。

（三）时空性：有效维护党建工作秩序

安顺经开区集聚数据、精准施策、融通资源、打破壁垒，推动精准治贫。坚持抓党建促乡村振兴，充分发挥党建引领作用，依托数字乡村试点建设的智慧党建平台，构建“镇—村—人”三级组织联动体系，使基层党组织优势充分转化、力量有效倍增，推动党的政策理论宣传、产业发展、社会治理、民生服务等数字化、便捷化、高效化。“云汇党建”平台的建立，有效突破了时空障碍，让上级党委对下级党组织监督有了“千里眼”、助力脱贫决策分析有了“大数据”、党员群众了解外面的世界有了“望远镜”，实现了党的工作全域化覆盖。“云汇党建”平台及时更新图文、视频、音频、电子图书等学习资料，及时推送政策理论、实用技术等资讯，实时记录、督查学习情况，让党员打破时空界限，使“在线学习”成为常态。

（四）精准性：保障党建工作健康发展

“云汇党建”平台借助大数据对组织工作开展、组织决策、政务服务提供了精准的数据支撑。通过智慧平台随时采集党组织和党员行为数据，做到以数据化为核心、让党建工作时时处处数据留痕，以自流程化管理为抓手，实现党建工作数据精准督导，以“聚通用”为目标，实现党建大数据融合分析，解决了信息不对称或者服务虚化的问题，让党务工作实起来。通过智慧平台数据共享，实现深挖数据潜在价值，寻找规律和异常点，着力解决组织工作“痛点”，做好组织系统内部的数据汇聚与党员干部相关的数据汇聚，做深党员领导干部在互联网中的参考数据汇聚。

二、“云汇党建”平台的建设思路

经济社会的快速发展和信息技术的更新换代，使得党情变化呈现新特征、新趋势，只有将基层党建传统优势与信息技术有机融合，才能推动党内政治生活呈现新形态新方式，推动党的执政能力现代化。安顺经开区通过构建集开放性组织架构、智慧性功能特色、实用性载体服务于一体的“云汇党建”平台，使党支部管理党员、发动群众更加便捷高效，党组织的组织力、凝聚力显著提升。

（一）构建开放性组织架构

安顺经开区创新“云汇党建”智慧平台，以大数据手段赋能，构建开放性组织架构，使党的组织力量倍增。打造数字化、智慧化基层战斗堡垒，不断提高党建引领基层治理、服务人民群众、推动乡村振兴的效能。

一是“云联通”联结党支部。以把党支部联结在“网”上的思路，初步构建了“党旗下的互联网”格局。“云汇党建”平台，将支部联结在网上、党员连在线上，开启了党支部建设的“云模式”，实现了社区党组织、党员队伍、党建活动、党组织制度落实、区域党建等方面的线上对接。以“云管理”为框架，开拓管理新机制。搭建党建、工作、学习、通知四大板块，分设“三会一课”“主题党日”等35个子模块，实现党建工作全覆盖。

二是实施三级组织联动管理。通过信息化、“互联网+”以及大数据理念，根据区、镇、村各级党组织的管理需求，分别设立三级管理账号，按管理权限实施分级管理，实现支部报批、党委审核、组织部门监管三级联动。

三是开拓党建学习新阵地。以“云课堂”为载体，创建学习新阵地。依托“微课堂”打造学习教育新阵地，通过微信视频、音频、图片等多种方式丰富教育内容。在智慧党建平台的支持下，党员、党务工作者只需要下载App，就可以随时随地学习、办公，党员通过登录平台，就可以完善党员档案、报名参加党建活动、进行党员间的交流互动等，从而让党建工作渗透到工作与学习的微观层面，以深化党建工作效果，丰富教育培训多样性。

（二）突出智慧性功能特色

“云汇党建”平台延伸党建“触角”。通过建设区、镇（街道）、村（居）三级智慧党建阵地，无缝对接全国、贵州党建信息平台和网格化党建平台，真正实现党务工作的自主化、动态化、智能化、综合化。

一是开展党员“云”教育。发挥微客户端覆盖面广的优势，形成云端指导、网上辅导、数据督导的模式。借助数据支撑，创新党员教育培训载体。制定“靶向式”课程清单，围绕习近平新时代中国特色社会主义思想、党内法规、乡村振兴、发展壮大村集体经济等相关内容进行“云课堂”授课，实现工作需要与培训内容无缝衔接。

二是创新党员“云”管理。通过建设党组织数据库、党员数据库、干部数据库、驻村干部数据库等，根据需要，自动分类别统计党员、党组织、领导干部情况，最终实现党员、党组织、领导干部等各类系统用户身份数据化、精细化。依托可视化系统，实时监管“三会一课”“主题党日”等制度的落实，并作为年底考评依据；借助数据分析直观了解党组织、党员、网格情况，为管理决策提供切实有效的数据支撑。

三是推行党务“云”办公。“云汇党建”App开发有学习园地、党建动态、驻村出勤等13个功能板块，每个板块针对不同工作设置细化指标、工作进度、成效分享、考核监督等内容。同时，通过展示村“两委”班子成员、党建特色亮点、标准化建设、村（居）规民约等内容，更大限度提高基层党组织的治理水平。如“七个一”板块提供民意汇集、民情议事、公益活动、民主理财、绩效考核、谈心谈话、述职述廉七个不同时间节点、阶段数据的实时更新，随时查看工作开展情况，为量化考核提供依据和支撑。

（三）丰富实用性载体服务

党建由虚化实，最重要的法宝是“实用”，“互联网 + 党务政务服务”系统的根本目标，就是服务和改善民生。为使政务服务增效，改善传统政务服务由于信息不畅带来的资源浪费和效率不高等问题，安顺经开区更新党建工作模式，树立开放融合的理念，把大数据运用到党的建设工作和政务服务工作上，不断提升农村基层党建工作的整体效应。

一是建立“云端服务”。采取“一对一”“多对多”的方式，统筹共建区域性、开放性、综合性的云端服务体系，提供党群工作指导帮办、发展政策咨询、就业创业指导、人才服务、志愿公益等服务，发挥云端平台作用。

二是推行“云关怀”全覆盖。在流动党员关怀关爱上，突出“云关怀”，织密党内关怀“联系网”。搭建引“流”回巢平台，以务工奖补政策、村级公益性岗位建设为依托，在创业就业方面为流动党员提供岗位参考，吸引流动党员回乡创业，激发流动党员扎根基层、干事创业的内生动力。

三是加强“云关注”建设。通过搭建党员心理健康云课堂、开展党员心理健康测试，开设党员心理健康主题讲座，切实提升党员干部的工作获得感，提升工作满意度，关心关爱每一名党员干部的心理健康，及时掌握其思想动向，化解思想包袱。

三、“云汇党建”平台助推党务政务服务的显著成效

安顺经开区党建工作通过依托“云汇党建”平台，构建全面服务综合体系，使党群服务中心成为从严治党的抓手、党委工作的推手、支部工作的帮手、党员学习的助手、关爱党员的援手、服务人民的能手、链接人民的桥梁，有效提升党建工作效能，提升党组织运转的效能，提升服务党员群众的效能。

（一）党建管理更加智能高效

“云汇党建”突出智慧智能，打造集信息发布、党群互动、乡村振兴、三务公开等为一体的综合服务平台，使党员教育更灵活，群众办事更高效，服务党员群众更精准，回应诉求更快捷。打通了党务政务之间的数据隔离，实现了农村基层党组织“零距离”管理。打破了传统党建“限时、限地、限

人”的束缚，实现了党组织、党员、居民群众三者良性互动，畅通了各类信息资源整合融合渠道，将党建工作和便民服务延伸至网络空间、下沉到居民身边。打破行政隶属壁垒，推动了党建工作融合，打造了共享化、项目化、责任化服务，汇总了村（社区）的共建需求、村（居）民和党务工作者的服务需求和服务资源，把资源与需求对接起来，强化/提升了农村基层党建整体效应。

“云汇党建”平台通过运用大数据关联分析，探索了党建工作发展的规律，拓宽了党组织建设和党员教育管理的渠道，助推全面从严治党向基层延伸，打通了联系和服务基层群众的“最后一公里”，为各级党组织提供了高效精准的教育、管理、服务手段，让党建工作实现了“智慧升级”。

（二）党建阵地更加灵活多元

通过“云汇党建”平台，将党建与信息化技术有机融合起来，筑牢了线上线下两大阵地，实现了线上线下统筹推进、良性互动。线下因地制宜、提质改造，实现了群众办事有场所、活动有阵地；线上运用大数据手段，整合资源、便捷服务。党建“线上＋线下”工作模式，拓展了党建智能化“线上”平台，夯实了党建标准化“线下”阵地，融合发挥了党建工作线上线下“1＋1＞2”的叠加效应，实现了把组织建在“云上”、把党员管在“线上”、把纪律严在“网上”。“线上”“线下”党建阵地有效互动、融合推进，实现了基层党组织管理方式的有效转变。将传统党建“面对面”与智慧党建“键对键”有机结合起来，实现了线上线下同频共振。

（三）服务供给更加精准精细

依托“云联结”，将党组织建立在区、镇、村三级服务中心上，实现了为民服务功能更强、内容更实、效果更好的目标。通过建立功能型党支部或党小组，最大限度盘活了党群资源，激发了党员队伍的活力，推进了基层党组织由“管理型”向“服务型”转变。从群众共同需求入手，着力打造了集政治引领、示范带动、服务群众等为一体的综合性服务平台。“云汇党建”平台坚持“以人为本”理念，用大数据、人工智能等信息技术手段，以应用需求为导向，让数据多跑腿，让治理更有精准度，让服务更有温度。同时，结合民情助理党建专员、“千企联百村”等工作，牵引人才、技术、服务、政务等资源下沉，让联片党群服务中心成为城乡联动的“中间结合体”、跨界互动的“区域复合体”、服务带动的“万能综合体”。

四、“云汇党建”平台的经验启示

随着“云汇党建”平台这一简单、务实、管用的党建信息化载体的部署运用，将更加有力地服务于基层组织建设、社会管理、政务服务等方方面面，推动预警研判、监督、考核等工作高效落地。在今后的运用中，应建立数据安全监管体系，构建“双向联动”的党建机制，建立“智慧功能”长效使用机制，更好地发挥“云汇党建”平台的智慧功能。

（一）打造“党建联建”融合式大党建格局

以云计算为代表的新一代信息技术发展迅猛，运用云技术打造更加科学便捷的党建工作平台，形成“资源共享、优势互补、合作共促”的大党建格局，不仅是大势所趋，而且更加符合党建信息化工作的内在需求，能充分发挥党组织推动发展、凝聚人心、促进和谐的作用。安顺经开区“云汇党建”平台应趁势而为，朝着构建融合大党建格局继续前行发展。

一是创新党建组织方式。打破地区、行业等界限，与地方单位、企业一起，建立覆盖广泛、功能互补的基层党组织体系。推动组织方式由过去的“条块分割”向“条块结合”的网络化方向转变，活动方式由过去单纯依靠党组织自身力量的“单兵作战”向整合利用各单位党组织资源丰富的“军团作战”转变，构建党建新格局。

二是深化和延伸党建联建。借助互联网技术，搭建组织联建、资源联享、活动联办、队伍联育、服务联动的“云汇党建”平台，建立沟通长效机制，提升各方党组织功能和作用，实现党的建设与经济社会发展的良性互动。

三是加深资源融合。通过党建联建，加深资源共享及各方面联络沟通，提升党建服务乡村振兴的有效性，把党的政治优势转化为发展优势。

（二）构建“双向联动”党建工作机制

“云汇党建”充分运用了“互联网 +”技术助力党建工作创新，以可视化技术手段促进了党建工作的有序开展，是技术嵌入党建工作领域的变革。“互联网 + 党务政务”的工作模式使得党建工作更加便捷、开放、智慧，党员管理工作更加规范化、精准化、人性化。但是，“互联网＋党建”模式并不是要完全摒弃传统党建工作模式，而是要加强技术赋能党建工作，提升全体党员的信息化素养，以适应新技术、新环境、新时代的社会发展要求，构建“双向联动”的党建工作机制，促进线上线下“双线”融合的党建工作模式。

线上党建工作与线下党建工作应是相互融合、不可分割的一个整体，线下党建工作可以为线上党建工作提供丰富的第一手实践资料，而线上党建工作则可以为线下党建工作提供新的思路、增加新的动能，两者密切配合，方能产生最佳的工作效果。缺乏线下党建工作作支撑，线上党建工作内容安排就有可能单薄空泛、缺少真实感，甚至会与党员、群众的生活实际相脱节。要推动线下党建工作扎实到位，既要重“形”，还要重“效”，实现线上线下党建工作融会贯通。

（三）建立“智慧功能”长效使用机制

有了“云汇党建”平台不等于党的建设、党的各项工作就一定能产生实效。从当前的平台功能使用来看，“云汇党建”平台仍存在内容长期不更新、信息发布不及时、功能不全、没有实用价值的现实问题。如“党建咨询”功能模块的内容更新止步于 2021 年 7 月，“政策法规”板块内容发布止步于 2019 年 7 月。在具体操作中，仅仅运用到了“三会一课”“七个一”工作机制和“驻村出勤”三个板块。平台在某种程度上陷入沉寂状态。

鉴于以上问题，一方面要加强“云汇党建”平台的内涵建设，有效开展党的政治建设、思想建设、组织建设、作风建设、制度建设以及反腐倡廉建设工作，对党的工作内容不断创新，实现形式和内容的统一。另一方面，“云汇党建”平台不应仅仅作为一个信息集成平台，更应该是智能化的信息处理平台，要充分利用新技术，让海量信息产生大数据条件下的价值，体现“智慧党建”的智慧功能。“云汇党建”平台所具有的统计功能、监测功能、可视化分析功能、预测性分析功能、智慧决策功能和网上培训考核功能等均需要得到充分的运用，产生实际效能。

第二节 建强“驻村帮扶”队伍，赋能乡村振兴动力

党的十九大提出实施乡村振兴战略，并将其作为新时代做好“三农”工作的总抓手。2018年《中共中央 国务院关于实施乡村振兴战略的意见》进一步聚焦乡村振兴战略，提出建立选派第一书记工作长效机制。党和国家自上而下从各层级、各帮扶单位向乡村选派“第一书记”、工作队员等驻村帮扶干部，成为精准扶贫以来国家深度介入乡村基层社会的有效手段，肩负起全面推进乡村振兴的重要使命。安顺经开区聚焦驻村帮扶干部担当作为、履职尽责，突出抓好精准选派、培育培训、机制管理、关爱保障四个关键环节，推动建立一支结构合理、帮扶有力、作风过硬、激励有效的驻村帮扶干部队伍，切实提升驻村帮扶工作实效。通过建立帮扶单位、乡镇、帮村书记、驻村干部、村党组织书记“五位一体”责任捆绑机制，构建镇（办）村主体、部门协调、村包干、驻村帮扶、督查巡查各负其责、合力攻坚的责任体系。

一、建强“驻村帮扶”队伍的现实需求

位于安顺市城区西部的安顺经开区，过去自然资源丰富，欠缺开采利用；产业条件优越，欠缺项目技术；旅游资源丰富，欠缺挖掘推广，受交通不便等条件限制致贫，一直以来是我国脱贫攻坚的主战场，也自然成为接续推进乡村振兴任务的重要地域。为巩固拓展脱贫攻坚成果、全面推进乡村振兴，安顺经开区因村选派46名部门（单位）“一把手”担任“帮村书记”，选派143名干部开展同步小康驻村帮扶，选派1515名干部与贫困户开展“一对一”结对帮扶，协同指导帮扶村域全面推进乡村振兴。

（一）巩固农村基层党组织

安顺经开区在长期脱贫攻坚和乡村振兴实践中，农村基层党组织建设虽

然取得了显著成效，但同时也面临一些现实问题。如，个别基层党组织对党的路线方针政策理解不充分，对涉农政策宣传不及时、不全面；基层党组织一些成员制度观念淡薄；一些基层党组织制度建设有待完善；个别基层党组织带头人能力水平有限，对党组织建设不够重视；部分基层党员干部素质不高，缺乏现代科学知识和管理知识；个别党员干部工作中缺乏主动性和服务意识，影响了党员先锋模范带头作用的发挥；一些农村集体经济薄弱，影响基层党组织战斗力。因此，落实好基层党建工作有利于巩固我们党在农村基层的执政根基。从机关单位选派优秀干部到贫困地区开展帮扶工作是我国制度优越性的重要体现。安顺经开区选派“第一书记”“帮村书记”“驻村干部”驻村开展帮扶工作是加强农村基层组织建设的重要手段和实现途径，一方面不仅促进了乡村振兴的提质增效，另一方面农村基层的工作环境也促进了驻村干部成长，有利于优化党员干部队伍建设。加强对“驻村帮扶”干部队伍的建设培育，着力解决一些基层党组织弱化、虚化、边缘化问题，能够切实增强农村基层党组织的战斗堡垒作用。

（二）传好乡村振兴“接力棒”

驻村帮扶是缘起贫困治理的一项重要举措，尽管帮扶的深度贫困乡村已经顺利脱贫，但是进入乡村振兴阶段，安顺经开区仍然面临由于缺乏配套的专项资金支持，已开发出的特色资源难以顺利转化为产业化发展的问题。除资金投入缺乏稳定保障外，乡村产业发展在土地、劳动力等资源要素上同样面临整合困境。

驻村帮扶队伍在链接资源、对接项目资金、带动资源、技术要素下乡等方面具有一定的资源优势和专业优势。驻村干部带领村“两委”干部、党员致富能手与贫困户、困难户结对子；第一书记、驻村工作组充分发挥村党支部书记“领头羊”作用，采取支书领头、支部领办的方式，通过“一部三社”模式，强化村级党组织领导发展能力；抢抓全域旅游发展机遇，帮助农民增收致富。驻村工作队通过队员精准选派，老队员做好事中对接、事后帮扶以及定期评选“攻坚克难奖”和“慢陀螺奖”的双向激励方法，发挥驻村工作队“一宣六帮”的作用，传好乡村“接力棒”，细化“一宣六帮”的主要职责，用好驻村工作“八法”，促进驻村第一书记和工作队找准职责定位，与村“两委”共同做好各项工作，为实现乡村振兴打下坚实基础。

（三）丰富乡村振兴“人才库”

实施乡村振兴战略，必须破解人才瓶颈制约。安顺经开区乡村人才建设工作面临乡村发展迟缓、条件艰苦、工作难度大的难题，以至于人才层次、人才结构、人才规模等都未能达到乡村振兴的实际要求。坚持和完善驻村帮扶制度，发挥驻村第一书记、驻村干部在乡村振兴中的积极作用，从而助力乡村振兴，是强化乡村振兴战略人才支撑的现实需要。

为了弥补乡村振兴人才短板，自驻村帮扶制度实施以来，安顺经开区每年向贫困地区选派优秀干部，给农村地区输送了大量人才。通过创新管理，突破人才编制管理瓶颈，打破部门（单位）间编制壁垒，分类施策，开辟引才编制保障通道。围绕人才强化发展战略，创新体制机制，探索建立人才引进编制制度，加大引才编制保障力度，有效解决人才引进中的难点痛点堵点问题，促进全区人才引进工作提质增效。

二、建强“驻村帮扶”队伍的创新做法

驻村帮扶既是贯彻落实中央精准扶贫政策的有效工作机制，也是国家全面推进乡村振兴、促进农民农村共同富裕的重要工作方式。围绕农村工作的重心和主要任务，安顺经开区在脱贫攻坚期间，坚持因村因人，精准选派驻村干部，坚持培育培训制度化，提升驻村干部履职能力，探索建立明晰职责、提升能力和督促问责的相应制度，实施关爱激励，激发驻村帮扶队伍的干劲。

（一）因村因人，精准选派促振兴

安顺经开区坚持重心下移、力量下沉，因村因人实际派驻到村。按照30%的比例对全区各单位在岗在编干部职工储备建立驻村干部人才库，确保随时补充到位。通过选派市县机关、事业单位“一把手”到村挂帮任“第一书记”，帮助发展壮大村级集体经济，夯实基层基础，推进精准扶贫，助力同步小康。

一是因村选派。做到因村选人、因村派人，确保选得优、派得强、出实效。依据各村地理位置、民情社情、致贫原因、主导产业等因素，有针对性地做好驻村干部选派和调整帮村单位，发挥各职能部门业务优势。如针对扶贫移民村，重点选派国土、住建等系统的干部；针对需要发展产业的贫困村，

安排农业农村等相关部门干部进驻。

二是因人选派。不少驻村干部具有工程、经济、规划等专业技术职称、专业经历、技术特长，根据“第一书记”能力特长、部门职责及各村发展愿景，按照“分级选派、区级统筹、集中派驻”的工作原则，实行“党群干部进弱村、政法干部进乱村、经济干部进穷村、农业干部进产业村、科技干部进专业村”的帮扶选派机制，对人选进行科学合理搭配、优化组合，发挥选派力量的最大效能。

（二）从实培育，增强干部履职能力

聚焦驻村工作组工作实效提升，着力从培训培育等方面精准发力，聘请相关行业专家骨干有针对性地对驻村干部进行知识培训，提升驻村干部业务能力水平。

一是开展驻村轮换座谈会。通过组织开展驻村工作轮换座谈会，新老驻村干部共同研究讨论乡村振兴的重点工作和任务，一起叙友谊、话未来、谋发展。通过这种特有的形式，将原驻村工作组苦干实干、真蹲实驻、真帮实促、真抓实干的精神传承下去，真正做到一张蓝图绘到底、一任接着一任干。

二是坚持培训制度化。积极强化教育培训，聚焦能力提升。为帮助驻村工作队员熟悉各类政策、把准工作方向，坚持培训制度化，广泛开展专题讲座、现场观摩、知识测试、交流研讨等活动，开设“乡村振兴大讲堂”，重点围绕工作队员职责、农村基层党建、村级集体经济项目、特色产业发展等方面内容，有针对性地开展不同层次、不同类型培训。着力在系统化培训上下功夫，针对“缺项”“短板”“软肋”分批次抓实系统化培训。

三是做好台账管理。在驻村轮换中，各村原派驻工作组将近年来开展的工作及各项驻村工作要点，按照“一村一清单”建立工作移交清单。通过数字化、信息化管理，切实做到“一表看全貌”，让新选派驻村队员快速掌握驻村工作要点，做到了然于心。

（三）机制管理，锤炼队伍硬作风

安顺经开区根据巩固拓展脱贫攻坚成果、全面推进乡村振兴任务需要，围绕建强村党组织、强化责任链条、制定任务清单、考核驻村干部等方面，明确了第一书记和驻村工作队的职责任务。

一是建立三级责任链条。建立区、镇、村脱贫攻坚三级指挥体系和领导干部包保工作责任制度。帮村书记由市、县组织部门按照干部管理权限分级负责，第一书记由所在县区组织部门、乡镇党委和派出单位共同管理，日常管理以县区组织部门和乡镇为主。

二是制定驻村干部职责任务清单。全覆盖建立脱贫攻坚责任清单，签订脱贫攻坚责任状、工作调度和问责机制，严格实行区级每月调度、镇级每周调度工作机制。通过每季度重点督查与每两个月交叉检查，提升脱贫攻坚能力。

三是实施“四位一体”考核模式。建立驻村干部工作实绩台账制度，实行百分制季度考评、半年述职、年度考核、期满考核“四位一体”考核机制，根据驻村干部履职表现、日常考勤等情况进行定量、定性考评，督促驻村干部到岗履职。建立干事创业“五明确”防错纠错容错机制，树立尽职免责、失职追责的鲜明导向，加大第一书记和驻村干部的评选表彰力度，发挥典型引领作用，激励干部担当实干。

（四）关爱激励，激发动能鼓干劲

安顺经开区从政治激励、人文关怀、待遇保障三个方面着手，建立健全驻村帮扶工作激励保障机制，切实为第一书记和驻村干部履职创造有利条件，让驻村干部真正能够沉下去、待得住，工作出实效。

一是突出政治激励。用好考核指挥棒，将考核结果作为评先评优、提拔使用、晋升职级、评定职称的重要依据。对成绩突出、群众公认的优秀村第一书记和驻村干部，由各级组织部门推荐给派出单位和用人单位提拔使用或列入后备干部名单。明确第一书记和工作队员，在同等条件下优先提拔使用、晋职晋级、评聘职称。

二是突出人文关怀。在激励关怀上推陈出新，紧盯村级干部待遇低、人难选问题现状，全面落实“345”保障要求，进一步梳理村级干部各条口人员及待遇现状，为在任村（社区）“两委”干部购买不低于 50 万元的人身意外伤害保险，增强村干部岗位吸引力，推动“两委”班子特别是带头人队伍结构优化。派出单位按不少于 55 元/人/天的标准据实发放生活补贴，购买不低于 50 万元保额的人身意外保险，每月报销 2 次往返单位和驻地的公共交通补助，派出单位每年组织一次体检，落实好每村不低于 1 万元的工作经费。

三是突出待遇保障。制定出台《关于进一步提高村（居）干部报酬实施办法（试行）》，建立村干部经济待遇报酬与村集体经济增长挂钩机制，有效激发村干部带头干事创业的积极性。对派往艰苦边远地区的，参照当地标准发放相应补助，符合享受浮动工资条件的，级别（薪级）工资按规定向上浮动一档（级），加大保障力度，促进安心工作。做好动态跟踪排查，全面落实驻村帮扶干部浮动工资、工作经费、健康体检、生活补贴、带薪休假、保险等政策。大力鼓励干部在脱贫攻坚中敢于创新、勇于担当，营造宽容失误、合理纠错的良好氛围。

三、建强“驻村帮扶”队伍的显著成效

驻村帮扶的设计初衷是党和国家为了在规定时间内完成被赋予政治属性的脱贫攻坚任务，同时，这一制度也是对党开展农村工作传统的一种继承和创新。当然，经过安顺经开区的实践探索，驻村干部提升了村党组织的凝聚力和战斗力，增强了村党组织的领导能力，为村党支部的发展增添了新的活力；充分发挥了驻村帮扶的制度优势、资源优势、专业优势，为乡村振兴打下了坚实基础，推动了脱贫攻坚工作稳步向前。

（一）提高了基层党组织的建设质量

加强基层组织建设，切实提升农村基层党组织的战斗堡垒作用是驻村干部驻村开展工作的核心任务。在驻村工作队的领导、组织帮扶下，安顺经开区各帮扶村基层组织的凝聚力和战斗力得到了切实加强。

一是建强了村级党组织。脱贫攻坚需要强有力的村级党组织。将政治素养高、担当意识强的驻村干部吸纳进村级党组织，组建成强有力的村级党组织核心领导班子，增强了农村党组织的凝聚力，增强了党组织的政治功能、提升了组织力。驻村干部嵌入村庄的党组织，整合村级组织资源，提升了帮扶村党组织的治理水平，增强了村党组织的领导能力。

二是完善了党员管理制度。“驻村帮扶”干部队伍驻村开展工作后，通过不断加大基层党组织在管理制度、硬件设施方面的投入力度，不断完善基础设施建设，不断加强党支部标准化规范化建设，严格党的组织生活，加强党员教育管理监督，进而加强和稳固党的基层组织建设，切实增强了基层党组织的凝聚力和战斗力。

三是充实了党组织后备力量。驻村帮扶干部通过组建专项工作组逐镇逐村调研摸排走访，统筹大学毕业生、外出创业年轻人、退伍军人等力量，探索建立以“头雁”“先锋”为主的村干部人才库，建立“一对一”人岗匹配管理台账。同时，积极探索以村（社区）为试点，稳步开展村（社区）党组织书记、村（居）委会主任“一肩挑”工作，推进村（居）支书、主任“一肩挑”实现53个，占比74.65%。

（二）汇聚了脱贫攻坚的强大合力

“驻村帮扶”队伍通过充分发挥帮扶的制度优势、资源优势、专业优势，为推动脱贫攻坚、乡村振兴汇聚了强大的合力。

一是发挥了制度优势。驻村干部对乡村而言，是国家向农村派驻的帮扶力量。党和国家自上而下从各层级、各帮扶单位向农村选派“第一书记”、“帮村书记”、工作队员等“驻村帮扶”干部，肩负起全面推进精准扶贫、脱贫攻坚、乡村振兴的重要历史使命。国家层面的制度、科层、权力等结构性优势充分体现，通过组织动员加速驻村干部融入农村建设，充分发挥中国特色社会主义制度的优越性，协调各方力量，并转化为强大的动员优势和组织力量。

二是形成了稳定的资源优势。驻村干部通过对接帮扶单位与帮扶村庄，对既有资源优势进行充分发掘与相互补充，实现帮扶效能最大化。驻村干部通过积极对接帮扶单位获得相关技术资源支持，搭建合作销售平台，实现资源要素互通，有效推动当地特色资源迈向产业化发展。

三是发挥了专业优势。在安顺经开区驻村帮扶实践行动中，驻村队伍的专业优势是精准选派的一个核心指标。驻村干部充分发挥自己的专业优势打造产业扶贫、科技扶贫、教育扶贫、文化扶贫等精准扶贫模式。

（三）推动了脱贫攻坚的稳步前进

自驻村干部开展帮扶工作以来，各村的扶贫工作稳步推进，如期实现了阶段性的减贫目标，脱贫攻坚工作取得了一定成效。

一是落实了帮扶任务。“驻村帮扶”干部通过大力宣传精准扶贫的政策和惠农政策，推动了项目的落实，帮助村委制订和实施脱贫计划，引导社会资源进入，研究制定贫困村的发展规划，组建村民合作社，发展壮大村集体经济，增强了贫困村和贫困人口的“造血”功能。

二是推动了农村产业发展。驻村帮扶工作队推动了特色优势产业蓬勃兴起、美丽乡村建设如火如荼、强农富民项目落地生根。通过统筹资源、整合力量、叠加优势的有效平台，建立了“支部+公司+农户”“村党组织+合作社”“龙头企业+主导产业”的农业生产经营模式，成立了“产业联合体”，推动了农村一二三产业融合发展。

三是提升了为民办事服务水平。“第一书记”在逐户摸透村情实际、尊重群众意愿的基础上，为群众解决“最后一公里”的服务难题，回应了农民的实际需求，保持了与农民的血肉联系。“驻村帮扶”干部在脱贫攻坚行动中，以“不怕麻烦”的工作精神，了解群众所思所想所盼，掌握群众的烦心事揪心事，解决群众所想所盼所难。

四、建强“驻村帮扶”队伍的经验启示

“驻村帮扶”队伍肩负着巩固拓展脱贫攻坚成果、全面推进乡村振兴的重要责任，在巩固拓展脱贫攻坚成果和推进乡村振兴有效衔接工作中发挥着“领头雁”的作用，是推动乡村振兴、实现共同富裕的主心骨。

（一）建立权责匹配的制度体系

“驻村帮扶”工作职责涵盖了农村基层建设的方方面面，通常包括研究村级发展规划、建强党组织、抓好党的政策宣传、带领群众脱贫致富、化解村民矛盾纠纷、提供公共服务等事项。驻村干部虽然在落实农村基层治理政策上享有一定的权力，但这种权力在复杂的农村治理结构中难以发挥作用，因此建立权责匹配的责任体系，以制度化的形式规范驻村干部的权力，赋予其一定的行政权力和治理资源，推动精准扶贫权力下沉，对于建强“驻村帮扶”队伍，推动乡村振兴工作尤为重要。

一是完善权力配置。根据实践情况制定配套政策和实施细则，合理配置帮村书记、“第一书记”、驻村干部的权力，赋予其相应的权力指导其他治理主体开展精准扶贫工作和其他村庄治理工作。帮村书记主要负责统筹协调和指导驻村工作、研究村级发展规划、党的建设等重大事项。给予第一书记统领脱贫攻坚的实权，制定第一书记“权力清单”，特别是着眼于资源、资金、技术、项目等关键要素的实权。赋予驻村干部整合村级相关资源要素的权力、

调配脱贫攻坚力量的权力以及决策服务公共事务的权力。

二是建立责任清单。地方党委政府对考核驻村干部履职尽责情况承担直接管理责任，派出单位听取他们工作汇报和实地调研履行监督指导责任。制定村级组织建设任务清单，完善脱贫攻坚成效考核办法、督查实施办法和问责暂行办法，加强权力监督和责任追究机制建设，根据不同情形明确所要承担的政治责任、法律责任和工作责任。

三是完善监管体系。为加强权力运行事中事后监管，将权力配置过程、权力事项全部纳入监管范围，建立权力监管制度框架，设立权力运行监管总的制度规范，明确监管原则、监管对象、监管机制、监管责任等，出台权力事项事中事后监管具体细则，明确监管任务、监管模式、监管方法等，实现对纳入清单的驻村干部权力全过程监督，构建依法依规、公开透明、纵横协同、全程监督的监管体系。

（二）推动从制度性“嵌入”到能动性“融入”的转变

“驻村帮扶”作为国家深度干预乡村基层治理的制度化实践，依靠“集中力量办大事”的制度优势，广大优秀人才能够在各自单位部门被快速选拔和整合起来，集中性地“嵌入”原本自身发展内力不足的乡村社会。但“驻村帮扶”干部队伍作为外部力量进入乡村社会，不可避免地出现水土不服情况。因此推动驻村干部从制度性“嵌入”到能动性“融入”乡村社会，对于提升脱贫攻坚效能发挥着非常关键的作用。

一是发挥村“两委”的主体作用。在驻村帮扶实践中，由于脱贫攻坚任务重、时间紧以及扶贫考核压力大，部分驻村干部自身角色定位模糊，从指导者、协助者、参与者变成了包揽包干者，进而降低了驻村工作效率。驻村工作离不开村“两委”的协助。驻村干部应协助本地村干部弥补治理能力不足、发展意识落后、技术运用和技术管理能力欠缺的短板，努力提升村“两委”的主观能动性。推动驻村干部和村干部能力协调一致，形成有效合力，推进脱贫攻坚工作。

二是激发驻村干部内生能动性。驻村干部作为乡村发展的领路人，在为帮扶村带来丰富资源与技术支撑的同时，因其组织构成会直接影响资源供给能力和实际帮扶效果，因此要激发“驻村帮扶”干部参与乡村发展的主体能动性，提供制度保障，进而弥补因不同层级、不同类型的帮扶单位在帮扶效果上产生的差异。

三是建立良好的干群关系。人民群众是驻村各项工作的最终指向，也是对“驻村帮扶”干部队伍考核的重要评价主体。第一书记和驻村工作队作为外来人员驻入村庄，只有坚持以人民为中心的工作理念，才能真正融入乡村社会。驻村干部要有农村基层干部的文化情怀和工作作风，才能在这个情理合一的中国乡村社会作出平衡和调和。因此，驻村干部要学会转换角色，了解民意办惠民实事，把群众路线贯彻到驻村帮扶工作中来，使党和人民群众的关系更加密切，进而提高驻村帮扶工作的实效。

（三）健全干部驻村帮扶长效机制

脱贫攻坚成果来之不易，因此建立稳定的干部驻村帮扶长效保障机制，实现脱贫效果的可持续性，接续推进稳定脱贫与乡村振兴有效衔接是驻村帮扶工作的重中之重。

一是建立产业脱贫的长效机制。产业脱贫是驻村帮扶工作帮助发展农村的重要任务。“驻村帮扶”队伍在具体的实践中，其帮扶行为会受到政策目标实现、考核指标指数、帮扶单位形象等因素的影响，因而在其开展帮扶工作时会忽略产业是否符合当地实情，是否符合市场发展趋势，能否可持续发展等因素，而选择追求时间短、见效快的产业项目。因此，驻村干部应转变思维，帮扶建立可持续的长效产业脱贫机制，积极探索“资源引导、市场运作、特色产业、帮扶造血”的新路，因地制宜，精准选择特色产业，强化产业发展平台支撑作用，激发产业发展的内生动力。增强产业发展能力和造血功能，着力建立利益联结机制，积极鼓励龙头企业、合作社和贫困户形成利益共同体。

二是构建内生脱贫的长效机制。驻村帮扶工作主要依靠体制内自上而下的行政性力量推动。“驻村帮扶”干部凭借制度优势、资源优势和专业优势开展帮扶工作，容易忽略对于贫困户劳动价值的提升。贫困群众的主体性在具体实践中被忽视，内生发展动力未得到很好激发。因此，要加强扶贫同扶志、扶智相结合，使脱贫具有可持续的内生动力。通过改进帮扶方式，加强农业科技和实用技能培训，引导农民通过就业创业脱贫致富，逐步提高自我发展能力。将政府扶贫资源、社会帮扶力量、企业经营能力、贫困户劳动价值高效整合，引导贫困群众发挥自身能动性实现脱贫致富。

三是强化文化价值观的引领功能。文化脱贫是稳定脱贫的治本之策。要弥补驻村干部在文化脱贫中的能力短板，强化社会主义先进文化价值观的引领功能，精准识别贫困地区的文化特征和文化资源，确保脱贫实践的精准和高效，发挥其在脱贫攻坚中不可替代的作用。要建立夯实根基、提升能力、拓宽通道、拓展空间、积聚力量的一体化教育扶贫机制体系，采取有力措施，全面提升扶贫对象的受教育水平和就业创业、脱贫致富能力，实现稳定脱贫。

第三节　发挥“兵支书”经验优势，激发人才振兴活力

如何打赢脱贫攻坚这场硬仗，巩固拓展脱贫攻坚成果和乡村振兴有效衔接，关键在人。退役军人村干部在乡村脱贫攻坚、乡村产业发展、乡村建设、乡村治理和乡村振兴等方面有着巨大的作用。2018 年以来，安顺市新时代军地实践中心根据农村基层党建工作新形势新挑战的现实需要，充分发挥部队优势和特色，接续用力开展联创共建结对帮扶，大力培育帮扶“兵支书”，积极探索创新从退役军人中培塑农村基层党组织带头人的方法路子。安顺经开区按照“发现苗子、持续跟踪、推荐岗位、培养成才”的步骤，在退役军人中培养了一大批农村基层党组织带头人、脱贫致富引路人。一方面，发挥退役军人村干部作用，打通乡村基层治理中“最后一公里”，带动老百姓走上脱贫致富之路；另一方面，通过与当地政府部门协调、推动，做到知人善用，帮助退役军人找到适合的岗位。把退役军人教育管理工作和乡村振兴、脱贫攻坚以及整个产业结构调整都结合起来，成功地将退役军人工作融入了乡村振兴的大环境中。

一、推行“兵支书”的制度支撑

2018 年，贵州省军区出台《关于在退伍军人中培塑农村基层党组织带头人推动脱贫攻坚决战决胜的实施方案》，安顺军分区结合村“两委”换届和农村“双强”党员干部的选拔将一批有能力、懂技术、会管理的退役军人吸纳进“两委”班子。2020 年，贵州印发《关于在优秀退役军人中大力培养农村基层组织带头人的指导意见》，提出一系列举措和办法，大力提倡把优秀的退役军人培养选拔到农村基层组织干部队伍中，充分发挥优秀退役军人在打赢脱贫攻坚战、推进乡村振兴战略中的作用。同年，安顺经开区出台了《关于进一步推进退役军人村干部职业化建设的实施方案》，聚焦“优选、培育、严

管、激活、引领”5个方面提出具体措施，探索走出一条退役军人村干部职业化、制度化、常态化路子，助力乡村振兴。

（一）实施军地联合联育培养机制

聚焦打造高素质专业化队伍，实施军地联合联育培养机制，对“兵支书”实行“全链条”培养机制。通过“递进式”培养、“分级式”培育、“多样化”教学储备和培育“兵支书”，帮助“兵支书”提升履职能力。

一是“递进式”培养。为了遴选素质过硬的“兵支书”，安顺经开区军地实践中心全程对优秀苗子实施动态帮扶培养和考察，及时将考核合格、热爱农村、勇于奉献的优秀苗子纳入“兵支书”后备人才库，随时可供选拔。拿出一定的事业编制激励优秀大学毕业生入伍，新兵入伍后，开通“成长专线”，跟踪掌握服役期间成长情况，建立跟踪培养档案；士兵退役后，建立退役军人人才库，将优秀者纳入村级后备干部；对大学毕业生入伍后安置到事业单位的，先放到“兵支书”岗位上锻炼，充实基层力量、提升干部素质。

二是“分级式”培训。建立联选共育机制，组建退役军人“兵人才”库，将优秀退役军人纳入村级后备干部。按照优选一批“兵人才”、精选一批“兵干部”、严选一批“兵支书”的步骤，加大对退役军人返乡后的培养选拔使用力度。对纳入村级后备干部的退役军人，根据个人特点和岗位需要，军地联合制订“一对一”精准培训计划，举办“兵支书”专题培训班，开展实用技能培训、岗位练兵，帮助熟练掌握农村基层党建、产业发展等履职所需要的专业知识。对百余名学历偏低的“兵支书”实施“学历升级”工程，组织一批“兵支书”参加“高升专”“专升本”学历提升，筑牢农村基层战斗堡垒。

三是“多样化”教学。根据“兵支书”个人特点和发展需要，分期分批选派“兵支书”到双堡镇大坝村、乐平镇塘约村等“领头雁”实训基地进行脱产一周的跟岗实训。选派“全国先进基层党组织”书记、“全国脱贫攻坚创新奖”获得者等经验丰富的基层干部担任老师，采取“现场体验+问题研讨+专业培训”的方式开展体验教学，有效提升“兵支书”实战能力。

（二）完善“兵支书”培塑赋能机制

充分利用社会资源搭建平台，将退役军人统合起来，发挥退役军人优秀品质的榜样作用，充实基层党组织队伍，使退役军人成为决战脱贫攻坚、实施乡村振兴战略的“领头雁”，形成推动乡村振兴、社会发展的强大力量。安顺市创建了全国首个“新时代军地实践中心”，提出了培塑“兵支书”的目标，安顺军分区搭乘地方各级建立的、覆盖全市所有乡镇的讲习所“快车”，整合军地资源，建立融合多方内容的军地实践中心。“新时代军地实践中心”为探索创新从退伍军人中培塑农村基层党组织带头人搭建了平台。聚焦选人难用人难的问题，安顺经开区聚力培塑能打善攻的“兵支书”。探索建立覆盖全面、指向精准、高效实用的教育培训体系，加强履职能力和专业素质培训。围绕兵支书履职要点，建立“兵支书”工作责任清单，每季度对其履职情况进行考评，倒逼他们不断提升自身能力，让广大“兵支书”成长为带领群众脱贫致富、带领人民群众跟党走的一支“尖兵”队伍。

（三）建立“兵支书”工作保障机制

创新政策激励，为建强“兵支书”队伍提供了保障，有效激发“兵支书”干事创业的斗志。建立“兵支书”动态研判调整机制，全面掌握“兵支书”综合履职、群众满意度等情况。建立村干部报酬与村集体经济增长联结机制，吸引退役军人引领村级发展。建立关怀激励机制，为实绩突出、群众公认的优秀“兵支书”拓宽成长通道。依托“鸿雁归巢”“春晖使者”“农业专家服务‘三农’”等计划或行动，通过政府支持、社会募集等方式募集退役军人村干部创业扶持资金，创新金融服务方式，为“兵支书”创业提供借贷、担保、贴息、补助等支持。建立绩效考核奖励制度，将考核结果与报酬待遇、评优评先等挂钩。将政治素质好、工作能力强的优秀“兵支书”推选为各级党代表、人大代表、政协委员，用好定向村干部招录招聘政策，拓宽“兵支书”上升渠道。积极推荐优秀“兵支书”参加各类表彰评选，增强“兵支书”的荣誉感、自豪感。

二、“兵支书”助力乡村振兴的典型案例

安顺经开区通过选拔优秀退伍军人担任村支书、村主任和村“两委”委员，不断充实基层干部队伍。“兵支书”在建强基层党组织、发展乡村产业、推动脱贫攻坚与乡村振兴、提升乡村治理水平等方面发挥了“尖兵”作用，充分体现了退役军人在脱贫攻坚和乡村振兴中的重要价值。

（一）从“问题村”到“先进村”：“四维发力”促蜕变

阿歪寨，曾经的国家一类贫困村，在“兵支书”韦俊的带领下，村党组织以党建引领抓村级治理、以脱贫攻坚抓产业发展、以文化传承抓传统村落保护、以村庄整治抓旅游开发，实现了从社会治安“问题村”向社会治理“先进村”的蜕变。

一是以党建引领抓村级治理。阿歪寨村党支部借整顿软弱涣散村之机，切实加强村级队伍建设。在全村推行“设岗定责 + 服务承诺 + 积分管理 + 评议定级”的党员管理模式，划分党员责任区、责任岗，设置党员、退役军人服务群众点、产业联系点，让每名党员都有“责任阵地”，每名干部都能“知责尽责、承诺践诺”。阿歪寨村在“兵支书”韦俊和村“两委”的带领下，党员的先锋模范作用明显提高，党支部的战斗堡垒作用明显增强。

二是以脱贫攻坚抓产业发展。“两委”成员通过上门走访、召开院坝会等形式，扭转村民传统农作物种植观念。组织党员群众远学山东博兴、福建厦门、浙江余村，近学塘约、大坝，启迪发展思维、拓宽发展思路、凝聚发展共识。成立磊跨农民种植专业合作社，采取“支部 + 合作社 + 基地 + 贫困户”模式，组织村民土地入股，种植花卉、莲藕、草莓、海棠果等近 2000 亩，村集体经济年收入 30 余万元，户均增收 7000 余元，全村 48 户建档立卡贫困户 191 人全部脱贫，为乡村振兴夯实基础。

三是以文化传承抓传统村落保护。阿歪寨村具备传统民族村落格局、峡谷聚居、自然植被较好、石木结构的传统建筑、藤甲文化等资源优势。“兵支书”带领群众因地制宜，以文化传承抓村落保护，在传统村落保护中打造以布依族文化和三国藤甲文化为依托的、农文旅融合发展的乡村振兴路径。

四是以村庄整治抓旅游开发。针对阿歪寨村宗族势力泛滥、村级组织薄弱等问题，开展扫黑除恶专项斗争，打倒了黑恶势力；开展专项巡察，精准靶向治疗，推动改革发展，建强了 3 个村级党组织。

（二）从“贫困村”到“富裕村”：“四大基地”创致富

过去的安顺经开区宋旗镇张坪村面临着农户缺技术、缺资金，传统农作物经济价值不高，土地价值利用率低的发展困境。自 2019 年，在退役军人娄飞的带领下，改变传统农作物种植，推行“政府 + 公司 + 基地 + 农户”模式和“龙头企业 + 合作社 + 农户”模式，建立四大种植基地，抓发展抓产业，带动村民谋致富。

一是“政府 + 公司 + 基地 + 农户”模式，建设花椒、水果种植基地。2019 年以来，张坪村以“政府 + 公司 + 基地 + 农户”模式，大力发展花椒种植产业，建设张坪村花椒种植基地。预计 5 年后呈现经济效益，200 亩花椒每年可达 330 万元的产值，带动 50 余人就业，惠及农户 242 户。建设水果种植基地，搭建大棚 90 个，种植西瓜、草莓 50 余亩，西瓜亩产量约 5000 斤，产值可达上万元，草莓亩产量约 2000 斤，亩产值 5 万元以上。“兵支书”娄飞带领村支“两委”，通过集体土地流转、加强大棚基础设施建设，招商引资，寻找有资金、懂技术、善管理的种植大户来承包土地，集中连片种植经营，带动村民谋发展。

二是“龙头企业 + 合作社 + 农户”模式，打造蔬菜、花卉种植基地。大力推行“龙头企业 + 合作社 + 农户”的模式，种植蔬菜 200 亩，与公司签订保底收购合同，解决销售问题。为当地的产业选择、农民培训、技术服务、产销对接、利益联结等提供了组织保证和有效实现形式，实现了企业和农户的共赢。

三是引进对口帮扶资金。引进青岛对口帮扶资金 48 万元，建设了一个 1480 平方米育苗大棚及水池灌溉设施。引进和丰蔬菜种植农民专业合作社与村级合作社合作，带动群众就业增收，进一步巩固提升脱贫攻坚成果，壮大村级集体经济。

（三）从“资源村”到“旅游村”：旅游文化树品牌

安顺经开区幺铺镇尚兴村是一个以布依族为主的村寨，自然植被好，水资源丰富。自 2016 年退伍军人伍达忠担任幺铺镇尚兴村党支部书记以后，在不断完善和管护好全村基础设施的同时，他依托本村自然山水田园风光的资源优势，充分挖掘布依风情装饰、布依民族歌舞表演、拦门酒、敬酒歌等极具布依特色的文化元素，打造集休闲、旅游、观光等为一体的乡村旅游品牌，积极发展生态农业，带领群众脱贫致富奔小康。为了从单纯的观光游向多业态乡村旅游转变，该村采用“村社合一”发展模式，引进安顺依山傍水餐饮文化有限公司，盘活闲置资源，打造“依山傍水”休闲山庄。尚兴村采取“农户 + 贫困户 + 合作社 + 公司”的发展模式，进行土地流转，盘活土地资源，带动村里部分劳动力就业。此外，尚兴村坚持党建引领，抓好特色产业发展，盘活村土地、自然资源。通过“村社合一”流转村民的土地，发展蔬菜水果等产业，带动周边村民实现就业，把闲置的房屋改造后发展成为民宿，带动村民持续增收致富。

三、“兵支书”助力乡村振兴的战绩成效

“兵支书”有着能吃苦、能战斗、能奉献的优良作风，凭借其过硬的政治素养和较强的执行力团结带领群众建立“村社合一”合作社，发展产业壮大村级集体经济，帮助群众增收致富，巩固拓展脱贫攻坚成果和乡村振兴有效衔接，在推动乡村振兴的进程中，他们逐渐成长为农村基层党组织的“领头人”、脱贫攻坚的“领路人”、和谐稳定的“维护者”。

（一）党组织“领头人”：建强了基层党组织战斗堡垒

“兵支书”经过部队的培养和锻炼，具备较强的管理能力和综合素质，引导他们成为基层治理的“红色因子”，能有效提升基层党建的战斗力。“兵支书”把退役军人政治理想坚定、吃苦耐劳、纪律严明和作风优良的优势特点融入村级队伍建设，把在部队养成的听党指挥军魂意识、令行禁止严明作风、公平正义意志品质带到基层，影响和带动了一大批农村基层党员干部群众牢记党的宗旨、强化法纪意识、树好党员形象，使基层党建活力得到充分激发。同时，通过将工作不力的村委委员进行改选，选举人民群众认可度高的退役军人进入村“两委”班子，把优秀退役军人补充到村干部队伍之中，极大地强化了基层组织的战斗堡垒作用，优化了基层干部队伍结构，提高了农村干部队伍整体素质。

（二）脱贫攻坚“领路人”：巩固和助推了脱贫攻坚工作成效

“兵支书”带领群众建立“村社合一”合作社，发展农业产业，壮大村级集体经济，纵深推进农村产业革命，让群众逐渐摆脱贫困，实现增收致富。如阿歪寨村在退役军人韦俊的带领下，实现“旧貌换新颜”，成功打造出藤甲谷网红景区、古村落民宿区、民宿研学区、布依风情一条街等农文旅结合的田园综合体，各方人士慕名而来，藤甲之魅，穿越之旅，成为贵州西部黄金旅游线上新的风向标，进一步推动当地文明文化、旅游产业、农业产业和饮

食住宿等发展，塑造了地域文明和文化生态。阿歪寨村先后被列入“第四批中国传统村落”名录、“共同缔造”试点村落以及贵州省“十百千”乡村振兴示范村、贵州省传统示范村落，实现了“支部建在产业链、产业建在家门口、就业实现低门槛、创业顾家两不误”，逐步构建了一二三产业融合发展的产业结构体系。

（三）和谐稳定“维护者”：丰富和创新了乡村治理经验

“兵支书”在参与经济社会发展各领域工作过程中，坚持以党建为引领，紧紧依靠群众、发动群众，充分发挥自治、法治、德治功效，积极推进和完善共建共治共享的乡村治理模式，有效促进了人民安居乐业和社会安定有序。“兵支书”联合村“两委”和驻村干部，依据村情，通过建强基层党组织来促进乡村振兴工作。根据村情民情，防止建档立卡的脱贫户返贫，进行“四清两改四严禁”工作，开展宜居乡村创建工作。村党支部切实发挥党组织引领作用，组织、发动、带领群众，着力打造和谐有序善治乡村，通过畅通渠道解民忧、完善村规强治理等方式，开展村民自治强基固本共同缔造，丰富和创新了乡村治理经验。

四、“兵支书”助力乡村振兴的经验启示

安顺经开区这支“政治坚定、能力过硬、作风优良、群众拥护”的“兵支书”队伍，在巩固基层政权、奋力脱贫攻坚、维护和谐稳定等方面发挥了突出作用，充分展现了新时代退役军人新风貌。如何培养留得住心、留得住身、留得住根的“兵支书”人才，如何提高整支队伍的能力素质、激发队伍活力，是安顺经开区“兵支书”打赢脱贫攻坚战役、助力乡村振兴留给我们的思考。

（一）推动正向激励机制和反向约束机制双向突破

“兵支书”队伍在脱贫攻坚战役和推动乡村振兴的具体实践中，一方面，面临着农村问题纷繁复杂、千头万绪，上级任务繁多、程序烦琐的困境；另一方面，面临着部分农民素质不高、群众难沟通思想难做通、农民需求高涨、参与性却“沉稳不动”的现实问题，导致部分“兵支书”两头受气，进退两难，让他们对“兵支书”这一岗位失望而辞。前途不宽，晋升困难。晋升希

望渺茫在很大程度上挫败了广大“兵支书”的积极性和创造性。稳固“兵支书”队伍，要确保引得进人才，更要留得住人才。

一是建立正向激励机制。制定退役军人“基层干部发现、培养、锻炼、使用”工作闭环制度，不断提高“兵支书”的政治待遇和经济待遇，加大“兵支书”干部被推选为党代表、人大代表、政协委员的比例，健全从优秀村干部中选拔乡镇领导干部的制度，注重加大从“兵支书”中选拔乡镇（街道）领导干部、招录公务员、招聘事业单位工作人员的力度，吸引更多退役军人“鸿雁归巢”投身乡村振兴，促进“兵支书”享受与乡镇公务员、事业干部同等的待遇。

二是建立反向约束机制。人才难留，但不能因为难就降低标准。通过教育整顿、群众举报、督查检查等措施强化反向约束力，制定负面清单，明确不能担任村级党组织成员的标准。实行干部召回管理制度，对不能胜任岗位工作的“兵支书”及时撤换召回。

三是提升正反向考核的精准性。借助“云汇党建”平台，实行信息化考评，设置了日常监控、专项考核、统计汇总、考核结果、决策分析等 5 项大数据分析模块，通过日常监控和定期考核，有效提升“正向激励、反向约束”考核精准化程度，确保“正向激励、反向约束”考实考准。

（二）建立统筹帮扶机制助力“兵支书”

“兵支书”队伍对于新知识、新技术的理解掌握存在一定的困难，在脱贫攻坚战役中难免出现考虑不周的情况。因此，应整合金融、农业农村、文旅等相关职能部门力量，多维聚力支持“兵支书”，建立统筹帮扶、分类灵活培育机制。

一是拓展优化教育帮扶协作机制。联合教育职能部门，推进骨干示范引领、教育帮扶项目落地等方面合作。根据不同行业产业特点和时代发展趋势，增强“兵支书”教育培训内容的实效性和针对性，不仅要增加农业基础理论学习，提升法治素养，拓展市场营销、生产管理、财务管理、目标管理等方面的知识，还要增加实训模拟、实习考察等学习内容。

二是深化金融帮扶机制。面向“兵支书”个人或党组织领办合作社，金融机构加大信用贷款、风险共担类贷款投放力度，进一步倾斜资源，全额保障“兵支书 e 贷”信贷规模需求，配套“一揽子”优惠金融产品，做好“兵支书”金融服务工作。

三是加大资金帮扶力度。统筹整合涉农资金，优先用于“兵支书”任职村基础设施建设、美丽乡村建设、改善农业生产生活条件等。围绕党组织领办合作社、农产品安全、电子商务等，优先为“兵支书”任职村提供多层次、多渠道、多形式的资金帮扶和信息服务。

（三）推进信息资源共享平台建设

自2021年开始，农村工作重心从脱贫攻坚向乡村振兴转移，但在“兵支书”推动产业发展过程中，还存在产品不成规模、质量参差不齐、包装技术不足、销售渠道不畅等问题。与此同时，政府部门掌握了大量的产业发展政策资源、产业信息资源、产品销售交流平台，但是缺乏网络信息共享平台，“兵支书”无法及时获取资源信息，这些问题严重制约了“兵支书”作用的发挥。

因此，在推进乡村振兴的进程中，应运用现代化科技手段，覆盖产业发展领域。有针对性地为“兵支书”提供信息支持和政策保障，切实做好产业资源库、人才信息库等平台建设，提供沟通合作、项目优化培育和资源有效对接的网络平台。同时，要充分利用互联网积极建立网络信息平台，同省的村村之间、跨省的村村之间建立资源流通信息平台，助力“兵支书”发展集体经济，进一步深化与拥军企业的交流合作，加快“兵支书”区域产业联盟的组织建立。通过建立产销联结机制、支持专项贷款、打造电商平台、出台专项政策等方式，为“兵支书”提供从产业扶持到市场开拓、产品加工营销、农产品电商平台打造的产业发展“全周期”服务。

第四节　产业链上建支部，党建引领“加速度”

深入推进脱贫攻坚战略，关键在党建引领。随着乡村振兴战略的推进，农村基层党组织面临一些新情况新问题，少数地区党员与党组织关系不紧、党组织与其他组织联系不密，亟须蹚出一条“产业链上建支部”的党建引领发展新路子。在奋力打好脱贫攻坚战役中，安顺经开区将党建作为引领脱贫攻坚的动力引擎，围绕抓党建促脱贫，聚力用劲，扎实把党组织建好建强，充分发挥基层党组织的战斗堡垒作用和党员干部的先锋模范作用，加固顶层建筑，使带领作用最大化。创新党支部设置形式，使党的组织和党的工作全覆盖。以支部建在产业链上、党员聚在产业链上、群众富在产业链上为目标，优化党组织设置方式，依托党组织、党员建立专业合作社，推行“党支部＋合作社＋党员＋贫困户”的党建工作机制，党员带着社员富、社员带着群众富，多方资源共享，形成规模化、链条式发展态势，实现“抱团式”发展。通过将支部建在产业链上引领集体经济发展壮大、特色产业和新兴产业蓬勃发展，积极探索产业脱贫有效路径，推动资源形成产业，以产业带动发展、引领群众致富。

一、“产业链”上建支部的现实之需

党支部是党的基础组织，是党组织开展工作的基本单元，是党在社会基层组织中的战斗堡垒，是党的全部工作和战斗力的基础。安顺经开区以“党的一切工作到支部”为导向，以提升组织力为重点，创新党组织设置，强化组织服务功能，健全党组织体系，着力提升党建引领功能和作用。

（一）以创新组织设置实现“有效覆盖”

安顺经开区以扩大党组织覆盖和党的工作覆盖为着力点，坚持“产业延伸到哪里，党组织就建到哪里”，把党支部建在合作社上、建在产业链上，搭建“村社合一”发展平台，充分发挥基层党组织战斗堡垒作用和共产党员先锋模范作用。以发展壮大村集体经济为目标，大力发展特色产业、新兴产业，按照“产业相同、行业相近、优势互补”的原则，探索将党总支设在产业联盟上、党支部设在产业协会上、党小组设在产业联合体上，大力推行“村社联建”“村企联建”“村超联建”等做法，把支部建在产业链，把党员聚在产业链，推动产业链党建有效覆盖，实现村级组织“抱团式”发展。

（二）以强化服务功能实现“高效运转”

单纯的党建引领和政府治理难以满足高质量发展要求，且存在有效监管不足、难以调动多方主体治理积极性等问题。通过推行“支部＋公司＋贫困户”“龙头企业＋基地＋农户”“产业协会＋村集体＋农户”等多种模式，能够加强党支部对产业发展的引导服务功能，提升产业整体竞争力；通过在“产业链”上建支部，能够及时掌握和了解产业发展的基本情况、发展态势，使党组织更好服务当地经济建设、推动产业发展；通过建立“周碰头、月调度、季例会”制度，针对产业规划、项目申报、协调用地等问题，分析研判、合力攻坚、对账销号，能够及时反馈农业产业发展政策措施的执行情况及存在的问题，捕捉产业发展中的新亮点，有针对性地采取措施，整合产业资源，收缩传统劣势产业阵线，培育、发展优势和特色产业项目，实现党组织服务功能更加高效运转。

（三）以拓宽用人渠道实现“选优配强”

支部强不强，关键看“头羊”。安顺经开区坚持“一线识珠”，推动村党组织成员与产业链党组织成员“双向进入、交叉任职”，拓宽选人用人渠道，从带富能力强的村民、复员退伍军人、经商务工人员、乡贤能人等群体中选拔产业链支部书记。构建村干部队伍“选、育、管”培养链，通过拓宽渠道、三级联审“选”贤人，健全机制、全程跟踪“管”能人，选优配强农村“关键少数”。同时，加强教育培训力度，实施“领头雁培育”行动，按照“做啥学啥、缺啥补啥”的原则，持续开展“田间党课”“送学下乡”等活动，真正让支部书记学得深、用得上、干得好。推进产业链党组织标准化、规范化建设，增强支部运转经费保障能力，把支部书记待遇报酬与村集体经济发展情况相挂钩，大力培植选树一批先进典型，提振担当作为精气神。

二、“产业链”上建支部，创新脱贫新引擎

安顺经开区打破地域限制和人员限制，结合各村产业发展现状和党员个人特长，成立产业党小组，每个党小组下设党员。通过创新党小组设置模式，以“支部＋公司＋农户”的农业生产经营模式，各党小组围绕抓好组织活动带动产业发展，形成了村支部抓党小组、党小组抓党员、党员抓产业带群众的工作格局，各党小组把活动内容与从事的产业有效结合起来，走出了一条产业发展和党组织建设相结合的新路子。

（一）“党建＋组织”，发展壮大集体经济

发展农村集体经济要着力于发挥党建引领作用，安顺经开区推进“村社合一”重组，采取“支部＋合作社＋基地＋贫困户”模式，发展壮大村级集体经济。创新多种利益联结机制，因地制宜开发挖掘自身优势，整合优化各方力量资源，不断拓展农村集体经济发展路径。

一是“村社合一”，凝聚发展合力。优选村级党组织书记、党员主任担任合作社理事长，探索在村党组织领导下“村社合一”合作社规范化管理，持续巩固和拓展“合作社＋农户”的运行模式。探索村集体经济增长与村干部报酬利益联结机制。

二是发挥组织优势，构建利益联结机制。建立“村社合一”合作经济组织，确保所有贫困户加入合作经济组织。在“支部（村委）＋公司（合作社）＋产业＋农户”模式发展中，进一步深化村级集体经济组织在利益联结中的作用。构建村干部报酬、企业、村集体、农户利益联结机制，支持村“两委”班子成员兼任村级集体经济组织领导职务，鼓励按村民集体协商制度拿年薪，激发村干部干事创业的热情。

三是整合资源，壮大集体经济。鼓励村党支部牵头，综合运用党建、社会、产业等区域资源，统筹发挥各种优势，通过政策扶持、集体自办、招商引资、村企联营等形式，发展壮大新型农村集体经济。

（二）支部引领，培育发展特色产业

安顺经开区坚持把特色产业培育作为推动经济发展、保障脱贫攻坚的核心举措。强龙头、延链条、聚集群，培育壮大特色产业。采取“一村一品、

一村一业”的发展模式，兼顾差异化生产，突出产业发展特色。

一是党社联建，实现产业结构联动。按照地域相邻、产业相近、优势互补的原则，将党支部建在企业、合作社、园区、基地等产业链上，切实将党组织的政治优势与合作社的产业优势紧密结合起来。

二是产业联盟，做优特色产业。为了实现特色产业组织化、规模化、合作化，短期中期联建各方将自身资源、产业基础和市场反馈凝聚成团，共同搭建产供销联盟体。聚焦特色产业，拉长产业链条，加快培育农业产业化，发展农产品精深加工。

三是资源联享，构建特色产业群。资源联享是党组织引领作用的释放。推动各方土地、人才、技术、资金、项目等资源联享联用，鼓励以租赁、联营、参股等方式提高资源综合利用效益。安顺经开区紧紧围绕九大特色产业，聚焦产业链上下游配套贯通、左右融合发展需求，结合“十里荷廊”集成示范带等推动一二三产业持续深度融合，提升产业链与供应链、价值链、创新链协调发展水平，着力培育产业集群。

（三）党建引领，培育壮大新兴产业

安顺经开区坚持党建引领新领域新业态健康发展，按照文旅共融、共同缔造、成果共享的先进经验，充分挖掘当地资源，植入文化因素，调动各方力量参与共谋共建共享，加快推进文旅融合、文商融合。培育观光农业、体验农业、创意农业等新产业新业态，丰富旅游业态，提升农业产业价值链。

一是推进文商融合，打造安顺品牌。通过注入安顺地方文化，以“旅游＋扶贫”建设助农标准化中央厨房，将安顺传统工艺小吃标准化、工厂化、规模化生产。以“文化＋旅游”打造“一个人的安顺”乡愁文化园网红打卡点，在中央厨房的支持下，将其培育成安顺小吃体验式消费旗舰店，吸引商家加盟“一个人的安顺”品牌，将安顺小吃推向全国。

二是挖掘历史文化，打造文旅样板。阿歪寨村深挖历史文化内涵，充分利用良好的自然资源和得天独厚的历史文化底蕴，积极发展民族特色乡村旅游。依托三国历史文化背景，打造了藤甲谷景区，并围绕“传统村落、藤甲部落、全域游乐、休闲民宿”四个重点发展特色乡村旅游。通过挖掘藤甲文化等优质资源，努力开辟文化旅游新阵地，提升文化自信，提高乡村文化品位，助推文化产业发展。

三是激发文创动力，打造品牌效应。用数字经济驱动乡村文化建设，做强文化创意产业和旅游品牌效应。在众多知名文化艺术家的帮助下，安顺经开区旅游产业实现了“无中生有”、点石成金。通过注入藤甲文化，以政府引导、群众主体、企业参与、社会助力方式，留住乡愁，复活阿歪寨，按市场规律，打造“旅游+康养”典范。通过注入时尚文化，打造时尚、休闲、科技的城市地标，推进传统旅游向“商养学闲情奇”新兴元素拓展，形成农旅互融、工旅互动、文旅互促、村旅互进的发展格局。

三、“产业链”上建支部的经验成效

安顺经开区将基层党组织直接嵌入脱贫攻坚产业振发展，能够有效发挥党建在加强产业之间的联系和沟通、打造产业共同体方面的积极作用，推动了产业链延伸，实现了区域产业协同发展。以区域产业发展为目标，以基层党组织为载体建立的“党建+产业联盟”，实现了党员聚在产业链上、人才育在产业链上、农民富在产业链上。

（一）资源联通，实现了党员聚在产业链上

通过建立产业党支部，将支部党员聚集在产业链上，实现了党员做、群众学，真正做到了社员跟着支部转、支部跟着产业转、党员跟着支部走、社员跟着党员干，充分发挥了基层党组织引领带动作用和党员人才先锋示范作用。

一是实现了党建资源联通。产业链上建支部，村党组织和合作社组织联合成立党建联盟，通过党建联建，各组织部门的党建经验变成了流动共享的经验，各自的局限在资源共享中获得了弥补；通过推进资源共享、队伍共建、事务共办，可以吸纳和整合各村组织、集体经济组织流动的党建资源要素，突破了原有党建资源要素仅在属地范围的限制，增强了党建资源利用的效能。

二是实现了组织生活联过。将支部建在产业链上，在产业链上开展组织生活。通过“党建+产业”模式，把村党支部活动贯穿于村级合作社等脱贫攻坚产业发展的全过程。将党员发展、组织生活会、“三会一课”搬到一线基层，通过健全落实党组织生活、党员“评星评级”制度，坚持党史学习教育、“不忘初心、牢记使命”主题教育常态化开展，基层组织的凝聚力和战斗力显著提升，党群关系日益和谐。

三是实现了精神文明联创。以产业党支部为单位，充分发挥产业党小组

的功能优势，调动广大党员，着力于深入挖掘精神文明特色，形成示范带动。以产业党支部的名义，开展形式多样、内容丰富的文化活动。通过“新时代学习大讲堂”提高了各组织党员干部在各项精神文明建设中的服务能力和执行力。

（二）双向培养，实现了人才育在产业链上

安顺经开区结合“村社合一”，选派懂管理、有经验、能干事的村党支部成员组建村合作社，把农技专家、乡土致富能手、返乡创业人才吸引进村合作社，通过双向培养育人才，把党员培养成了产业技术骨干，把技术骨干培养成了党员，为产业发展储备人才。此外，通过深化“农业专家服务‘三农’行动”，选派“三农专家”到乡镇帮扶，将农业专家精准匹配到主导产业链上开展精准服务。结合农业专家专业特长将“三农专家”意向性分配到各村，实行“一对一”“一对多”实地帮扶指导，提高了农村产业发展的成效。根据特色产业和主导产业发展需求，培育新型职业农民，建立懂农业、能够扎根农村的农技人才队伍。通过建立村级返乡创业服务平台，采取多渠道宣传返乡创业惠农惠民政策；通过协调土地、提供培训、做好对接服务、解决矛盾纠纷等举措，为返乡创业者提供最优质的服务等。截至目前，建立了由15名农业专家组成的产业扶贫技术专家库、13名工业专家组成的工业技术专家库，推进农业专家通过农技咨询、实地培训等方式精准服务乡村振兴，匹配11名农业专家为全区11个贫困村指导服务3300余人次。

（三）“四位一体”，实现了农民富在产业链上

通过搭建“党支部＋集体经济组织＋基地＋农户”的“四位一体”集体经济发展框架，构建企业、村集体、农户利益联结机制，零门槛、零风险、零基础帮助农户创业，实现农民就业增收。

一是集体经济不断发展壮大。在强化村党组织核心地位的基础上，由村党支部牵头领办专业合作社，鼓励村集体采取以集体土地、林地、荒地、闲置办公用房等资产为股份加入合作社，以股权分配方式让集体资产资源实现市场化运营，依靠党支部的管理保证集体资产资源不流失，支部、专业合作社、社员三方力量共同发力，各自发挥积极作用，形成互促多赢局面，发展壮大了村级集体经济。

二是实现了农民增收渠道多元化。通过企业合作社畅通金融服务实体经

济渠道，巩固实体经济根基，并通过技术培训、实地指导，低收入农户真正掌握了管理技术、生产要领，自主发展产业，形成“主导产业＋一二三产业”融合发展的产业发展模式，推动农村富余劳动力充分就业，实现了农民增收渠道多元化。

三是辐射带动作用越发明显。通过农村产业结构的调整转型、发展旅游与文化经济的有机结合，引领带动周边产业发展，特色产业从原来单一独立产业不断拓展壮大。按照“农业园区化、园区景区化、农旅一体化”融合发展思路，形成了种植加工与销售等产业链条，发挥了示范引领和辐射带动效应。通过做强特色产业，带动关联产业，丰富产业体系，形成了“一二三”三产互动，种、养、游立体循环的较为完善的产业体系。

四、“产业链”上建支部的经验启示

安顺经开区聚焦聚力抓党建促脱贫攻坚，帮助贫困群众走上致富路，为决战脱贫攻坚、决胜全面小康提供坚强的组织保障和人力支撑。党建引领产业发展的关键是要增强农村基层党组织的引领力，充分发挥党组织的组织优势，调动各治理主体的积极性，把党的组织优势转化为发展优势，推动乡村全面振兴。

（一）推动党组织与产业的利益联结

产业党支部通过整合政府资金、社会资本、市场资源等要素，推动产业发展，创建乡村特色产业项目，促进乡村产业高质量发展。增强党组织凝聚力，发挥“主心骨”作用，是当前农村基层党组织建设的重中之重。推动党组织与产业的利益联结有利于调动村干部脱贫攻坚抓产业发展的积极性。首先，突破编制瓶颈。通过每年拿出一定比例的公务员职位，面向发展壮大村集体经济中实绩突出、脱贫攻坚中表现优秀的村党组织书记、村委会主任定向招录，对特别优秀的村（居、社区）干部可选拔进乡镇（街道）领导干部；其次，落实发展壮大村级集体经济奖励机制。对发展壮大村级集体经济作出突出贡献的村（居、社区）干部，从村级集体经济组织开展各项生产、服务等经营活动所取得的利润收入中划取10%进行奖励，激励党员干部在发展壮大村级集体经济中主动作为。

（二）加强党组织的制度建设

党建引领产业发展，实现乡村振兴的前提是必须有充分的制度保证。农村基层党组织在引领产业发展过程中要不断加强自身制度建设，始终保持党组织的先进性，持续提升基层党组织引领基层治理的能力和水平。健全村级产业发展制度，有效克服基层党建与产业发展相脱节的弊端；建立资源共享平台体系，搭建制度化的多方主体参与平台；完善基层多元服务体系，为农村社会多方主体参与乡村振兴提供制度规范，满足产业发展多样化服务需求。产业党支部肩负着脱贫攻坚“最后一公里”的重任，执行力决定着产业发展的效果。随着脱贫攻坚任务的层层分解、逐级下沉，要加强对农村基层党组织的监督考核，完善监督考核机制。要优化基层组织的监督考核指标，对工作实绩进行科学评估。要将农村产业发展纳入工作责任制和党政领导班子考评体系，加大产业发展在基层干部绩效考评中的份额权重，通过定期分步督查和实绩考核，推动建立层层抓落实的责任体系。要建立农村产业发展责任清单制，强化推动脱贫攻坚任务的政治责任和法律责任，增强刚性制度约束。

（三）建立集体经济共同体意识

集体经济壮大是乡村振兴的物质基础。习近平总书记强调，要把发展壮大村级集体经济作为基层党组织一项重大而紧迫的任务来抓，增强基层党组织的凝聚力，提高村级组织服务群众的能力。[①] 发展壮大村级集体经济是脱贫攻坚的重要举措。发展壮大农村集体经济，关键是发挥党组织的核心引领作用，通过支部引领，盘活资源，推动产业，实现脱贫富裕。在脱贫攻坚战役中，需建立集体经济共同体意识，推动乡村产业发展。安顺经开区推行的“党建+集体经济合作社+农户”“支部+合作社+基地+贫困户”的模式，是巩固脱贫攻坚成果和乡村振兴有效衔接的有益尝试。通过产业党支部的统筹协调把农民组织起来，把产业发展串联起来，发挥组织效能，破解集体经济发展的“集体行动困境”，激活农民的参与热情。党建引领下的集体经济共同体意识，强化了基层党组织的领导力和凝聚力，推动了乡村产业发展，让发展壮大的农村集体经济真正成为推进乡村振兴的动力引擎。

---

① 司权轩．夯基垒台，厚植“兵支书”成长沃土［EB/OL］．（2021－12－23）．https://va.ucass.edu.cn/info/1019/2525.htm.

第三章　村寨建设：打造农村社区宜居面貌

历史文化遗产承载着中华民族的基因和血脉，不仅属于我们这一代人，也属于子孙万代。要敬畏历史、敬畏文化、敬畏生态，全面保护好历史文化遗产，统筹好旅游发展、特色经营、古城保护，筑牢文物安全底线，守护好前人留给我们的宝贵财富。

——习近平总书记 2022 年 1 月 27 日在山西省晋中市考察调研时的讲话

第一节 少数民族村寨保护的“阿歪寨样本”

党的十九大报告提出乡村振兴战略的总要求：“产业兴旺、生态宜居、乡风文明、治理有效、生活富裕。”这是综合生产生活、自然禀赋、文化传统、制度体制的蓝图。乡村作为承载中华民族历史和文化记忆的土壤，其文化所具有的地域性、继承性、融合性、多样性、渗透性等特征，成为影响乡村振兴的重要因素。由此，通过活化发展传承保护传统文化资源、创新村落文化，增强农村对资源、人才的吸引力，从而重塑传统文化在民族地区乡村治理中的价值效能，让优秀传统文化成为乡村振兴的厚重底色，成为今天乡村振兴不可偏离的主题。长期以来，阿歪寨村按照乡村振兴战略的丰富内涵和时代要求，把加强传统村落保护发展同更高层面的乡村振兴战略关联起来，充分利用自身得天独厚的地域、历史、文化优势，大力挖掘特色资源美化村容村貌，对基础设施进行升级改造，形成了产业振兴、生态宜居、乡风文明的美丽乡村，打造出气势磅礴的神秘藤甲谷、乡愁布依古寨精品民宿、田园山水自然风光，更深刻地理解和诠释了乡村振兴战略的人文关怀和文化使命。

一、阿歪寨传统村落保护与发展的既有基础

阿歪寨村地处幺铺镇西南面，由牛蹄组、歪寨组组成，距离镇政府 6 千米，东与“十里荷廊”羊场村相邻，南与龙宫风景名胜区接壤，西抵镇宁自治县长脚寨村，北至幺铺镇南山村，是一个纯布依族聚居的传统村落，历史沿革 1700 余年。阿歪寨村前身为磊跨村，是由牛蹄村、歪寨村于 2013 年撤并组建而成。2020 年 8 月 17 日经西秀区人民政府批准更名为阿歪寨村。全村户籍人口 247 户 1072 人。安顺经开区以政府为主导，带动村民积极参与，激发内生动力，通过共同缔造，合力推进，不仅保护传统文化，改善人居环境，还注重凝聚村落共识，打造共建共治共享的社会治理格局。

（一）传统文化交融，积淀深厚的历史文化底蕴

布依语“阿歪”为“山清水秀、鸟语花香”之意，阿歪寨村寓意“幸福的地方”。阿歪寨村是典型的布依族聚居村，布依族传统民居建筑群、独特的藤甲文化、络绎山古营盘遗址等在阿歪寨得以较为完整的传承和保护。对阿歪寨来说，浓厚的“三国文化”底蕴让藤甲成为阿歪寨的一张特色名片。阿歪寨的特色民族风情文化就有藤甲舞蹈，古朴原始的藤甲舞再现了两千年前的土著民族文化。世代传承的藤甲胄编织工艺在男性老年村民中延续着。藤甲史歌的传说具有神秘美感，它通过藤甲祖神——韦谷大王下凡口述布依民族的顽强生存史，生动地再现了这一支韦氏祖先的生存、发展、战争、迁徙、发展、战争、逃亡、再迁徙定居的历史。教导子孙后代要始终保有热爱生活、团结友爱、不畏强敌、保家卫国的精神。

（二）自然屏障封闭，确保良好生态环境

阿歪寨村的封闭是借由森林、河流、峡谷等自然屏障形成，没有现代化对环境的破坏和损耗。当地山清水秀，常年云雾缭绕，生态环境良好。依托良好的自然资源和得天独厚的历史文化底蕴，行走在阿歪寨村青石板铺就的小道上，犹如走入了一幅古老的风景长卷之中。自然风光与人文景致相互交融，还有藤甲兵的文化，房前花、屋后树、阿歪寨村的老宅民宿，既保留了古朴的文化韵味，又符合当下人们的住宿需求。巷道曲径通幽，阿歪寨村独特的古村韵味也吸引了不少游客前来打卡体验。其中，阿歪寨村的民宿核心区内还保留部分原住民和黄泥墙，让来到此处的游客既看得见山又望得见水，让游客在这里体验到有情怀的温度和历史的厚度，真正找到乡愁，找回记忆。

（三）建筑格局完整，延续传统生活空间

传统村落的主要特征还包括村落内传统建筑物和村落空间格局的完整性，以及村落布局与周边自然环境的协调性。其实是突出两种关系：一是人与村落的关系，强调传统生产生活方式的延续性。村落由人构建和维护，同时村落又为人的活动提供了空间；二是村落与周边环境的关系，强调生态环境的延续性。作为人居空间的村落整体与山水自然环境融为一体，村落镶嵌入自然之中，成为自然的有机组成部分。走进阿歪寨村，青石板铺就的道路向远

处延伸，三国元素的房屋屹立在道路两旁，整洁干净的村庄环境让人眼前一亮。经典老宅民宿，在曲径通幽的寨子里，呈现出古朴的风华。石头的房子、石头的墙、石头的碾子、石头的磨，高低错落的石墙、石屋已成为游客们心中必到的“打卡点”。

二、阿歪寨传统村落保护与发展的核心议题

安顺经开区按照党的十九大报告提出的“打造共建共治共享的社会治理新格局”要求，强化政府引导，发动各界助力、村民参与，共同缔造“空心化古村落活化、非物质文化保护传承、农村治理体系村级样板”多元融合的乡村振兴示范点。阿歪寨村抓住机遇乘势而起，为保护传统文化资源，活化古村落，在保护传统格局、风貌的基础上，通过“新文化植入”“新业态引入”“新村民进入”的方式，创新传统村落保护、发展模式。以“政府+村集体+村民+社会资源”的方式，打造农文旅“田园综合体”，统一谋划、统一建设，激活古村落，建设成集民宿、研学、养生、文创等为一体的特色旅游区。

（一）立足优势，谋划振兴之路

安顺经开区在区级成立歪寨传统村落保护发展工作领导小组，构建区、镇、村三级联动工作机制，依托该村“三国藤甲”和布依民族特色文化资源优势，科学谋划乡村振兴路径，编制《安顺经济技术开发区幺铺镇磊跨村歪寨传统村落保护发展规划》，制订《歪寨传统村落示范村保护发展实施方案》，以“乡愁阿歪寨·神秘藤甲谷”为形象定位，对整体风貌、项目实施、文化发掘、产业发展等制订具体方案：“藤甲谷”项目规划占地100余亩，计划投资4000万元，一期投资1500万元；修复“一院一品”布依民居，展示特色民族文化；打造藤甲谷景区，彰显“藤甲文化”吸引力；发展观光农业，推进农旅结合，振兴乡村经济；通过“企业家+合作社+村民+运营公司”的模式，修缮改建古村落民宿研学区；成立手工艺、民宿、餐饮协会，大力开展技能培训，全面提升村民自主经营新型乡村能力。

（二）党建引领，创建和谐家园

以基层党建为引领，优选“兵支书”，夯实基层战斗堡垒、配强村级班

子、创建党建模范阵地。阿歪寨坚持每天一次民意汇集、每周一次议事协商、每旬一次公益活动、每月一次理财会等村级事务管理机制和“1＋5N”村级自治体系，即以党支部为核心，组织引导传统村落保护委员会、理事会、监事会、协会和合作社等参与共治，发挥村规民约在建设传统村落中的作用；出台“共同缔造”示范户评分机制，定期评选遵纪守法、敬老爱幼、邻里和谐、热心公益等“光荣榜”，及时表扬好人好事，村民凭积分到村建“励志超市”兑换百货作为奖励，营造乡风文明浓厚氛围，引导村民革陋习、转民风、热心公益事业、参与村级事务。100余户村民自愿投资投劳按照古村落规划改造布依民居，义务参与修建道路、沟渠等基础设施。

（三）资源汇聚，缔造魅力之乡

阿歪寨采取“公司＋村集体＋村民＋社会资源”的组织模式，广泛引进各类社会资源、资本参与共同缔造。安顺市合方圆农业产业发展有限公司参与特色农业产业的发展，30多家区内建筑、设计企业参与古村落活化，认领空置传统建筑，按规划修缮和功能再造；引进技术力量，贵州省城乡规划设计研究院、贵州省建筑科研设计院有限公司、安顺学院等专家团队、技术小组驻村调研，编制实施方案，设计示范项目，构建治理机制。蜡染艺术家、编织艺术家、作家、作曲家等参与文化挖掘、创作指导，著名文化大师、夜郎谷创建者宋培伦入驻阿歪寨，挖掘三国藤甲文化，参与“藤甲谷”景区规划建设，创意设计独具阿歪寨特色的标识和吉祥物；当地石匠、木匠、编织匠等传统工艺师参与项目艺术打造；全体村民上下一心、投工投劳、开山炸石、战天斗地，仅一周时间就开辟山道3千米，大大节约了开发成本。

（四）做强产业，共建实力之村

阿歪寨致力打造“产业建在家门口、支部建在产业链、就业实现低门槛、创业顾家两不误”的实力新村，实现村集体和农户个体均衡发展。推进“村社合一”重组，采取以村集体领导为核心的“支部＋合作社＋基地＋贫困户”模式，构建产业共建、村民共治、发展共享的村庄集体经济发展模式；成立村级种植农民专业合作社，发展以花卉、莲藕、精品水果种植及水产养殖为主的农业产业园；建造传承“藤甲文化”的手工艺编织作坊，打造藤甲谷景区、古村落民宿核心区、民宿研学区、布依农家乐、养老综合体项目等，逐步构建了一二三产业融合的产业结构体系；村民提供1400余亩土地使用权15年，用于支持台资企业合方圆公司种植千亩精品水果，推动农业旅游体验观光产业发展；推行“党社联建”，优化利益联结机制，组织村民资源入股、就近务工，实现户均增收2000余元，建档立卡贫困户191人全部脱贫。目前，该村已建花卉连体大棚40个、单体棚61个，种植莲藕525亩、茭瓜115亩、白菊花卉60余亩，大棚草莓、海棠果等年产值达500余万元。

三、阿歪寨传统村落保护与发展的显著成效

“绿水青山就是金山银山”，要认识到绿水青山可以源源不断带来金山银山。在国家“乡村振兴”战略的指导下，美丽乡村的魅力不断迸发，更好地促进了农村经济社会发展，实现了农村和谐发展。贵州省安顺经开区的阿歪寨村便是其中之一。截至2022年，阿歪寨村已荣获“第四批中国传统村落”、“美好环境与幸福生活共同缔造”试点村、贵州省“十百千”乡村振兴示范工程1000个示范村、贵州省11个传统示范村落之一，以及省市两级“乡村旅游重点村”“乡村振兴研学基地”等殊荣。

（一）生态宜居新气象初步彰显

阿歪寨村立足当地得天独厚的资源优势，积极向上争取支持，借助安顺经开区党工委、管委会在该村实施共同缔造传统村落连片打造的大好机遇，会同驻村工作队、村“两委”等，通过“新文化植入”“新业态引入”“新村民进入”的方式，规划传统村落试点布局，意图打造一个集文化、旅游、农业等为一体的田园综合体。绿树村边合，青山郭外斜。走进安顺经开区阿歪寨村，干净整洁的街道上，古朴的老宅民宿依次排开，房前花、屋后树，具有古朴的文化韵味。“我们家一楼是小卖部，二楼是民宿。民宿自开业以来，生意不错，这在过去是我们想都不敢想的。”阿歪寨村村民吴孟飞说。不仅是吴孟飞家，村里大部分人和他家一样，都开办民宿，吃上了“旅游饭”。过去因为交通闭塞、自然条件恶劣，阿歪寨村被评定为国家一类贫困村。现在，阿歪寨村拥有了干净整洁的村居环境，极富地方特色的民族文化元素，成为具有民族人文风景等农文旅结合的田园综合体。

（二）乡风文明建设达到新高度

通过区、镇、村三级联动整改，一个个具体难题的有效破解，释放了阿

歪寨村“标本兼治、常抓长治”的巡察整改成效，推动阿歪寨村达到脱贫标准，彻底撕下贫困标签。“针对巡察中发现的村一级难以解决的问题，实行提级整改，建立挂钩区领导约谈、督导制度，自上而下推动整改落实。把区、镇、村三级的整改责任‘捆绑’在一起，既推动镇村两级真改、实改，防止片面改、表面改等整改不到位问题，又透过现象看本质，找出问题根源，堵塞漏洞，构建刚性有力、管用有效的制度体系和监管机制。”开发区纪检监察工委书记、区党工委巡察工作领导小组常务副组长操雷介绍。通过整改，村干部帮助多名贫困户实现户容户貌和精神面貌“双改观”，政策知晓率和满意度“双提升”，收入水平和生活水平“双提高”，“两不愁三保障”获得有力保障，帮扶成效不断凸显，以真抓实干的优良作风助力阿歪寨村决胜脱贫攻坚。

（三）脱贫工作重获新机遇

“阿歪寨村原来只是一个依靠传统种植业的纯农业村寨，村民没有致富的门路和技术，2014 年建档立卡时贫困发生率为 17.93%，有贫困人口 48 户 191 人，直到 2019 年底，才实现了整体脱贫。”2019 年 6 月，到阿歪寨村担任驻村第一书记一职的安顺市工商联副主席陈恩儒介绍，几年前的阿歪寨村由于受区位、交通、资源等因素制约影响，发展严重滞后。村内老房老屋破损，基础设施老旧，群众思想保守，经济发展落后，贫困发生率高，贫困覆盖面大。自 2019 年脱贫以后，当地以发展旅游业为抓手，以扶贫产业为引领，重塑村寨产业结构。如今的阿歪寨村，支部强、产业旺、环境美、村民富，被住建部列入“美好环境与幸福生活共同缔造”试点，入选“第四批中国传统村落”名录、贵州省“十百千”乡村振兴示范工程 1000 个示范村。从“大乱”到“大治”，群众的幸福感、获得感倍增，村级集体经济从 2017 年不足 1 万元增加至 2019 年的 100 万元，村民人均纯收入从 2017 年的不足 4000 元增加至 2022 年的 21200 元。

四、阿歪寨传统村落保护与发展的经验集成

通过传承保护传统文化资源、唤醒农民的文化自觉，重建村落文化精神，提升文化认同和文化自信，增强农村对资源、人才的吸引力，从而让中华文化获得田野沃土滋养而枝繁叶茂，让优秀传统文化成为乡村振兴的厚重底色。

安顺经开区以政府为主导，会聚群众力量，激发内生动力，对标高标准推进宜居乡村创建工作。阿歪寨村以“共同缔造”的模式，发展乡村旅游，打造了藤甲谷景区，改造民宿近50栋，房间200余间，将优秀民族文化的传承与民族特色村寨的保护、经济社会发展与生态环境保护有机结合起来，促进民族村寨的经济发展，更好地保护、传承、繁荣民族文化，助推乡村旅游的发展。

（一）以科学规划为纽带，促进村落保护落地成效

阿歪寨传统村落保护的关键在于增强了规划设计的科学性，统筹规划设计方能增强规划在传统村落保护实践中的可操作性。首先，统一规划设计部门，整合规划设计资源，解决现实中单一规划、重复规划或冲突规划的问题，使得传统村落保护在规划设计方面做到协调、统一、高效。其次，加强规划设计的可行性论证，夯实规划设计的合法性基础，增强规划设计的系统性、合理性，丰富和拓宽论证参与的形式或途径，扩大论证参与的主体范围。最后，增强规划设计的可操作性，规划设计具有可操作性既是传统村落保护由“理念”走向“现实”的重要一步，也是落实乡村生态宜居理念的重要内容。传统村落保护的规划设计不仅应当内容完整、结构合理、层次分明，而且应该有明确的、具体的、可供执行的方法或措施，这样可以避免规划设计成为传统村落保护的“点缀”而失去其本身意义。

（二）以政府扶持为支撑，提升村落保护管理水平

管理既是传统村落保护的前提和基础，也是实施乡村振兴战略中体现治理有效要求的关键因素。目前，阿歪寨村从两个方面着手提升了传统村落保护的管理水平。一方面，形成了与传统村落保护相适应的管理理念。检视管理理念是否符合传统村落保护的要求，应当以“三个有利于”作为衡量标准：一是有利于保护传统村落的完整性、真实性和延续性；二是有利于促进传统村落村民的全面发展；三是有利于延续传统村落文化的活态传承。阿歪寨村管理理念的更新与新时代传统村落保护的要求保持妥适性，其管理理念的转变对传统村落的保护至关重要。另一方面，建立了传统村落保护考核与激励机制。考核和激励是提升管理效能的重要手段。阿歪寨村在实践中将传统村落保护的内容纳入政绩考核指标体系，同时加大考核权重，对于那些在传统

村落保护中严重失职、致使传统村落遭受严重毁损的人员或组织严肃问责，对于那些在传统村落保护中积极履职、取得良好成效的人员或组织进行嘉奖或激励，极大提高了村级班子成员的办事效率与效能。

（三）以科学立法为根基，确保村落保护常态发展

传统村落的保护离不开法律的有效供给，做好立法引领方能行稳致远。就阿歪寨村传统村落保护的刚性需求和长效机制而言，一方面，从地方立法层面看，对于那些辖区内传统村落分布较广、研究价值较高、保护需求较为迫切的省或设区的市，根据地方立法先行先试的要求，结合阿歪寨村实际，制定了关于传统村落保护的地方性法规。随着传统村落的保护工作被纳入法治化轨道，从根本上保障了传统村落保护工作能够可持续发展。另一方面，从国家立法层面来看，应当将传统村落保护议题提上立法议程，积极整合立法资源，优化立法流程，制定一部高质量的、有效的、可操作性强的涵盖传统村落保护内容（包括但不限于传统村落的整体风貌、格局形态、人居环境、建筑遗存、语言习俗、精神信仰、传统技艺、传统戏曲、传统产业等）的国家法律或行政法规。

第二节　农村农户垃圾处理的“四二四防线”

一直以来，农村垃圾问题处于社会发展的边缘地带。2018 年，时任农业农村部副部长余欣荣在《乡村振兴战略规划（2018—2022 年）》发布会答记者问中说道：“农村人居环境保护建设虽已取得一定进步，但全国还有 1/4 的农村生活垃圾没有得到收集和处理。”同时，国家开始高度重视农村垃圾治理问题，并陆续颁布了一系列相关政策。2018 年 2 月，中共中央办公厅、国务院办公厅印发的《农村人居环境整治三年行动方案》，把推进农村生活垃圾治理列为六大重点任务之首。垃圾治理成为我国当前乡村治理的重要任务。由此，安顺经开区高举新时代中国特色社会主义伟大旗帜，深入学习贯彻党的十九大、省第十二次党代会、市第四次党代会精神，大力实施乡村振兴战略，按照“产业兴旺、生态宜居、乡风文明、治理有效、生活富裕”的总要求，以全区农村精神文明建设暨“四在农家·美丽乡村”创建工作为契机，以整治村庄环境卫生为重点，切实解决农村环境卫生薄弱问题，形成长效管理机制，大力提升农村环境卫生管理水平，将农村建设成安居乐业的美丽家园，全面建成小康社会和社会主义新农村。

一、农村环境卫生治理的前期部署

垃圾治理有利于实现乡村环境的生态宜居，是乡村振兴的重要命题。为全面提升安顺经开区农村环境卫生质量，改善农村人居环境，为全区“守底线、走新路、奔小康”营造良好环境，在党工委、管委会的大力支持下，安顺经开区决定开展农村环境卫生治理工作。通过“以点带面、连线成片、扩大覆盖”的方式，全面启动农村环境卫生治理行动，实现全区 71 个村（居）环境卫生水平大幅提升，秩序更加井然，形成常态化管理模式。

（一）加强农村垃圾治理队伍建设

安顺经开区要求，各镇（办）要积极主动组织开展农村生活垃圾治理工作，村（居）要配备保洁人员，统筹好七岗等人员力量，根据作业半径、劳动强度等适当调整，召开村民大会，或通过修订完善村规民约、与村民签订门前三包责任书等方式，明确村民的保洁义务。与此同时，加快农村垃圾、污水等基础设施建设。按照“户分类、村收集、镇转运、区处理”的模式，每个村庄按照村庄人口密度和村庄规划合理布局设置垃圾收集点、收运车辆，确保垃圾日产日清。参照阿歪寨村污水治理模式，整合资源，积极争取资金，加快农村污水收集处理建设步伐，展现农村新风貌。

（二）开展农村环境卫生集中整治

安顺经开区以镇（办）、村（居）为单位，重点围绕“治八乱”即“治房屋乱建、治车辆乱停、治垃圾乱倒、治污水乱排、治粪土乱堆、治柴草乱放、治畜禽乱跑、治秸秆乱烧”，组织人员，集中力量、集中时间清理各村存量垃圾、卫生死角和沟渠污泥；对村民房前屋后的柴火、生产工具、生活用具等进行统一归置；对无任何利用价值的房屋、棚架进行清理；对残旧、破损的围墙进行修复、粉刷，对野广告、破损广告进行清理、拆除，同色覆盖。村“两委”要督促每户村民门前配备垃圾桶（或村民将生活垃圾装袋打包，倒入指定垃圾箱），家禽要进行圈养，切实改善农村环境卫生。

（三）健全农村垃圾治理长效机制

安顺经开区对照“四在农家·美丽乡村”考评指标及农村环境卫生治理考核细则，要求镇（办）、村（居）要加强保洁队伍管理、设施维护管理等方面的制度建设，确保农村生活垃圾治理有序、有效；要切实强化投入支撑，在坚持公共财政投入的基础上，建立部门支持、社会参与、农户自筹等多元投入机制；要引导村民自我管理，建立健全评比激励机制、理事会制度、相互监督机制，制定村规民约，增强农村生活垃圾专项治理的内生动力；鼓励有条件的村（居）建立智能化管理平台，提升农村垃圾专项治理能力。

二、农村环境卫生治理的案例呈现

安顺经开区将农村环境卫生治理工作作为一把手工程，在全区开展“四清两改四严禁”行动，党政主要领导亲自抓、分管领导具体抓，在人力、物力、财力上提供必要保障，做到有人办事、有钱办事，一级抓一级，层层抓落实。其中，“四清两改四严禁”是指清理生活垃圾、清理沟塘水污、清理畜禽粪污、清理房前屋后（四清），改变房屋装饰外貌、改变村民不良习惯（两改），严禁秸秆焚烧、严禁垃圾乱烧、严禁私搭乱建、严禁乱占耕地（四严禁）。

（一）清理生活垃圾

全面实施农村生活垃圾治理专项行动，通过“户清理（分类）、村收集、镇转运、区处理”的方式，全面清理村庄内塑料垃圾、河岸垃圾、道路垃圾、田间地头垃圾、厨余垃圾等。全面建立健全农村生活垃圾收运体系和村庄保洁稳定运行长效机制，充实村庄保洁队伍力量，确保村庄干净、整洁、有序，因地制宜推进农村生活垃圾减量化、资源化。2021 年持续巩固全区行政村和 30 户以上自然村寨生活垃圾收运 100% 全覆盖，2022 年处理体系得到普遍应用，2023 年治理体系基本构建，并逐年巩固提升。

（二）清理沟塘水污

倡导农户节约用水，宣传农村生活污水治理常识，指导农户规范排放生活污水，提高生活污水综合利用和处理能力。以排水沟道、河塘沟渠等为重点，清理水域漂浮杂物。有条件的地方实施清淤疏浚，采取综合措施恢复水生态，逐步消除农村黑臭水体。2021 年全区村（居）污水收集治理完成率达到 34% 以上，预计 2022 年达到 40%，2023 年达到 46. 81%。加强农村公厕及户用卫生厕所清洁管理，消除露天旱厕，因地制宜持续推进农村厕所革命，2021 年全区新建和改扩建农村户用卫生厕所普及率达到 90% 以上，2022 年全区新建和改扩建农村户用卫生厕所普及率达到 95% 以上，2023 年全区新建和改扩建农村户用卫生厕所普及率达到 100%。

（三）清理畜禽粪污

清理随意丢弃的病死畜禽尸体、农业投入品包装物、土壤残留废旧农膜等农业生产废弃物，严格按照规定处置，积极推进资源化利用。规范村庄畜禽散养行为，减少养殖粪污乱排影响村庄环境，积极通过教育引导、加强监督等措施规范落实散养户清理畜禽粪污责任。确保 2021 年全区农膜回收利用率达到 80% 以上、畜禽粪污综合利用率达到 85% 以上，并逐年巩固提升。

（四）清理房前屋后

鼓励引导农户自觉打扫屋内屋外、房前房后、巷道、庭院、厨房、厕所的卫生，清理水缸水槽、盆盆罐罐、灶台灶具，做到家庭环境干净整洁不留死角。落实农户门前“三包”责任，引导农户将自家房前屋后打造成小花园、小菜园，营造美丽“微田园”风景。持续加强农村通信设施、电网等管线入地和体系规范建设。完善基础设施和体系规范建设，为房前屋后环境优化奠定基础。

（五）改变房屋装饰外貌

以“安全、实用、经济、美观、环保”为前提，坚持“宜改则改”，突出“一村一景”，除已规划的民族村落、特色建筑外，乡镇指导村结合当地文化、整体风貌等设计效果图，引导农户按照效果图施工，统一改造住房外部风貌，逐步改变房屋立面不一、屋顶随意使用红色、蓝色或其他亮色建材等与整体建筑风貌不协调的现象；对既有房屋地面、墙面、顶面进行改造，全面消除土地坪、裸砖墙、毛坯房等情况；积极挖掘地方特色、民族文化元素符号，亮化农房立面、屋顶风貌，全面消除“火柴盒”“罗马柱”“卷帘门”“鸽子楼”等情况，确保农房风貌与整体环境相协调。

（六）改变村民不良习惯

加大宣传教育力度，引导村民养成良好的生活卫生习惯，提高村民清洁卫生意识，实现屋里物品摆放有序、床上用品叠放整齐、身上穿着整洁。进一步加强完善“村规民约”管理，强化社会舆论监督，重点针对垃圾乱丢乱扔、污水乱泼乱倒、粪污乱排乱泄等影响农村人居环境的现象和不文明行为进行源头制止，鼓励群众对不文明行为进行揭发检举和曝光，引导农民形成良好生活习惯。

（七）严禁秸秆焚烧

严格属地管理，全面贯彻落实治理秸秆乱烧工作的主体责任，加快形成部门联动、通力合作、齐抓共管的工作格局。重点加强“一线两区”（高速公路及高速铁路沿线、坝区、农业园区）等重要区域乱烧秸秆巡查工作。强化对秸秆资源化综合利用的引导，指导农户就近就地将秸秆粉碎还田、沤肥，严禁焚烧秸秆，避免造成失火和产生大气污染。2021 年力争农作物秸秆综合利用率达到 80% 以上，2022 年达到 83% 以上，2023 年达到 86% 以上。

（八）严禁垃圾乱烧

禁止在人口集中地区和其他依法需要特殊保护的区域内焚烧沥青、油毡、橡胶、塑料、皮革、垃圾以及其他产生有毒有害烟尘和恶臭气体的物质，垃圾要统一运输到有垃圾焚烧处理技术装备的地区进行处理。及时制止各种乱烧垃圾的行为，确保“第一时间发现、第一时间举报、第一时间制止”。农村生产生活垃圾要实行减量化、资源化、无害化治理，切实提升空气环境质量，打赢蓝天保卫战，保障人民群众身体健康和生命安全。

（九）严禁私搭乱建

继续加大“两违”建筑的清理整治力度，将拆违工作与作风教育整顿结合起来，突出领导干部带头、党员带头、国家公职人员带头，带头拆除自家乱搭乱建、未批先建等违规建房，带头做涉及亲属的思想工作。加强正面宣传引导，领导干部靠前指挥，逐户摸清底数，注意方式方法，避免简单粗暴、搞“一刀切”“一锅煮”，特别是要保障拆除农户过渡住房，确保拆违工作安全稳妥推进。建立健全违法违规建房的监管督查、责任追究和长效管理等机制，使农村违法违规建房查处工作常态化。

（十）严禁乱占耕地

严格执行《关于农村乱占耕地建房“八不准”的通知》要求，完善土地执法监管体制机制，采取多种措施合力强化日常监管，坚决制止耕地“非农化”行为，坚决遏制农村乱占耕地建房、建坟等行为。探索构建节地生态安葬服务体系，持续推进殡葬改革和移风易俗，积极引导农户绿色文明安葬。加大日常巡查力度，对农地非农用增量问题坚决“零容忍”，因日常巡查或监管缺失、疏漏造成增量问题呈蔓延势头的，要迅速启动责任追究程序。

三、农村环境卫生治理的改革成效

改善农村人居环境，建设宜居美丽乡村是实施乡村振兴战略、创建共同富裕示范镇的一场硬仗。安顺经开区集中整治与长效管理、治标与治本同步推进，完善保障措施，健全管理体系，促进农村环境卫生治理工作持久、深入开展。同时，充分利用手机 App、网络、媒体等多种形式，广泛宣传农村垃圾治理的重要意义和基本常识，营造良好氛围；通过积极开展“文明户”“清洁户”“卫生户”等评选，以开展知识讲座、教育带动等方式，增强村民环保意识和责任意识，取得了一系列改革成效。

（一）垃圾收运全面覆盖

全区（幺铺镇、宋旗镇、西航办）乡村生活垃圾共覆盖 71 个行政村，收集点位共计 601 个，生活垃圾收运处置体系覆盖率达 100%。按照“村收集、镇转运、县（区）处理”收运模式及农村生活垃圾收运不落地的原则，乡镇负责垃圾前段收集，安顺经济技术开发区亮彩保洁服务有限责任公司进行中转压缩、密闭运输，绿色能源发电厂进行无害化处置。2022 年 1—4 月全区生活垃圾收运 19235. 97 吨，绿色动力焚烧处理量 19029. 4 吨。为了更好监管农村生活垃圾收运工作，指定专人每天通过贵州数字乡村村镇生活垃圾收运监控平台对农村生活垃圾收集点、转运站、运输车辆的情况进行监测。如出现红色预警，第一时间通知幺铺镇、宋旗镇进行整改，同时做好台账登记。

（二）设施建设更加强化

一是垃圾投放设施完备、标识清楚。辖区共投放四分类垃圾桶 36 组、二分类垃圾箱 542 余组，更换垃圾容器分类标识 500 余张。二是狠抓垃圾前端收集、中转压缩、密闭运输、无害化处置等环节。基本实现源头收集不落地、过程转运节约化、城乡统筹一体化、终端处理无害化的目标，每天生活垃圾收运处置量约 160 吨，无害化处理率达 95% 以上。三是厨余垃圾、其他垃圾分类运输车辆完备，统一标识编号。目前共配备餐厨垃圾收运车 7 辆、生活垃圾转运车 2 辆、垃圾清运车 24 辆。

（三）宣传动员深入有效

一是将生活垃圾分类工作纳入基层党建工作，引领党员示范带动，积极开展党员志愿者进乡村、进小区、进校园等宣传活动。二是开展“垃圾分类义务引导志愿者服务活动”宣传月活动，现场引导讲解和派发垃圾分类宣传指导手册并实物演示垃圾分类投放过程，提升居民的知晓率，树立垃圾分类的观念。三是在乡镇启动了全方位、多渠道、多形式的垃圾分类和资源化利用相关知识宣传活动。四是将生活垃圾分类纳入教育系统，在全区幼、小、初学校全面推开，充分调动师生参与垃圾分类的积极性和主动性。通过一系列宣传活动，让垃圾分类深入人心，引导广大市民参与创建全国文明城市工作。

（四）宜居乡村有力创建

2022 年以来多次帮助和指导荡上村、打纸村、青源村开展创建宜居乡村工作，积极配合相关部门对村寨村庄道路、公共场所进行清扫冲洗，清理村寨房前屋后的积存垃圾、畜禽粪便、排水沟内的废弃物等工作。截至目前，宜居乡村工作共计出动约 870 人次、大小收运车辆 40 余车次，共计清理生活垃圾约 110 吨，形成全民性参与、全方位提升的创建宜居乡村新格局。

四、农村环境卫生治理的经验总结

“十四五”期间，全国垃圾分类和处理工作将在巩固已有成果的基础上补短板、长链条、调结构、促提升，迈出从“量变”走向“质变”的步伐。国家发展改革委、住房和城乡建设部印发《“十四五”城镇生活垃圾分类和处理设施发展规划》（发改环资〔2021〕642 号），坚持“统筹规划、因地制宜、市场导向、多方共治”的基本原则，为实现这一关键转变绘制了路线图，列出了任务单，给出了时间表，对我国下一阶段稳步推进垃圾分类和处理设施建设具有重要意义。在“安顺模式”中，地方政府赋予自身的角色定位是生态文明建设的掌舵者，切实发挥引导、协调、监督和服务保障的功能。政府一方面从法制监管等方面约束和规范了市场、社会等主体的相关环境行为；

另一方面，从财力、信息等方面提高村民自治组织治理的能力和素质，鼓励并引导市场、社会积极参与农村生活垃圾治理，呈现出安顺农村环境卫生治理的生命力和可行性。

（一）在上下联动中凝聚治理共识

安顺经开区垃圾治理是一项“上级很重视”“影响很长远”“现实有基础”的重点工作、民生工程，既是更好满足人民群众日益增长的美好生活需要的迫切需求，也是加强农村治理、提高村民文明素养的重要载体。一方面，各级政府实现了价值观念上的高度统一，即绿色发展成为农村环境保护的政策导向。安顺积极响应上级号召，各层级、各部门领导都将生态文明建设与经济建设列为全县同等重要的事情，并把垃圾治理列为共同的重点治理对象。另一方面，地方政府基于问题驱动主动创新改善环境。在绩效考核体系的激励下，安顺确立了效率、效益和公平的价值导向，在垃圾治理中将节约成本、提高效率和扩大效益作为目标，鼓励地方政府官员发挥主动性，积极回应垃圾治理等民生问题，实现了“问题倒逼—主动发展”的动力转变。①

（二）通过行政嵌入提升自治效能

在安顺经开区垃圾分类的运动浪潮中，“行政动员”增强与“多方参与”增加两种现象并存。一方面，乡村自治是在行政权力下沉中开展的自治。随着农业税费改革与城乡资源配置关系的逆转，国家权力以项目下乡、驻村干部等形式进入乡土社会②，给予政策性支持和实施指导。安顺经开区农村垃圾治理作为一个自上而下的任务推进，村级领导班子及时与区委主管领导和组织、民政等部门沟通协调，并积极引导村民行动，打牢了乡村振兴生态基础。另一方面，村“两委”注重在垃圾治理中激发村民的自治意识。安顺经开区通过对村“两委”成员、党员、村民代表等生活垃圾分类的中坚力量开展生活垃圾分类培训，积极带动村民开展生活垃圾分类，并依托党员入户走访，向村民进行垃圾分类宣传培训，充分发动群众参与农村生活垃圾分类，促进

① 范逢春．多重逻辑下的制度变迁：十八大以来我国地方治理创新的审视与展望［J］．上海行政学院学报，2017，18（2）：4－13.

② 景跃进．中国农村基层治理的逻辑转换：国家与乡村社会关系的再思考［J］．治理研究，2018，34（1）：48－57.

群众形成了自觉意识。

（三）形成多主体行动的合作网络

政府、市场与社会多方主体的多维目标交织，在反复调适中达成共识，体现出开放平等的合作行动价值。首先，政府认识到自身能力的有限性，积极向外界寻求帮助。安顺经开区有关人居环境的政策文件中多次提到“坚持政府主导、科学规划，坚持整合资源、社会参与，坚持农民主体、共建共享”，通过委托企业专心做好规划、宏观调控和监管工作，并综合应用政策支持、财政支持、人力支持和宣传教育等手段予以支持。其次，企业基于经济效益的最大化，积极开拓新的市场。安顺经开区围绕垃圾处理“资源化”“集约化”原则，将“转运”环节出让给企业，推动垃圾治理绿色低碳创新体系化发展，保障人居环境高效有序地绿色再造。最后，社会力量不断发展壮大，渴望在公共服务供给中发挥作用。社会组织通过新兴自媒体如公众号、微博等围绕“垃圾处理”议题自发地组建与运营，提高基层政府和村民对农村垃圾治理的关注度，吸引众多社会力量参与其中。

（四）通过柔性治理降低治理成本

在垃圾投放阶段，一是通过村规民约形成有力的制度约束。村规民约发挥惩戒监督、价值导向、传递内化三大功能，可以规范村民行为、调解乡土矛盾以及稳定社会秩序。① 安顺经开区将农村垃圾治理看作是一项移风易俗的公共事务，并将其纳入村规民约基本事项，以规范村民日常行为。二是重振乡村公共价值，通过乡贤能人引导村民价值观。垃圾治理涉及个人行为、家风家法以及村规民约多个层面。安顺经开区通过行政吸纳乡贤回归本土，以乡贤的权威引导村民，并营造良好的舆论氛围。三是建设社会网络，丰富治理资源。安顺经开区重新激活、焕发农村社会网络的活力。依靠人民群众，大多是本村人，他们有着强大的社会关系网络、政策把握能力、信息捕捉能力和丰富的工作经验，有助于垃圾治理工作顺利开展。

---

① 周家明，刘祖云．村规民约的内在作用机制研究：基于要素—作用机制的分析框架［J］．农业经济问题，2014，35（4）：21－27＋110.

附件：

安顺经开区农村环境卫生治理工作评分细则

序号	考核项目	分值	评分标准（共100分）
一	村容村貌	40分	1. 村（居）主要道路和街道小巷道路有破损，有坑洼积水的（每点位扣0.5分），破损较严重的（每点位扣1分） 2. 有零星垃圾的（每点位扣0.5分，3处以上每3处扣1分），存在卫生死角、有暴露垃圾、粪土堆放的（每点位扣2分），垃圾成堆或遍地垃圾的（1处扣3分）；存在乱设摊点摊位的（每点位扣0.5分，3处以上每3处扣1分），存在建筑材料或建筑垃圾等物料乱堆的（每点位扣0.5分，3处以上每3处扣1分）；有乱贴乱画、野广告张贴的（每点位扣0.5分，3处以上每3处扣1分）；有男科、妇科、性病等低俗、不雅广告的（每张扣0.5分，3处以上每3处扣1分），有秸秆燃烧的（每点位扣0.5分）；房前屋后有粪土乱堆现象的（每点位扣0.5分，3处以上每3处扣1分）；家禽、牲畜饲养管理不规范，猪牛羊没有归圈、鸡鸭鹅未归舍的（每点位扣0.5分，3处以上每3处扣1分） 3. 绿化美化植被有损，存在踩踏绿化带现象的（每点位扣0.5分，3处以上每3处扣1分）；绿化带缺失的（每点位扣0.5分），缺失严重或大面积种植蔬菜的（每点位扣1分） 4. 无治理环境卫生具体措施扣1分，没有适量的保洁人员开展常态清扫、保洁工作（一次扣2分）；河道、水塘、水沟有漂浮物的（每点位扣0.5分）
二	收费管理	20分	没有参照城市居民标准向农户收取卫生费的，每漏收一户扣0.5分，扣完为止；没有按季度公示卫生费收支情况的一次扣2分
三	群众卫生意识	15分	未设置环境卫生知识固定宣传栏的（每点位扣2分）；有固定宣传栏但未及时更新宣传内容的（每月扣0.5分）；存在公益广告版面陈旧的、张贴有野广告的、破损未及时更换的（每点位扣0.5分）；有影响观瞻或失去存在价值的各类户外广告（每点位扣0.5分）；没有引导村民合理处理生活垃圾、生活污水，未定点投放垃圾的（每点位扣0.5分）
四	设置管理	15分	没有设置垃圾转运箱（池）或建设不规范或数量不充足的（每点位扣0.5分）；垃圾转运箱（池）周围未用水泥硬化（每点位扣0.5分）；垃圾箱（池）内的垃圾存在外溢或未及时清运的（每点位扣0.5分）
五	群众素质	10分	没有建立村（居）村规民约和村（居）环境卫生工作制度的（扣5分），没有执行的（扣2分）

注：

1. 全年考核得分的平均分为各镇（办）年度综合得分；

2. 年度综合得分在80（含80分）~90分的，不奖不惩，按年初预算拨付创建经费；

3. 年度综合得分在90分（含90分）以上的，进行奖励，奖励标准为：年初预算总额×30%×20%；

4. 年度综合得分在80分以下的，实施惩罚，按每分1万元的标准扣减，核拨预留考核的创建经费。

第三节　小城镇与村落同建的“旧民族蜕变”

地域是从事生产和生活的人类活动的场所，是在经济社会和自然方面都具有一定自律性和个性的完整的地理空间。① 新时代的乡村振兴，必须对农村地域空间重构及其综合价值追求作出科学的规划和布局：要综合规划农村人口、产业、村庄、集镇、道路建设；要科学布局农村生产空间，重建农民生活空间，修复和拓展城乡生态空间，划定和管控“三区三线”空间边界并理顺其互动关系，追求农村地域空间的经济价值、生态环境价值、生活（社会、文化）价值三者和谐；要理顺农村政治组织、产业及合作组织、社会组织之间的关系，以及调整农民之间及其与各类产业及合作组织、村组集体和国家的关系。2018 年以来，安顺经开区住建局按照《安顺经济技术开发区深入推进“全国农村社区治理实验区”工作方案》的通知要求，根据安顺市路网布局总体规划，进一步完善路网结构，打通断头路，城镇化建设有效突破。

一、特色小镇与传统村落同建的改革历程

随着新型城镇化、城乡一体化成为国家发展战略和政策的主轴，全域城镇化及城乡同步建设渐成市域和县域发展新潮，越来越多的村域实现了工业化、城镇化和农民市民化，标志着中国农村进入村域城镇化新阶段。应该看到，中国农村部分村域城镇化和农民市民化形成的村域特色小镇，以及为数众多跨村域的小型经济文化中心建成区域性特色中心小镇，作为中国新型城镇化战略的重要组成部分，将有利于城乡融合，统筹发展。这不仅为乡村振兴提供了动力，而且对于吸引城市产业、人口向农村回流，走出中国城市人

① 朱宝莉，刘晓鹰．全域旅游视域下民族特色小镇发展策略研究［J］．农业经济，2019（3）：15 – 17.

口过密、安全隐患不断积累和乡村人口过疏、衰落难以有效遏制的困境，以及未雨绸缪建设国家安全体系等，具有重要的战略意义。

（一）示范小城镇建设历程

2017 年，经过激烈角逐，安顺经开区获得安顺市第八届新型城镇化推进暨小城镇建设发展大会的举办权，建成三合苗寨山体植被恢复、娄湖湿地公园、航城山体公园等生态建设类项目 7 个，羊场“十里荷廊”风景区、马厂江南古风美丽乡村等乡村振兴类项目 9 个，建养一体化项目、娄湖片区路网、航城片区路网等基础设施建设类项目 11 个，澳维天下乐城、航城、天瑞新城等城市综合体项目 6 个，幺铺新城、三合康养综合体、中隆盛达影视城等全域旅游类项目 5 个，幺铺物流园区、黔中智能商贸物流园等现代商贸物流项目 3 个，大洋国际实验学校、天瑞学校、黄齐生学校等教育类项目 3 个。2018 年 7 月，全市第八届新型城镇化推进暨小城镇建设发展大会在安顺经开区召开，通过此次大会，经开区在项目建设、资金筹措、征地拆迁等方面均取得较大的突破，在资金筹措上，采用“EPC + PPP”模式，用少量财政资金撬动上百亿社会资本参与娄湖生态公园、大洋国际公学等项目建设。同时，经开区围绕乡村振兴战略，打造了文旅融合的幺铺特色小镇、田园生态的“十里荷廊”，以“城市双修”理念和“海绵城市”手法，建成娄湖生态公园，运用高端信息化操控技术，建成全区第一条“车来灯亮，车走灯熄”的娄湖生态公园环湖路灯照明系统，用智慧照明点亮智慧城市。同年，安顺示范小城镇实现了垃圾收运全覆盖和污水处理设施的建成，特别是幺铺镇镇级污水处理厂建成投用。2020 年，经开区宋旗幺铺示范小城镇累计完成投资 3.65 亿元，其中宋旗镇完成 1.74 亿元，幺铺镇完成 1.91 亿元。

（二）传统村落建设发展

2019 年 11 月，经过积极申报和评审，阿歪寨传统村落被列为贵州省第二批中国传统村落示范村，同时，被列为住房和城乡建设部“城乡美好环境与幸福生活共同缔造”课题研究点之一（贵州省仅有 2 个点）。作为传统村落示范村，首先，阿歪寨村完成了《安顺经济技术开发区幺铺镇磊跨村歪寨传统村落保护发展规划》（修编）工作，初步谋划近期建设内容和远期建设内容。同时，详细制订了歪寨传统村落示范村保护发展实施方案，以“乡愁阿歪寨·神秘藤甲谷”为形象定位，增强文化识别性，对整体风貌、实施项目、保护方案、发展趋势均作出了具体的工作计划和安排。通过“新文化植入”“新业态引入”“新村民进入”的方式，创新传统村落保护、发展模式，由区平台公司贵州夜郎国古都文化旅游发展有限公司牵头，以“政府＋村集体＋村民＋社会资源”的方式，对核心保护区范围内的49栋传统民居进行打造，包装成精品民宿对外出租，将阿歪寨村打造成为一个“空心化产业活化示范村”。以“藤甲文化”为特色文化要素，通过保护、传承和创新文化利用方式，以“乡愁阿歪寨·神秘藤甲谷”为形象定位，增强文化识别性，提升吸引力，与周边黄果树、龙宫、“十里荷廊”等景点形成互动，三产带二产促一产，带动餐饮、民宿、生态农业、手工业等联动发展，有效促进村民就地就业增加收入，壮大村级集体经济，实现共同富裕，助力脱贫攻坚。

（三）扎实推进老旧小区改造工作

老旧小区改造项目于2020年4月27日在安化小区集中开工。2020年经开区改造城镇老旧小区5个（分别为安化小区、小天使小区、车城片区一期、玉龙南路工农行宿舍以及云马厂一区），共涉及居民楼58栋，1862户，总建筑面积为14.2万平方米。云马厂一区和玉龙南路工农行宿舍小区改造基本完成，另外3个老旧小区的屋面防水、屋顶保温、外立面及楼道整治等建筑物主体改造已经完成，配套基础设施部分正在改造实施中。按照区工管委有关领导的安排部署，住建局班子成员分别对改造项目进行包保，亲自跟踪项目进度，确保项目顺利实施。同时，认真启动2021年老旧小区改造项目。2021年安顺经开区改造城镇老旧小区共5个（分别为车城片区二期、玉龙片区一期、顺怡小区、西航公寓、派力花园），涉及居民楼63栋1882户，总建筑面积17.9万平方米。目前已完成项目摸底调查、立项、可行性研究报告批复、初步设计等前期手续工作，并于5月19日在玉龙片区一期举行集中开工启动仪式并实施开工。现正在实施屋面防水、外墙脱落修补、楼道整治和强弱电线整理等改造工作，其余4个老旧小区改造项目也已全面开工。与此同时，安顺市农村危房改造工作开始于2009年。2019年度完成2404户危房改造、11091户老旧住房透风透雨整治任务，并结合农村改厨、改厕、改圈工程，同步解决了325户农村人畜混居问题。2018年，经开区以第八届安顺市新型城镇化推进暨小城镇建设发展大会为契机，推进旅游公路沿线村庄整治工作，完成荡上村、安湖村、羊场村、颜旗村、南山村、阿歪寨村村庄整治679户。2020年，为加快新型城镇化建设，推进乡村振兴，打造幺铺镇农村集中建房示范点，选址位于幺铺镇政府政务大厅大楼旁，规划红线面积约30亩，布局宅基地54幅。

二、特色小镇与传统村落同建的基本思路

2021年中央一号文件提出，要加快推进村庄规划工作。"三农"工作的重心已历史性转向全面推进乡村振兴，科学编制村庄规划，迫在眉睫。村庄规划是开展乡村建设、推进乡村振兴的重要基础性工作。安顺经开区借助良好的基础和区位优势，以"四在农家·美丽乡村"建设为契机，坚持先建机制、后建工程，统一规划、统一建造，广泛发动干部群众，主动无偿投工投劳进行村庄整治，并且注重融入民族文化风格和元素建设本土美丽乡村，在建设过程中集成并丰富了改革经验。

（一）尊重优秀农耕文化传承

农耕文明是中华文明的根源，村庄是乡村文明的载体。安顺经开区注重保护传统村落和乡村特色风貌，注重优秀农耕文化传承。一是乡村建筑可以保留传统文化。从各具特色的宅院村落，到巧夺天工的农业景观，再到古镇古村古建筑，都是可以触摸的历史，保护好乡村建筑风貌、特色景观，就保住了乡土文化的根，留住了乡村的记忆。二是乡村的人可以传承活态文化。从乡土气息的节庆活动，到丰富多彩的民间艺术，再到民族乐曲歌舞服饰，都是广大劳动者创造的精品，是乡土文化的精髓，留住和培育乡土文化传承人，就是保住了珍贵的非物质文化遗产。三是农耕文化本身也是稀缺资源。通过开发乡村文化旅游业，开展农事体验、民俗节庆、文艺表演、观光游览等活动，彰显出农耕文化蕴含的巨大经济价值，反过来又促进农耕文化的保护传承。

（二）尊重村庄历史变迁逻辑

随着工业化、城镇化进程加快，村庄的消亡撤并主要有三种情形：一是自然条件不再适宜人类定居；二是已全部纳入城镇建设或生态保护区；三是农民大多转为非农产业就业。这三种情形的共同点，都是先有生产条件或生

产方式的变化，再发生了生活方式的变化，这也是村庄变迁的历史逻辑。安顺经开区结合编制县乡国土空间规划，做到了科学性、战略性、协调性、可操作性四个方面的有机统一，尽早完成了县域村庄布局，确定乡村建设开发边界、人口和环境承载上限、用地类型和规模等开展村庄建设的必备条件，确保规划落实落地，避免盲目撤并村庄。同时，紧扣高质量发展要求，统筹考虑经济、社会等因素，完善城市功能性基础设施、民生领域基础设施、生态文明建设基础设施、平安建设基础设施，利用新媒体、新平台、新方式，打造更多的时尚旅游“网红打卡点”，构建与黄果树、龙宫等世界顶级旅游资源相匹配的全域旅游体系。

（三）尊重人民群众主体意愿

乡村建设既然是为农民而建，村庄规划工作就必须充分尊重农民意愿、注重发挥农民主体作用，真正把好事办好、实事办实。安顺经开区充分发挥农民主体作用，尊重农民意愿开展土地规划整治。一是组织农民参与村庄规划编制。邀请村民代表参加村庄规划编制工作组，深入开展驻村调研、逐户走访，详细了解村庄发展的历史脉络、产业实际和人文风情。二是坚持村民集体决策。通过简化规划成果表达，更多使用图、表等简明形式，让群众看得懂、能议得起来。三是建立村民参与乡村建设机制。严格贯彻、落实中央农办、农业农村部、自然资源部、发展改革委、财政部《关于统筹推进村庄规划工作的意见》，对建设标准明确的项目，一律只编制审批实施方案，不编制可行性研究报告、初步设计；对技术简单、村集体可以组织农民开展建设的，探索实行先建后补机制，支持当地村民投工投劳、就地取材开展建设。

三、特色小镇与传统村落同建的策略探讨

社会治理现代化背景下的城市规划要求政府在城市规划编制、实施和评估的整个过程中都不再是全盘主导的角色，而是发挥牵头人、组织者的功能。社会力量，尤其是公民应该成为规划过程的主力军。政府则通过提供相应的法律和制度保障，建立相关的参与平台和机制等，来落实规划编制中的公众参与。为实现中央关于城市和城镇化的工作部署，安顺经开区通盘考虑城乡土地利用、产业发展、生态保护和历史文化传承等因素，推动形成区域一体、城乡融合、多规合一的乡村规划体系，着力打造“形态美、生产美、生活美、

人文美”四美融合的美丽田园乡村，走出了一条有别于东部、不同于西部的传统特色村落发展之路。

（一）交通先行，镇村联动促发展

提升交通通达性是新型城镇化发展的首要条件。安顺经开区坚持统一规划、统一设计、统一建设管理，着力在质和量上下功夫，不断构建“多位一体”的立体交通网络，实现镇村联动。其中，“六横三纵”多条快速路和主干道形成了“四通八达”的城镇路网，与辖区内黄果树机场、高铁西站等构架起半小时零换乘的立体交通网络，为经济发展铺就了“快速跑道”。同时，抓住特色小镇、小城镇和美丽乡村建设各美其美、美美与共的建设机遇，率先完成了通村公路“组组通”三年攻坚任务，形成了城乡一体、网络化全域贯通的交通格局，建成了安顺第一条设置慢行系统的航空大道，西横一路成为全市第一条融入“地下综合管廊”元素的市政道路，在此基础上大力发展乡村旅游，使之成为美丽乡村建设的典范、远近闻名的美丽乡村。

（二）产业支撑，产城融合发展

产业是城乡发展的原动力。安顺经开区坚持构建“一核三区五园”的产业框架，以中航贵飞为核心，打造黔中现代服务业聚集区、高铁新区、黄铺新区、云马产业园、双阳产业园、黄果树（川渝）电商产业园、食用菌农业示范园、莲藕农业产业园，持续推进农业产业结构调整，增强城乡发展的内在动力。一是做强军民融合。以贵飞公司为核心，以云马产业园、双阳产业园、黄果树（川渝）电商产业园为开放平台，深化军民融合，吸引军民融合企业、装备制造企业、电商企业等“进园区”形成产业集聚。二是做大产业集群。依托多个重要交通节点在安顺经开区汇聚的“大交通”优势，运、产、城一体化发展的物流产业新城成为经开区经济发展的重要增长极。三是做实农业产业。践行“五步工作法”，加快农业产业结构调整，探索出“公司 + 合作社 + 农户”“村社一体”等利益链接机制，实现农村亮丽、农业增产、农民增收。

（三）以人为本，提升群众生活品质

以人为本是发展的出发点和落脚点。安顺经开区坚持党建引领，把不断

提升群众的满意度和幸福感作为最终落脚点，不断健全农村社区服务机制、补齐农村社区服务短板、扩大农村公共服务供给，满足了人民群众对生活品质的更高要求。一是"三大部制"提升工作效能。在政法维稳、群团工作、征地拆迁三个方面实施"大部制"管理，成立党委领导下的多元化"大政法"矛盾调处机制，整合工会、妇联、团委等设立群团工作部，整合组建房屋土地征收管理局，有效提升工作效能。二是"五员派驻"推动工作重心下移。坚持重心下移、力量下沉、人员下派，增派扶贫专员、驻村书记员、政法派驻员、警务助理员、民生监督员"五员"加强农村社区治理力量，培养了一支懂农业、爱农村、爱农民的"三农"工作队伍。三是"七个一"推进村级事务管理。"每天一次民意汇集、每周一次议事协商会、每旬一次公益活动、每月一次理财会、每季度一次绩效考核、每半年一次谈心会、每年一次述职述廉"七步工作法，全年贯通，搭建各方参与的协商、议事、决策运行平台，助推村级科学民主管理，增加城乡社区公共服务供给，形成了农村社区治理改革的"经开区经验"，呈现出社会稳、发展快、百姓安的良好局面。

（四）文化为魂，厚植发展活力

文化是新型城镇化的灵魂。安顺经开区围绕"山、水、人、文、景"做文章，大力打造山水文化、弘扬红色文化、挖掘历史文化，坚定文化自信，推进全域旅游。一是增强城市"绿肺"功能。坚持开发一片、绿化一片、美化一片的思路，着力保护河流、山体、植被等自然斑痕，高点起步、高效落实"城市双修"及海绵城市工程建设，实现了"城在绿中、湖在城中、山环水绕、人在景中"，城镇品质不断提升。二是挖掘乡村文化特色。以"1 + N"镇村联动模式为统领，注重彰显文化内涵，融入苗族文化的三合苗寨、军屯文化的马厂村、布依文化的尚兴村、藤甲文化的阿歪寨村等"四在农家·美丽乡村"示范点，留住乡情、尽显乡愁。三是拓展全域旅游空间。将全域旅游理念融入新型城镇化建设、农业、服务业等领域，有效激活优秀历史文化、革命传统文化等资源，着力增加文化产品供给，不断彰显城市文化品位，为新型城镇化建设注入新活力。

第四节　农村人居环境整治的“五项＋引领”

党的十九大报告明确提出“乡村振兴战略”，并将“生态宜居”作为总要求之一。2018 年 2 月，中共中央办公厅、国务院办公厅联合印发了《农村人居环境整治三年行动方案（2018—2020 年）》，对农村人居环境整治进行了总体部署。此后，“农村人居环境整治”又先后被写入 2019 年和 2020 年的中央一号文件。2021 年，中共中央办公厅、国务院办公厅印发《农村人居环境整治提升五年行动方案（2021—2025 年）》，中国农村人居环境治理正在进入一个新的治理阶段与治理格局。2021 年新出台的《中共中央 国务院关于加强基层治理体系和治理能力现代化建设的意见》则进一步要求“坚持党对基层治理的全面领导，把党的领导贯穿基层治理全过程、各方面”。党建引领是中国之治的显著优势和独特经验，中国共产党是推进农村人居环境整治的核心力量，缔造了新时代中国特色乡村建设的政治逻辑。创新党建引领下的人居环境整治行动，进一步夯实基层党组织在乡村治理中的核心地位，已成为推进乡村建设的重要抓手和实施乡村振兴战略的“第一场硬仗”。

一、党建引领乡村人居环境整治的现实逻辑

2019 年中央一号文件要求，“全面推开以农村垃圾污水治理、厕所革命和村容村貌提升为重点的农村人居环境整治”。农村人居环境整治成为全面推动乡村振兴战略、实现乡村宜居的重要抓手。伴随着农村整体经济的高速发展和农民物质生活水平的飞速提高，安顺经开区乡村生态退化和环境污染问题也日益显现，并突出体现在粪污处理、垃圾收运、村容村貌等诸多方面。生态环境问题不仅打破了乡村资源要素系统的稳定性、破坏了农村经济社会的可持续发展机制，而且在不同程度上成为乡村振兴和建设“新兴之城”的突出“短板”。

（一）乡村环境整治规划的系统性不足

作为乡村人居环境治理的价值支撑，系统谋划决定着治理体制能否取得既定制度成效以及能否进行相适创新转型。安顺经开区因缺乏统一科学的规划以及强有力的措施，致使农业基础设施建设不能满足现有经济发展的需要，资源配置不平衡，没有同步建设、及时配套，尤其是绿化、美化、污水处理、垃圾处理等基础设施推进不到位等。部分地区的环境连片整治工作还存在认识不到位、环境管理服务创新不够等问题，没有真实体现政府生态环境治理理念的增进与更新，没有把正确编制村庄环境综合整治规划作为重点工作来确定长远目标、近期目标和年度目标，以有计划、有步骤地推进不同类型村庄环境综合整治；同时政府在面临公众生态诉求和环境维权行为时所作出的被动政策创制，没有以改善乡村环境质量为根本目标，总体思路不明确，城乡环境公共服务均等化缺失，农村经济社会与环境保护发展不协调，呈现出不同程度的“应激性”特征。

（二）乡村环境整治的粗放化现象普遍

安顺经开区农村环境问题具有复杂性、扩展性、流动性等特征，由于缺乏完善的制度设计、科学的治理手段以及精细的治理流程，乡村环境整治的粗放化现象普遍。一是治理手段的粗放化。绝大多数农村地区的治理模式都属于“门诊式”的应激治理模式，对于污染源防治的重视程度不够，往往在出现污染问题之后才开始被动应对，环境治理只停留在扬汤止沸的阶段。例如农村生活垃圾由各村屯自行处理，主要以露天存放的形式堆放在低洼废弃地带，农村社区卫生环境不尽如人意。二是监督机制的粗放化。当前，我国环境监管机构设立到区级政府为止，乡镇及以下缺乏环境治理绩效考核以及环境监管机构的监督，治理主体的缺失和治理相关信息传递的低效严重影响了农村环境治理绩效，加之安顺经开区缺少信息公开与互动沟通的平台或渠道，缺乏完善的污染预防机制和源头治理模式。

（三）乡村环境整治中农民主体性被忽视

农村人居环境整治的目的是农民群众的生活更美好，彰显出多方主体参与环境共治的必要性和必然性。部分乡村在建设过程中出现简单粗暴的工作方式，某些功利性农村整治项目破坏了原有的生态环境和农民家园，违背了人居环境整治的目的和初衷。一些地区忽视了以人为本、因地制宜的原则，没有深入开展人居环境整治常态化工作，村民们参与整治的积极性、主动性、创造性不够，无法全力助推乡村振兴和建设生态宜居的幸福家园，尚未形成成熟的农村环境治理多元格局，社会力量难以与政府协同共治。部分乡村因没有从农民的期盼、农民的满意度出发，农民缺乏人居环境整治的责任感和紧迫感，农民缺乏参与整治环境的内生动力，在一定程度上挤压了基层社会自治力量的生存空间。此外，其他治理主体缺乏足够的自主承担环境治理的资源和能力。如何在政府的统筹协调下使各种力量有机协作，通过合法平等的合作平台，让工商资本和企业发挥重要的作用，是迫切需要解决的问题。

二、党建引领乡村人居环境整治的实践理路

农村人居环境的改善，是实施乡村振兴战略的题中之义，也是国家环境治理的关键环节。各地立足实际、因地制宜，合理选择简便易行、长期管用的农村人居环境整治模式，不仅是事关乡村生态环境发展的一项议题，更是实现我国基层社会治理现代化的创新实践主题。安顺经开区高度重视农村人居环境整治工作，以实施乡村振兴战略的第一场硬仗来攻坚，从群众反映最强烈、需求最迫切的突出问题入手，为确保整治有序有力推进，在打造共建共治共享的乡村治理新格局过程中，以系统思维推动基层党建全面嵌入宜居乡村建设，依托基层党组织这个“主心骨”，依靠党员这个“主力军”，大力实施“党建＋乡村振兴”工程，塑造中国独特的乡村生态治理之路，走出了一条党建引领带动宜居乡村建设的样板。

（一）注重宣传成效，引领全民参与

开展“我爱我家宣传行”行动。安顺经开区各村党组织书记、驻村第一书记党员运用组织生活会、党员大会、主题党日、院坝会、入户宣传、网络媒介等方式，开展宣传宣讲。讲清楚中央和省、市关于农村人居环境整治的部署；讲清楚农村人居环境整治的重要意义；讲清楚农村人居环境整治的具体要求，让群众明白做什么、怎么做。为确保宣传宣讲活动有序推进，安顺经开区各级各部门在包保村开展宣传宣讲，各基层党支部书记、帮村书记及驻村第一书记深入村（居）开展宣传宣讲，多方联动不断增强学习贯彻的实

际效果，不折不扣抓好全会精神在经开区的学习贯彻落实。宋旗镇和兴村根据全区制定的宜居乡村示范户评选标准，以“户”为基本单位，聚焦家风文明、庭院干净、屋内整洁，按村总户数30%的比例评选示范户，采取积分兑换、流动挂牌等方式进行奖励，充分调动群众积极性、主动性。

（二）坚持问题导向，引领制度建设

开展“基层阵地树标杆”行动。安顺经开区针对村级组织活动场所不整洁、不规范等现象，完善卫生值日制度，建立村级办公场所卫生管理长效机制，把村级组织活动场所环境建设成农村人居环境整治的标杆，夯实建设生态宜居乡村的阵地基础。以阿歪寨村为试点，推进服务阵地规范化建设，打造典型样板，并利用以奖代补资金，激励各村（居）实现党建阵地标准化建设覆盖。同步全面推行“一中心一张网十联户”治理，充分运用“雪亮工程”，提升基层社会治理能力。幺铺镇南山村结合党史学习教育和“我为群众办实事”内容，落实“四清两改四严禁”工作要求，各级包保负责人通过前期对村庄实际情况摸排，并根据每家每户不同情况，因人施策、因户施策，积极做通群众思想工作，耐心细致和群众讲道理、谈发展、话未来。

（三）突出示范带动，引领作用发挥

开展“环境整治我带头”行动。安顺经开区村“两委”干部和驻村干部充分发挥示范带动作用，带头做好居住环境和办公环境整治工作，形成“支部引领、党员带头、大家来干”的良好氛围。根据共同缔造的规划建设要求，幺铺镇阿歪寨村按照传统村落核心区、新村规划区分别进行打造，核心区主要是对以前的老宅进行修缮加固，保持以前的原始建筑风貌，新村规划区主要是依托藤甲谷历史文化背景，带动广大群众对自家庭院内外、房前屋后等进行彻底整治。同时，镇、村两级和驻村工作组通过走亲、夜访等形式，发挥党支部的引领作用，引导群众发挥主体作用，从“为民做主”变成“由民做主”，主意大家拿、办法大家想、事情大家做，想方设法改变过去存在的干部主动、群众不动，干部插手、群众甩手等问题，密切了干部和群众的关系。

（四）明确行动主旨，引领为民办事

开展“我为群众办实事”行动。安顺经开区各级党组织将农村人居环境

整治与党史学习教育有机结合起来，每月以“我为群众办实事”为抓手，深入村寨开展“支部联建”志愿服务。同时，村“两委”干部对农村人居环境整治进行承诺践诺，并将履行情况纳入年度党建述职，与绩效考核挂钩。在村“两委”成员带领下，阿歪寨村建立了“1+5N”村级自治组织，即以村党支部为核心，组织并引导传统村落保护委员会、理事会、监事会、协会和合作社等民间自治组织，充分发挥领导带头作用和群众号召力，大力培育志愿服务组织、专业社工组织，村级服务类、公益慈善类、群众生活类等社会组织，探索建立和完善村级自治组织、服务组织等各类组织的运行机制，促进群众、社会组织等多方参与村级事务治理。西航办新阳村把党史学习教育与“我为群众办实事”结合起来，积极发动干部群众参与创建宜居乡村的工作，切实将党史学习教育成效转化为实实在在的便民为民服务行动，真正达到知民情解民意与共建共治共享的良好效果和目的，通过创建宜居乡村，提升了群众的幸福指数。

（五）强化目标导向，引领创先争优

开展“宜居乡村创示范”行动。安顺经开区各村将全村划分成多个环境卫生责任网格，推行“党支部+乡村振兴驻村工作队+村民小组+党员+农户”模式，组织群众签订“门前三包”承诺书，推动环境卫生保洁常态化。各县（区）做好宜居乡村示范村、示范户评选工作；乡镇（街道）每季度评选出1个“星级村寨”、1个“黄牌村寨”，对“星级村寨”实行流动授牌管理，对“黄牌村寨”实行挂牌督办；各村每月开展一次环境卫生评比，按一定比例评选“星级家庭”“星级院落”“星级街巷”等，形成村村比卫生、家家比干净的良好局面。牛蹄关以“四清两改四严禁”为主攻方向，坚持“形态美”和“内在美”同步抓，在大力推进村容村貌改造的同时，建立“红黑榜”制度，通过人居环境综合治理，广泛发动群众参与。经开区突出党建引领，通过“党建+阵地”“党建+治理”“党建+产业”“党建+宣传”，每村发动农户率先打造5~10户示范户作为模范，逐步建设全区的样板村。目前，已打造了牛蹄、羊场、平寨3个示范村。

三、党建引领乡村人居环境整治的显著成效

近年来，安顺经开区不断建设环境优美、乡风文明、功能完善、治理有

效的乡村治理新模式，以打造黔中地区乡村治理的安顺样板。这一模式系统性解决了乡村垃圾处理难、面源污染大的突出难题，依靠农民全方位主动参与实现了乡村人居环境从“脏、乱、差”到“净、畅、丽”的重大转变，开启了保护青山绿水与乡村振兴协同推进的新路径，对于实现“生态宜居”和推进美丽乡村建设具有十分重要的借鉴和推广价值。

（一）农户居住环境有效改善

结合脱贫攻坚农村环境卫生整治的基本要求，经开区村容村貌焕然一新，美丽呈现；农家别墅窗明几净，清新亮丽；庭院瓜果飘香，典雅别致；柏油马路干干净净，连通外界。走进贵州省安顺市，1000 多个村庄犹如美丽画卷在黔中大地铺展开来，展现了美丽生态宜居之姿，迸发出乡村振兴的生机与活力。安顺市委书记陈少荣指出，“农村千百年来形成不注重环境卫生的习惯，如今迈向乡村振兴，要改变村容村貌、整治乱堆乱放，彻底改变不注重环境卫生、不注重整洁、不讲究卫生的陋习，让群众养成良好的生活习惯，提升幸福感。”黔中大地，生态宜居的美丽环境日治日新，宜居乡村创建的热情已经点燃，美好乡村的文明新风扑面而来，打造“美丽乡村”升级版，生态宜居、乡风文明、治理有效、生活富裕的乡村画卷徐徐展开。

（二）农民个人素质有效提升

安顺经开区通过生活理念、生活方式和生活行为的引导，使村民们自觉养成了将生活垃圾分类的良好习惯，并以人居环境治理为切入点，全方位提升了村民的卫生习惯、公共意识和诚信理念，实现农民个人素质的显著提升。与此同时，由于安顺经开区在垃圾分类和清运过程中始终坚持以群众为主体，宜居乡村创建深入推进，改变了脏乱差的局面，激发了群众开展创建行动的积极性、主动性，增强了村民及村民自治组织参与行动的主体意识和责任意识，促使全村村民在乡村人居环境治理中形成紧密的行动“共同体”，变“要我做”为“我要做”，实现从“院子、园子、屋子”到“脑子”的整体转变，增强了村民的村庄归属感，不仅圆满实现了改善人居环境的目标，而且有效提升了全体村民以合作的方式参与村庄公共事务管理的能力。

（三）乡村干群关系有效改善

在推进乡村人居环境治理过程中，安顺经开区各级干部通过召开院坝会，利用小喇叭、微信平台、媒体平台等多种形式发动广大群众参与，引领村民自觉进行垃圾分类，主动清理房前屋后的生活垃圾，构建全民参与的创建格局。凝聚磅礴力量，安顺市各级各村围绕治脏、治乱、治违全面展开，治理乡村主干道路、通组路、联户路等环境卫生，清理道路、河面、村庄垃圾，拆除私搭乱建。最终，64 个乡镇建成农村生活垃圾转运站 63 个，设置垃圾收集点 8088 个，配置清运车 477 辆、转运车 74 辆，持续扩大农村生活垃圾收运范围。目前，安顺市农村生活垃圾收运体系行政村覆盖率达到 97.2%，不仅引导村民移风易俗，有效改变了全村长期脏、乱、差现状，同时获得了村民的认同和支持，构成凝聚村民发展共识和强化集体行动的重要基础。

（四）乡村治理机制有效优化

村民参与度低和基层治理能力弱是实施农村人居环境治理面临的两大基本难题。在安顺经开区模式探索之中，凝聚改革力量最好的方法就是不断满足人民群众的民生需求，为改革寻求最大公约数。安顺经开区始终坚持从人民群众的需求出发，通过提升自治能力打通群众参与社会治理的末梢梗阻，赢得社会治理的“最大公约数”，最大限度争取群众的支持，凝聚基层改革力量，形成了村民充分参与的新型合作治理机制，促进了乡村治理能力提升和结构优化。比如，安顺经开区通过建立“文明超市”“道德超市”等方式，激励引导各村开展示范户、先进户评比活动，并将评比结果纳入宜居乡村创建管理台账、贴上道德榜，形成宜居乡村创建长效机制。一时间，广大干部走进农村一线，带头干、示范做，引导宜居乡村创建新风尚，促使全体村民围绕人居环境治理在村、社两个层级广泛而充分地进行民主讨论，形成重要的制度化成果。

四、党建引领乡村人居环境整治的经验启示

安顺经开区以党建引领乡村人居环境整治，是依靠农村内生力量主导优化乡村公共服务供给的成功范例。面对乡村人居环境治理的多重挑战，从解决主要矛盾入手，找准关键节点对症施策，有效破解了农村人居环境治理的根源性问题，拓展了新路径，创新了新模式，对进一步推进农村人居环境治理形成了以下四个方面重要经验启示。

（一）加强基层组织引领与充分发动农民参与相互促进

农村人居环境治理中基层组织是动员者、组织者、引领者，农民群众是参与者、实施者、受益者，只有将组织引领与农民群众参与有机衔接，才能实现农村环境治理政策的有效落地。安顺模式的成功实践表明，农村人居环境治理一方面必须充分发挥基层组织的动员、引领和示范作用，准确把握农村人居环境治理的重点和方向；另一方面应当充分尊重农民群众的主体地位，鼓励群众充分参与和发挥主观能动性，构建农村人居环境治理的长效机制。

（二）建立制度规范与构建激励机制双向突破

完善的制度规范是农村人居环境治理的准绳，有效的激励机制是制度长效推行的保证，二者双向推动是农村人居环境治理可持续发展的根本保障。从安顺实践看，一方面，建立和完善相应的制度规范是提高人居环境治理效率所不可或缺的，但基于乡村实际，制度规范的制定应当可操作、易推行，并且要与具有内生约束力的村规民约有机结合；另一方面，农村人居环境治理需要创造性地构建激励机制，应充分结合传统乡村“熟人社会”的特征，探索建立物质与精神相结合的激励机制，让农民群众在乡村人居环境治理中提高参与感、获得感和荣誉感。

（三）坚持政府有效支持和探索市场化机制同步推进

政府支持是推动农村人居环境治理的基本方式，市场化机制是提高农村人居环境治理的重要选择，二者同步推进对完善农村人居环境治理机制至关紧要。安顺模式提供的重要启示是，在农村人居环境治理中，一方面应充分发挥政府在公共基础设施建设中的主体地位，重点解决人居环境治理的关键性难点、断点和痛点，为市场化机制发挥作用创造基本条件；另一方面应积极探索以市场化方式实施农村人居环境治理各类项目，鼓励以政府购买公共服务的方式吸引市场主体广泛参与农村人居环境治理。

（四）引导深化单向改革与强化乡村治理联动协同

农村人居环境治理是一项系统工程，应当提高站位，将其置于乡村治理现代化的高度予以充分重视，从人居环境治理的单一目标拓展到产业提升、治理优化和乡村振兴的多元目标。安顺模式的实践深刻表明，只要将人居环境治理决策过程与村民民主自治联动，将人居环境治理群众动员和提高基层干部现代治理能力联动，将人居环境治理硬件建设与乡村基础设施现代化联动，就能够做到牵一发而动全身，实现“生态宜居”与“有效治理”的协同推进，为促进乡村全面振兴提供重要支撑。

第四章　村社合一：筑牢乡村振兴产业根基

全面推进乡村振兴，要立足特色资源，坚持科技兴农，因地制宜发展乡村旅游、休闲农业等新产业新业态，贯通产加销，融合农文旅，推动乡村产业发展壮大，让农民更多分享产业增值收益。

——习近平总书记2021年4月25日至27日在广西考察时的讲话

第一节　统筹发展特色农业，夯实乡村产业基础

产业兴则乡村兴，乡村兴则天下安。产业兴旺，是解决农村一切问题的重要基础。2021 年 11 月 17 日农业农村部颁发的《关于拓展农业多种功能促进乡村产业高质量发展的指导意见》指出，要全面推进乡村振兴、加快农业农村现代化，必须立足新发展阶段，贯彻新发展理念，构建新发展格局，落实高质量发展要求，在确保粮食安全和保障重要农产品有效供给的基础上，以生态农业为基、田园风光为韵、村落民宅为形、农耕文化为魂，贯通产加销、融合农文旅，促进食品保障功能坚实稳固、生态涵养功能加快转化、休闲体验功能高端拓展、文化传承功能有形延伸，打造美丽宜人、业兴人和的社会主义新乡村，推动农业高质高效、乡村宜居宜业、农民富裕富足。在推进农村产业发展的过程中，农村专业合作社作为联系生产地和农产品市场的桥梁，有助于加快农产品高效流通，推动乡村产业高质量发展，对于促进乡村振兴具有重要作用。

当前，一些农村合作社是“僵尸社”“空壳社”，没有起到促进农业农村发展的应有作用。2018 年，贵州省委提出“来一场振兴农村经济的深刻的产业革命”，安顺市围绕“八要素”（产业选择、培训农民、技术服务、资金筹措、组织方式、产销对接、利益联结、基层党建）和“五步工作法”（政策设计、工作部署、干部培训、督促检查、追责问责）要求大力推进农村产业革命，探索总结出“全市一盘棋、一县一主业、一乡一样板、一村一平台”的“四个一”工作机制，因地制宜推行村级党组织和农民专业合作社互融共建的“村社合一”发展模式，村“两委”以集体资金入股，村民以土地、劳动力、闲散资金等要素入股到村级合作社，让村“两委”及村里的能人参与合作社的管理，合作社统一发展产业、跑市场、找订单，以单定产，从而实现产业规模化、多样化发展，为加快实现乡村振兴探索出了一条有效途径。

一、何谓“特色农业”

党的十八大以来，以习近平同志为核心的党中央高度重视村级集体经济发展。2019 年 7 月 15 日，习近平总书记在内蒙古考察并指导开展“不忘初心、牢记使命”主题教育时指出，产业是发展的根基，产业兴旺，乡亲们收入才能稳定增长，要坚持因地制宜、因村施策，宜种则种、宜养则养、宜林则林，把产业发展落到促进农民增收上来。党的十九届四中全会提出，要深化农村产权制度改革、发展农村集体经济、完善农村基本经营制度。中央决策部署和政策设计为我们探索发展村级集体经济明确了方向，提供了根本遵循。2021 年 11 月 17 日农业农村部颁发的《关于拓展农业多种功能　促进乡村产业高质量发展的指导意见》指出，发展乡村产业的基本原则之一是：立足特色、市场导向。立足乡村特色资源，面向市场需求，挖掘特色产品，以特色产业培育优质企业，以优质企业带动产业提升，更好发挥政府政策配套和公共服务作用，推动乡村特色资源加快转化增值。党的二十大报告也指出，发展乡村特色产业，拓宽农民增收致富渠道。

所谓特色农业，是指农业生产者根据当地土壤、气候、品种等特点以及市场需求，生产具有产品特性和市场竞争力的农产品的一种农业产业经营形式。特色农业是相对于基本农产品生产而言的，二者分别满足农产品的多样化需求和基本需求。特色农业与传统农业的主要区别在于它不以满足人们的基本生活需要为目的，而是以满足人们日益增长的对农产品的多样化需求为目的，所以在发展过程中，强调以市场为导向，以效益为中心；强调资源的多元化和产品的优质、高值（价值）化；强调布局上的区域性和供给上的个性化，即“人无我有”“人有我优”“人优我特”，表现出一定的稀缺性，占有特殊的市场地位。

在尊重农业产业功能和农民意愿的基础上，安顺经开区依托自身“一带三圈二园区”的立体区位优势和丰富的自然资源禀赋，在村支部带领下，通过“培育”与“招引”相结合，调整结构、聚焦特色、做大品牌，探索出了产业富民的发展之路。

二、“安货出山”的主要做法

农业农村现代化是实施乡村振兴战略的总目标，发展特色农业、特色经济是加快推进农业农村现代化的重要举措。2018 年 4 月 13 日，习近平总书记在海口市秀英区石山镇施茶村考察时指出："乡村振兴要靠产业，产业发展要有特色，要走出一条人无我有、科学发展、符合自身实际的道路。"因此，全面实施乡村振兴战略，推进农村经济高质量发展，必须坚持因地制宜原则，走特色发展道路，将区域内独特的农业资源转化为名优产品和特色商品，大力发展符合本地实际特色的农业，一村一平台，带动农户促增收。安顺经开区结合交通、区位、土壤、气候等优势，抓好主导产业，调整产业结构。整合基层党组织和特色产业优势，将党小组建在产业链上，在确保粮食安全和保障重要农产品有效供给的基础上，以特色产业培育优质企业，以优质企业带动产业提升，推动乡村特色资源加快转化增值。以农产品精深加工业为重点拓展全产业链，推动种养业前后端延伸、上下游拓展，由卖原材料更多向卖制成品转变，推动产品增值、产业增效。以乡村休闲旅游业为重点拓展农业多种功能，培育生态环保产业，开发可再生能源，做到保护与开发并重、传统与现代结合，推动乡村农文旅一体化发展。以发展农村电商为重点拓宽商贸流通渠道，促进产业、科技交互联动，引导农业全产业链上中下游各类主体共建共享大数据平台信息，实现产业数字化、数字产业化。

（一）因地制宜布局特色农业

完善的立体交通基础设施的发展，使得农产品的生产成本和流通成本降低，有利于农业生产的集群化、规模化发展，促进了农业生产的专业化分工，并且促使不同地区的自然资源优势和人力资本优势更好地转化为经济优势。完善的立体交通基础设施体系大大降低了农业运输成本，农产品的市场销售范围将会变大，农产品的市场竞争力将会增强，使得自给自足农业快速转化成为商品农业，凸显当地的土地资源优势和自然条件优势，农业布局进一步得到重大调整，加速农业区域专业化的形成。与此同时，完善的立体交通基础设施会扩大农产品的供求市场空间，从而提高农产品的交易率。随着农产品市场交易范围的日益扩大，农业区域生产的产业化、规模化也会更上一层楼，这将使得区域农产品的加工结构布局更加完善合理，生产效率更加专业化，生产效益最大化。

安顺经开区借助完善的立体综合交通体系这一优势，充分发挥区位、气候多样性和生物资源多样化的特性，按照"一县一业"安排部署深入推进农业产业结构调整，选取食用菌、蔬菜（莲藕）、林业（花椒、金刺梨）、花卉及中药材、生态畜牧渔业作为主导产业，成立五大产业发展专班和农业产业结构调整区、镇、村三级指挥体系，将“村社合一”合作社产业发展与低效作物调减及500亩以上坝区建设工作紧密结合起来，进一步融会贯通“塘约经验”和“三变改革”。一是围绕沪昆高速、花安高速、安普绕城高速、高铁沿线、二环路、黄铺物流大道、434县道、102省道及乡村公路主干道等公路沿线土地重点调整区域，因地制宜选择蔬菜及精品水果等品种进行改种。截至2021年7月，沪昆高速沿线已启动350亩蔬菜基地建设，并发展小龙虾养殖240亩；安普绕城高速沿线种植花椒80亩。二是围绕食用菌种植农业示范园区和“十里荷廊”莲藕示范园区2个省级农业园区，重点发展食用菌和莲藕产业，已在宋旗镇创新村种植食用菌600亩，在幺铺镇四旗村发展大田覆膜种植大球盖菇1000亩，在幺铺镇羊场村、磊跨村、安湖村一带种植莲藕3000亩。三是围绕坝区调栽食用菌、蔬菜、精品水果、中药材等产业15016亩。在宋旗镇创新村，新建大棚30个共7200平方米，发展蔬菜产业980亩、经果林870亩，年产值达450万元。在宋旗镇宋旗村，通过成立“村社合一”合作社，鼓励农户积极参与产业项目，土地入股农户50余户，种植黄金梨、樱脆桃等精品水果260亩10410株，年产值可达800万元，3年挂果产生收益后，农户与合作社可按7：3的比例进行分红；在幺铺镇潘苑村，通过“村社合一”合作社创新“以需定产、产销结合”的订单式农业模式，合作社与安顺市平坝区新生源食品有限公司签订保底价为1.5元每公斤的桑叶收购合同，鼓励致富带头人流转水淹土地种植食用桑树240亩，产值144万元，3年后达到丰产期，产值可达240万元，合作社每年支付200余户村民土地租金15万元，带动50人次务工，务工收入达48万元；在幺铺镇四旗村，“村社合一”合作社采用“龙头企业+合作社+农户”的方式推进合作社产业发展，和区内国家级龙头企业聚福菌公司签订土地流转协议，种植大球盖菇（赤松茸）1000亩，年产值可达1000万元以上，合作社每年支付300余名村民土地租金30万元，带动100余人务工，务工收入达200万元。

（二）“接二连三”培育特色农业产业链

延长产业链，打造特色农业产业集群，不仅是调整农业产业结构的重要举措，也是美丽乡村建设的新途径。经济合作与发展组织（OECD）把产业集群定义为“一组在地理上相互邻近的以生产和加工农产品为对象的企业和互补机构，在农业生产基地周围，由于共性或互补性联系在一起形成的有机整体”。所谓的产业集群建设就是要在立足区域优势及地方特色的基础上，把产业集群建设作为振兴农业、富裕农村、促进农民增收的重要抓手进行统筹规划，将地域上或者业态上相互邻近的生产加工企业或者机构组织在一起。

“黄果树三碗粉”就是通过延长产业链、打造深加工企业形成的特色品牌，它出自位于安顺经开区川渝工业园的贵州黄果树中央厨房有限公司，是贵州 16 家农产品（食品）深加工高成长企业之一。公司通过链接产地与市场，对农产品生产、加工、销售等各环节资源进行整合，不仅推出了安顺系列绿色、健康、安全的本地食品品牌，还深耕旅游餐饮业的品质，实现现代农业、食品加工业、商贸物流业的“三产”融合发展。“黄果树三碗粉”带动了当地芫荽、香葱、大蒜、辣椒、花椒、生姜、水稻种植及牛羊肉、调料、产品包装加工、仓储物流、快递配送等产业的发展。黄果树中央厨房以“三碗粉”为生产核心，引进上下游关联企业入驻，形成产业集群。园区还将与检验检测平台、创新研发平台、金融服务平台和生产制造、商贸物流结合起来，争取快速推出系列“爆款”单品，在不断提升当地特色农产品附加值的同时，做大规模、做深加工、做出品牌，通过黔货出山，助力乡村产业振兴。

从 2020 年 11 月注册成立，到 2021 年 1 月下旬投产，再到 2021 年 5 月欧标厂房开建，“黄果树三碗粉”的品牌知名度和市场竞争力快速提升。“黄果树三碗粉”分别在两个 5A 级景区——黄果树、龙宫投放售卖，2021 年旅游旺季销售额达到 290 万元左右。在高速服务区，如云峰服务区、龙宫服务区、黄果树服务区，“黄果树三碗粉”也进行了产品铺设，为自驾旅客提供更多美食选择。在安顺市区旅游集中场所，如“古色古城”多彩万象旅游城、“一个人的安顺”乡愁文化小镇、“安顺小吃聚集地”百年滋味、“最美城中湖”虹山湖公园，“黄果树三碗粉”都设立了产品展示区和售卖点，让本地群众和外来旅客认识到除了波波糖、牛肉干、辣子鸡等，安顺特色农产品还有新选择。在线上，“黄果树三碗粉”系列产品在淘宝、天猫、抖音、拼多多、京东等主流电商平台上开设网店超过 100 家，自建带货直播间 16 间。“黄果树三碗粉”赢得了市场的认可，也得到了旅游商品大赛评委的青睐，“黄果树三碗粉大礼包”获得了 2021 年中国特色旅游商品大赛银奖。在国际市场开拓方面，公司紧紧围绕 RCEP 协定国为海外目标市场，已初步在澳大利亚、新西兰、新加坡建立了产品销售渠道和国际物流体系，计划在两年内完成 RCEP 协定国的产品供应链布局。从一个地方性的生态特色食品企业，踏上了国际化道路，意味着“黄果树三碗粉”品牌的发展达到了一个新的高度。开拓国际市场后，“黄果树三碗粉”品牌的发展将会迎来更大的市场空间。

（三）“十里荷廊”带动农文旅一体化发展

农文旅一体化融合发展为释放农村活力、发展现代农业、促进农民增收提供了有益探索，也为推进乡村振兴提供了创新实践。安顺“十里荷廊”休闲农业观光示范园又名“十里荷廊”风景区，位于安顺经开区幺铺镇的南部，东西长约 6.7 千米、南北宽约 0.6 千米，横跨幺铺镇安湖、阿歪寨、羊场等 3 个行政村。每逢夏日，“十里荷廊”都会呈现出一幅“荷花香、农民忙、游客欢”的优美画卷，让远道而来的游客深切感受到诗人杨万里“接天莲叶无穷碧，映日荷花别样红”的诗情画意。园区依托毗邻 5A 级龙宫风景名胜区和城乡接合的区位优势，积极发挥“十里荷廊”良好的生态自然环境优势。2020 年以来，安顺经开区管理委员会及人和园公司对园区投资累计达 1.17 亿元，建成了游客服务中心、农产品深加工厂区、生态停车场、特色小吃街、休闲民宿、生态农庄、旅游观光道 12 千米、木栈道 14 千米、特色景观桥 3 座，发展了网红打卡景点（鱼鳞瀑布、彩虹瀑布）、溜索、休闲漂流、水上乐园、荷塘月色、稻草人、天鹅湖主题乐园等旅游休闲项目；在旅游方面举办了年度丰收节、荷塘月色、稻草人、网红瀑布电音节、走进“100 个美丽乡村”等大型徒步活动。目前，园区已初步形成了“一二三”三产互动，种、养、游立体循环的休闲农业观光效应。园区以高效农、林业品种及技术为主，开展农业观光生态旅游项目，采取一次性规划、分阶段实施、滚动式发展的方式，按照“项目开发企业 + 种植基地 + 休闲旅游观光 + 农产品深加工”的整体架构，配套建设生态旅游设施、研学基地，围绕种植、旅游、制作等主题，发展以“文化”和“教育”为支点，塑造“农业、旅游、研学”三位一体的文化名片。目前园区已开设农耕文化体验、手工制作、科技加工探讨等特色课程，并设立了“十里荷廊”景区乡村振兴讲习所（原“厚德堂”），进一步拓展了农业多种功能，深入挖掘了乡村多元价值，促进了农村一二三产业融合发展。

安顺经开区“十里荷廊”项目坚持政府引导、市场运作、效益优先、文教支撑与示范带动的原则，促进了农文旅一体化发展。项目以现代高效农业园区为载体，依托传统乡村文化和原生态旅游资源，打造农文旅融合发展模式，使传统农业产业迈上升级版，插上了腾飞的翅膀，拓展了农民增收的渠道。目前，园区农户通过土地流转入股，人和园公司在保底分红800元/年的基础上，每亩累计增长20元/年，把公司的发展和农户的致富紧密地联系在一起，形成了企业、农民、市场和社会共赢的格局，带动了315户农民走上了致富道路，充分发挥了市级林业龙头企业、省级农业示范园区的示范带头作用。

（四）数字化技术赋能“安货出山”

2022年1月中央网信办等10部门印发的《数字乡村发展行动计划（2022—2025年）》指出，“三农”工作要加快农业生产经营数字化转型。推动智慧农业建设，培育形成一批叫得响、质量优、特色显的农村电商产品品牌。安顺经开区借鉴龙头企业和先进合作社的经验，不断扩大物联网产业链条，以技术革新促进农业产业转型升级，扩大农产品技术和产量优势，在农业领域推动供给侧结构性改革。通过产业集聚形成规模经济，从而发挥辐射带动效应，拉动上下游产业不断优化，实现农业资源的最佳配置。2015年，全市提出以“1+2+10+N”物理平台建设为方向发展电子商务，黄果树（川渝）电商产业园作为2个市级电商产业园之一，是全市重点打造的物流聚集电商基地。近年来，全国电子商务发展不断出现新变化，开发区根据新形势对园区制定了新的规划，即以物流聚集为核心，大力发展城市服务电商、旅游电商，并完善农产品供应链（上行）体系建设。截至目前，园区共有城市服务电商企业3家、物流企业12家、旅游电商企业2家、农产品生产加工企业3家、电商企业16家。

为培养电商专业人才，促进传统企业转型升级为电子商务引领企业，2017年2月，安顺经开区组建电商运营服务团队，为传统企业向电商企业转型提供孵化及代运营服务。各传统企业均派专人或从安顺职院招聘电商专业毕业生前往电商运营中心进行跟班学习美工、设计、运营、推广、客服等技能，为企业培育电商专业技术人才。通过代运营与孵化的结合，依托京东、天猫等知名平台对引领性企业产品进行线上推广销售，对产品种类多及符合网络店铺开设条件的企业，安排运营团队为企业开设品牌直营网店；对产品种类较少及不符合网络店铺开设条件的企业，运营团队与它们签订网络代理销售协议方式，依托京东·安顺馆及省内外知名平台为企业优质产品打通网销渠道，通过灵活多变的合作方式，促进传统企业健康发展。

为深入贯彻落实好加快绿色农产品发展的要求部署，全力打造安顺地方特色线上销售渠道，带动安顺电子商务产业链发展，整合各电商平台资源，大力推广安顺绿色优质农产品，在安顺市商务局的大力支持下，经开区开设了“京东·安顺馆”，通过开展各项网络促销活动，成功解决了干香菇、金刺梨农产品销售难的问题。为积极助推全市脱贫攻坚步伐，经开区利用已有电商资源，并依托“2019 脱贫攻坚公益直播盛典——电商扶贫浙里行”活动，通过知名主播带货，全力帮助紫云、关岭等经济欠发达县农产品出山，为紫云红心薯、火花李等农产品做了几次专场活动，达到了很好的效果。

三、走向“村社统筹”有效治理

自开展“村社合一”试点以来，安顺经开区进一步加快了社会主义新农村建设步伐，村级党组织的凝聚力和战斗力不断增强，党群干群关系更加融洽，合作社与村级党组织实现良性互动，在合作社不断发展壮大的同时，村集体通过合作社增加收益，助推村级各项事业发展，农村地区呈现出社会和谐稳定、百姓安居乐业的喜人局面。

（一）激活了沉睡资源的潜在价值

随着农村经济体制改革不断深化，农村新型集体经营组织不断发展壮大。在“三变”改革中将农村资源变资产，将资金变股金，将农民变股东，让村集体和农民通过租赁、入股、合作等方式获得资产性收入，既壮大了（村）集体经济，又增加了农民收入。如今全区“三变”改革试点村达 47 个，覆盖率达 100%，土地流转面积 22344 亩，流转率达 29.97%；“村社合一”合作社 54 家，省级农民合作社 12 家，市级农民专业合作社 18 家，市级示范家庭农场 2 个。全区各镇（办）因地制宜发展农村集体经济，鼓励农户通过股份合作，发展特色农业产业、现代服务业、农村电子商务等新型农村集体经济，不断增加农村集体收入，带动农民增收致富。同时，通过引进有实力的经营者并将之发展为新型农业经营主体，构建“新型农业经营主体 + 村集体 + 农户”三位一体的利益联结机制；选准选优发展项目，推进土地入股、土地流转、土地托管、联耕联种等多种经营方式，鼓励和支持农民以劳动力、资产、资金、技术等生产要素入股新型农业经营主体，同步调动农民、种养大户和集体的积极性，增强集体经济发展活力和实力，让更多农民增收。

（二）夯实了美丽乡村的产业基础

一是产业结构联动。经开区制订全区农业产业结构调整实施方案，结合各村地理条件因地制宜选好产业，通过带动主导产业优化聚集，培育特色板块农业，推行“村党组织＋合作社”的“村社合一”发展模式，按照地域相邻、产业相近、优势互补的原则，将党支部建在企业、合作社、园区、基地等产业链上，切实将党组织的政治优势与合作社的产业优势紧密结合起来。坚持用好“五个坚持”发展理念，鼓励整合资源成立“产业联合体”，发展现代高效农业。进一步巩固和优化利益联结机制，确保实现户户有增收项目、人人有致富门路。二是龙头产业带动。经开区坚持强龙头、创品牌、带农户，按照“龙头企业＋主导产业”的模式，大力实施绿色农产品“泉涌工程”，重点围绕聚福菌、坤达等国有公司，以天赐贵宝、天地人和等民营企业为龙头，大力发展食用菌、花椒、莲藕等主导产业。依托年产菌包1亿棒、年产值10亿元的聚福菌产业园抓好产业扶贫，在全区推广经济效益显著的食用菌、经果林、莲藕、花椒等作物。积极推动村村共建、村社共建、村企共建等发展模式，奋力推动农业全面升级、农村全面进步、农民全面发展，建设标准化、规模化生产基地。把产业振兴与推进农业供给侧结构性改革结合起来，实现集中资源要素，实现“抱团”发展，有力推动群众致富、集体增收。三是特色乡村驱动。经开区牢固抓好乡村景点打造建设，利用三合苗寨美丽乡村的打造经验，推动平寨二期、马厂新村、“农业观光·十里荷廊”等农旅结合乡村休闲旅游项目的深度挖掘开发。鼓励农村集体与社会资本创办乡村旅游合作社，培育观光农业、体验农业、创意农业等新产业新业态，丰富旅游业态。挖掘藤甲文化等优质资源，努力开辟文化旅游新阵地，提升文化自信，提高乡村文化品位，助推文化产业发展。截至2021年8月，宋旗镇创新村、幺铺镇阿歪寨村、安湖村、龙井村、羊场村5个产业发展型村寨入选为贵州省“十百千”乡村振兴示范村。

（三）激发了农村发展的内生活力

农业供给侧结构性改革的核心是指通过自身的努力调整，让农民生产出来的产品，包括质量和数量，符合消费者的需求，实现产地与消费地的无缝对接。一是深化农村集体经济制度改革。2018 年 11 月，经开区印发《安顺经开区关于稳步推进农村集体产权制度改革的实施方案》，对农村集体产权制度改革有关工作进行了全面部署。从当年开始，经开区按照时间服从质量的要求逐步推进，用 2 年左右的时间基本完成集体资产清产核资工作，用 5 年左右的时间，推进具有集体经营性资产的村（居）集体产权制度改革，到 2021 年底基本完成集体经营性资产股份合作制改革工作。二是丰富合股联营内涵外延。以“三变”改革和农业产业结构调整为抓手，将集体资产、资源等入股新型经营主体，并整合中央财政专项扶贫资金、“特惠贷”资金和相关涉农资金等入股新型经营主体参与经营，构建“风险共担、利益均沾”的利益共同体。大力推广“塘约经验”，加快推进“公司 + 合作社 + 贫困户”“合作社 + 基地 + 贫困户”等新型组织模式，加快农业产业发展方式转变、推动现代山地高效农业发展，确保全区所有贫困村建有合作社、所有贫困户全部纳入合作社，并建立健全利益联结机制。通过实施“学生就餐食材助推脱贫”工程，盘活全区农产品“存量”，助推产业结构调整，系统解决产业扶贫、产供销等问题。依托与青岛西海岸新区扶贫协作平台，成功将香菇、金刺梨饮料、牛肉干、莲藕等农产品进驻青岛市场，为黔货出山开启了又一扇大门。

四、凝聚“村社合一”经验共识

只有全面持续深化改革，大胆创新，破除体制机制障碍，突破常规开发思维，撬动大量社会资本投入，引领市场化专业团队运作带动，才能充分激发各方活力，走出跨越式发展的新路子。在经济社会发展过程中，必须与时俱进、大胆创新，探索实践村干部职业化、激活社会资源参与乡村振兴、多方参与社会综合治理现代化、山地特色农业产业调整等改革举措，才能实现乡村治理能力、产业经济实力、自身发展能力持续提升。

（一）党建引领：“小支部”撬动“大格局”

“火车跑得快，全凭车头带。”一个村集体、合作社要想做好，离不开强有力的领导。安顺经开区充分发挥村党支部的政治优势和组织优势，广泛挖掘农村有技术、有经验、有文化的优秀党员、退伍军人、致富能手、新型农民配强村级党支部，优选村级党组织书记、党员主任担任合作社理事长。合作社建章立制规范管理，建立能上能下、能进能出的人事制度，村干部的精神状态发生了巨大变化，有效激发了干劲和活力。安顺经开区在开展“村社合一”试点中，充分发挥党支部带领合作社社员跑项目、拓市场等作用，让村级集体经济不断发展壮大，农民收入得到逐步提升。通过以点带面发展，推动全区54个涉农村（居）建立了“村社合一”合作社，吸纳了全区1512户4997名建档立卡贫困人口“一个不落”加入。

（二）技能提升：“土专家”融合“洋秀才”

通过开展合作社培训、农民技能培训、新时代农民大讲堂等活动，利用“土专家”和“洋秀才”做好点上服务和面上指导，特别是青岛西海岸新区选派专业技术人才董汉国同志（高级农艺师）到安顺经开区帮扶传授农技，增加了农民产业结构调整的信心。通过观摩学习、集中培训、专题讲座、现场指导、宣传动员等方式，农民掌握了施肥育苗、栽培技术、防灾减灾、市场销售等环节的重要技能，推动传统农民逐步向新型职业农民转变，让每一户农民都成为种植的行家里手，让每一个“村社合一”合作社都能服务群众增收致富。截至2021年7月，安顺经开区累计开展种植技术培训48次，参训农民2350人。

（三）机制完善：筑牢村社产业基础

在农村经济高质量发展过程中，只有不断完善控制和管理机制，才能够有效提升其效率和速度。一是严格落实工作调度机制。点对点指导重点村“村社合一”提质增效，带动其他“村社合一”合作社产业发展。二是强化学习培训制度。村级产业领头人必须按照“缺什么、补什么”的原则，紧紧围绕农村产业发展需要，坚持“走出去、请进来”，注重多种形式开展学习培训，强化学习培训的针对性、实效性，进一步帮助提升村级产业发展的能力和水平。三是强化督促考核机制。将“村社合一”农民专业合作社建设工作纳入全区脱贫攻坚专项督查、巡查检查、作风督查的重要内容，作为党建述职评议、年终考核的重要指标，对不担当、不作为、慢作为，搞形式主义、弄虚作假的严肃追责问责。四是注重宣传引导。充分发挥基层党组织的带头引领作用，注重总结农民专业合作社发展的经验做法，因地制宜推广“塘约经验”“大坝模式”，持续带动农户增收致富。

实践表明，探索“村社合一”发展模式，顺应了新时代“三农”发展需求，将党组织的政治优势与合作社的产业发展优势紧密结合起来，在加强党的基层组织建设的同时，合作社在村党组织的领导下发展特色产业、开展生产经营服务，能够有效盘活农村土地资源，优化农村产业布局，提高农村土地利用率，助力实现乡村产业、人才、文化、生态、组织等全面振兴，推动实现农业强、农村美、农民富，最终达到产业兴旺、生态宜居、乡风文明、治理有效、生活富裕的目标。

第二节 创新产销对接机制，拓宽农民增收渠道

产销对接是农村产业发展的薄弱环节，要求既要种得好还要卖得俏。产业有了规模，“卖得俏”是实现增收的关键。“安货”要出山，打造便捷的销售平台和畅通的销售渠道是基础。如果销售跟不上，产品出现滞销，就会影响农民种植农产品的积极性乃至乡村产业振兴的大局。安顺经开区将党组织建在产业链上，积极探索产销对接新模式，有效整合了农村的各项资源，拉近了与市场的距离，促进农户从“盲种”向“巧种”转变。

一、产销对接的发生逻辑

健全稳定的农产品产销对接体系是农业现代化的重要标志。2018 年 4 月 2 日，习近平总书记在中央财经委员会第一次会议上强调，产业扶贫要在扶持贫困地区农产品产销对接上拿出管用措施。2018 年中央一号文件提出，要“健全农产品产销稳定衔接机制”，加快完善农产品产销对接体系，推动农业高质量发展，既是农业供给侧结构性改革的客观需要，也是农业产业发展的必然要求。2018 年 6 月，农业农村部决定开展“贫困地区农产品产销对接行动”，并印发了《贫困地区农产品产销对接行动实施方案》，号召全国农业市场信息系统上下联动，引导动员全社会共同参与贫困地区农产品产销对接行动，帮助贫困地区群众脱贫增收。健全有效的产销对接体系能够解决农户生产者分散经营的“盲种”与“卖难”、农产品“流通费贵”和最终消费者“买贵”的矛盾，从而实现农产品生产供给和市场需求的有效衔接。

安顺经开区地处滇黔桂石漠化特殊连片区域，区内 13 个贫困村基础设施不完善、农作物单一、资金和人才匮乏、自然灾害频发等问题长期存在，成为广大农民增产增收的“拦路虎”。一是农作物种植全部为一家一户的家庭作业。一是遇到气象灾害，会对农作物产生毁灭性的影响，农作物单一，抵御

灾害能力差。二是产业结构单一。传统的农作物没有市场竞争力，很难形成产业拉动力，原有的农作物种植生产经营水平低，对农民的增收带动力不强，大多数村民仅仅把目光盯在自家种的稻田上，与外界交往较少，也不太关心田地以外的事情。针对以上情况，安顺经开区因村精准选派扶贫干部，实行“党群部门帮弱村、经济部门帮穷村、涉农部门帮产业村”的帮扶选派机制，分级分层制定派驻标准，确保村居能发展、群众得实惠。结合13个贫困村的地理位置、民情社情、致贫原因、主导产业以及全区“十四五”规划等因素，定向给各村“把脉问诊”，有针对性地做好驻村干部选派和调整帮村单位，有效发挥各职能部门业务优势，迅速给各村找准发展方向，补齐发展短板。

二、产销对接的“安货”治理

2017年7月，贵州省出台的《关于创新农产品产销对接机制提高产业扶贫精准度和实效性的意见》提出，推进农产品产销对接机制创新，贵州将重点把全省各级各类公立学校、公立医院、机关事业单位、驻黔军警单位、国有企业等公共机构的食堂对常用农产品的稳定需求定向传导给贫困户，在农产品市场需求与贫困户农业生产之间构建便捷、高效、稳定的产销流通渠道。保障贫困地区农产品供给与市场对接更稳定顺畅，让产业扶贫更精准高效。安顺经开区针对基础设施不完善、农作物单一、资金和人才匮乏、自然灾害频发的实际，在各部门的努力下，坚持市场驱动和政府补位相结合，有效衔接产业扶贫、电商扶贫、社会扶贫，努力拓展省内、省外以及市内三个市场，促进贫困群众产品变商品、收成变收入、服务变劳务，聚焦扶贫产品的销售，打通产销链条，减少中间环节，多措并举打通农产品销售这个农业发展的最大堵点，让政策红利、市场红利切切实实落在帮助贫困户增收脱贫、贫困地区发展和满足人民群众消费需求上。

（一）推行“校农结合”，实现定向产销

由区平台公司统一定制回购，统一配送农产品进学校、进机关、进医院、进企业、进社区、进超市、进酒店，迅速占领市场。大中小学后勤市场是个具有巨大潜力、需求稳定、监管规范的大宗农副产品消费市场，其在资源配置中起着重要作用，可以为乡村产业兴旺提供较为稳定的采购订单。为了全面推进“校农结合”，安顺经开区采取“强实施、广宣传、签协议、扩覆盖”

等举措，通过“学校＋企业（配送中心）＋基地（合作社）＋贫困户”订单式生产销售模式，深入推进“校农结合”工作。目前，安顺经开区两镇一办合作社、农户、贫困户均与安顺开发区坤达农业投资开发有限责任公司建立了合作关系，覆盖全区所有贫困村和大部分非贫困村。全区食堂采购总资金885.5余万元，采购农产品总量94万千克。作为连接农村合作社和学校的中间平台公司，坤达公司与合作社、种植大户签订保底收购合同，有计划地协调农产品的种植，并将收购来的农产品进行检测、分拣，装车后按订单配送到全区各所学校，通过校农、校企的合作来确保农产品产销渠道畅通，同时为学校提供新鲜安全的食材。

通过推行“校农结合”，不仅为农产品的销路提供了保障，还通过平台公司配送中心、合作社带动了周边劳动力就近就业，实现增收致富。截至2019年底，坤达公司与区内2家蔬菜种植合作社签订了供给协议，全区57所学校（幼儿园）17832名学生的食材全部由该公司统一配送，由“校企结合”带动贫困户就业达140余户，加入合作社贫困户人均月收入约1500元，人均年收入可达18000元。

（二）建立“帮扶对接”机制，助力“安货”出省

依托与青岛西海岸新区对口帮扶合作平台，经开区香菇、金刺梨饮料、牛肉干等农特产与青岛企业初步形成稳定的产销链条，加快推动了农村产业“接二连三”融合发展。2018年4月，青岛西海岸新区与经开区签订了长期合作协议，双方一致同意把金刺梨、食用菌系列产品销往航母“辽宁舰”。

为推进落实“黔货出山”“安货入青”，经开区积极组织辖区企业参加了在青岛举办的农产品展销系列活动。一是2020年1月上旬，山海相连·携手“黔”行安顺名特优产品青岛年货大集在青岛金沙滩国际啤酒城7号馆举办，年货大集期间共接待青岛消费者3万人次，集团采购单位60余家，签订采购合同21份，总金额300多万元。二是2020年6月1日，经开区党工委副书记雷珺茗带领区商务局、脱贫办及聚福菌公司赴青岛西海岸新区举办经开区农特产品订货会，带动了全区农特产品销售，现场与西海岸新区商务局、供销社等单位签订了合作协议，订单金额175万元。三是2020年7月31日至8月2日，经开区组织聚福菌、天赐贵宝公司等有关农产品企业在青岛市举办安顺

绿色农产品青岛产销对接活动。活动现场，经开区的农产品企业分别就香菇、金刺梨等农产品作了详细推介，实现了“黔货出山”，深受广大青岛市民青睐。据统计，本次展会实现现场销售20万元，达成意向合作订单150万元。同时，10余家青岛农产品采购商和投资商在展销现场积极与全区展商对接，寻求更多合作商机。

（三）聚焦产销衔接，畅通农产品省内营销渠道

为进一步畅通营销渠道，支持采购配送实体企业跨区域在更大范围内签约定向采购配送，做大采购配送规模，摊薄采购配送成本，减少农产品从田间地头生产到餐桌流通的中间费用，安顺经开区引进聚福菌、人和园、合方圆等龙头企业公司、农民专业合作社，采取土地流转的方式，按照“公司+合作社+农户”模式参与坝区产销衔接工作。根据经开区产业发展需求和实际，聚福菌、人和园、睿帝味业3家企业参加安顺农产品农超对接洽谈会，畅通了经开区优质农产品进入本地超市和省内大型超市的销售渠道，建立了农超对接销售平台。通过新万城农业开发有限公司与省蔬菜集团、贵阳农投集团达成战略合作，目前每天发往大湾区的蔬菜达30吨以上。经开区积极做好农产品“七进”工作，筹备在六盘水大湾、青岛西海岸新区召开农产品销售推介会，进一步拓宽农产品销售渠道。目前已培育农村经纪人39人，累计销售农产品3288吨，销售额1282.14万元。

（四）电商精准扶贫，助力“安货”入网

安顺经开区依托黄果树电商产业园29家电商企业，助推农产品“泉涌”出山，一季度实现线上销售总额2300余万元。为深入贯彻落实好加快绿色农产品发展的要求部署，全力打造安顺地方特色线上销售渠道，带动安顺电子商务产业链发展，整合各电商平台资源，大力推广安顺绿色优质农产品，在安顺市商务局大力支持下安顺市开设了“京东·安顺馆”，通过开展各项网络促销活动，成功解决了干香菇、金刺梨农产品部分销售难题。为加快全市脱贫攻坚步伐，开发区电商平台利用已有电商资源，并依托“2019脱贫攻坚公益直播盛典——电商扶贫浙里行”活动，通过知名主播带货，全力帮助紫云、关岭等贫困县农产品出山，为紫云红心薯、火花李等农产品做了几次专场活动，达到了很好的效果。

三、产销对接的“安货”成效

传统的农产品产销之间矛盾明显，而产生矛盾的主要原因包括市场的有效性差、农产品流通过程中产品信息价值较低、生产者品牌意识弱和消费者健康意识不强等。通过搭建农产品产销对接平台，创新产销对接模式机制，提高农产品生产流通过程中的信息价值，实现生产与消费的有效衔接，进而保障农产品优质优价，对于促进农户、商家、消费者三方共赢具有意义。

（一）推进小生产与大市场对接，缓解了“卖难买贵”

产销对接为农产品找到了一条区别于传统产地或农产品批发市场交易的渠道，通过第三方平台集聚要素、市场和产销双方，解决农产品流通全程或部分关键环节的服务需求。采购商和生产者跳过层层加码的中间环节，产与销实现了“面对面”。例如立融公司与经开区宋旗镇聚宇鑫、隆鑫、坪鑫等农民专业合作社及幺铺镇王家会等农户签订立融花椒长期种植协议，提供花椒种植技术服务，并按合同规定收购农户种植的花椒。这样的做法，让农户种植的产品不愁销路，提高了农户种植的积极性，促进了农户增收。聚福菌公司充分利用原公司股东之一的宋旗镇富农合作社成熟的技术，通过合作社发动 13 个村种植，并带动全市 10 余个乡镇 30 余个村 347 户 1000 余名建档立卡贫困户发展食用菌种植，菌棒销往六盘水、毕节、黔南和安顺部分县区，并为他们提供技术指导，让群众干得有方向、有信心、有收益。

（二）提高农产品供给质量和效率，实现了消费升级

随着人民生活水平日益提高，农产品需求结构不断升级。农产品产销对接是开放、有序、竞争的平台，是品牌产品营销推介的窗口，可以优化流通方式、提高流通效率、合理分配资源要素，以更加丰富多样、优质安全、营养健康的产品满足城乡居民的消费需求。发展产业，“种得好”是前提，“卖得好”是关键。进一步完善营销体系，扎实推进农产品进市场、进学校、进超市、进医院、进机关、进企业、进高速公路服务区“七进”，有助于促进生产端和销售端的精准对接，确保种得下、产得出、卖得掉、卖得好。具体而言，一是为盘活区内资产、丰富菜篮子，让更多市民吃上本土企业产品，现分别在南马、车城等区域开设食用菌直销供应点。二是通过与市级招商引资

企业贵州山久长青科技集团有限公司合作，共同注资5000万元成立贵州黔货入湾供应链管理有限公司，推动辖区内农特产品直供“粤港澳大湾区”。

（三）引导农业产业结构优化，增加了农民收入

产销对接可以很好地传递市场信息，推动农业生产以市场为导向，在实现集中供销的同时，还促进了优质优价、丰产丰收，发展出会展节庆、休闲观光、创业创新等新产业新业态新模式。农产品是否卖得出、卖得好是农民最关心最在意的事。产销对接让农产品直面市场，帮助农民以更好的价格卖出更多的产品。经开区根据市场反馈，出台了《安顺经开区农业产业结构调整三年行动方案》《安顺经开区2019年秋冬季及2020年农业产业结构调整实施方案》等文件，同时根据《安顺经开区管理委员会关于建立开发区低效作物调减区镇村三级指挥体系的通知》，构建了区、镇、村三级指挥体系，层层压实区包图斑、镇包地块、村包户头责任，坚持“能退尽退、应调尽调”的原则，切实调减低效植物种植。2020年完成低效作物调减0.85万亩，种植蔬菜0.4万亩、辣椒0.13万亩、水果0.27万亩、优质稻0.05万亩。经开区突出产业发展，及时调整农业产业结构实施方案，积极发挥三级指挥体系和坝长制及工作专班作用，统筹抓好技术指导、资金筹措、设施建设、主体培育、产销对接等要素保障，按照“一坝一策”要求，高标准谋划产业布局，在“十里荷廊”坝区种植莲藕，歪寨坝区种植菊花、玛瑙樱桃、西红柿，南山坝区种植时令蔬菜，潘苑坝区种植精品水果、桑树，四旗坝区种植生姜、西瓜、大球盖菇、百香果，新屯坝区种植西红柿，打隆坝区种植西红柿、花豆，杨湖坝区种植花椒，高寨坝区种植香葱、茄子、西红柿，张坪坝区种植辣椒、西瓜、草莓。在调整产业结构的同时，经开区加大产业类项目的支持力度，积极扶持主导产业、特色产业、品牌产业的发展。通过畅通多元的投融资渠道，促进村集体经济的壮大；利用好周边的优势资源，与特色小镇、农业园区相结合，转变农业发展方式，促进三产融合，让美丽农村充满生机和活力。

（四）组织开展农民丰收节活动，实现了买卖双方共赢

丰收节通过组织多领域、多层次、多元化的产销对接和促消费活动，帮助农民既丰收又增收。在各大电商、龙头企业、行业协会等踊跃参与、大力

支持和各地各部门的积极组织、共同推进下，农民丰收节已经成为经开区“三农”领域的响亮品牌，为农村经济社会发展增添了活力和动力。农民丰收节活动获得了社会各界媒体的广泛关注，市区两级电视台进行采访，抖音平台开展现场直播，安顺日报社大数据智慧媒体刊登农民丰收节活动的相关报道。活动主要结合幺铺镇“十里荷廊”特色，以“售、吃、制、玩”为主线展开，其中“售”集安顺市农特产品企业100余家，各类农特产品琳琅满目、缤纷呈现，让参观者、采购者目不暇接；“吃”以糯米为主要食材，现场制作现场品尝，让参与者感受制作、品尝、分享的快乐；“制”是以新鲜辣椒、大蒜、冰糖等为原料制作糟辣椒，辅以少数民族独特工艺，让现场参与者感受劳作中的喜悦；“玩”是通过游客报名的方式进行采藕、捕鱼、抓鸭等活动，还特别设置了亲子互动环节。农民丰收节既是广大农民的盛大节日，也是全民参与共享、爱农助农为农的重大公益活动。开展多种形式的农产品营销促销活动，让农民卖得好、实惠多，让消费者买得好、乐趣多，从而让农户和消费者互利共赢。

四、产销对接的转型思考

近年来，经开区在农产品产销对接方面取得了很大进步，这在保障城乡居民食品安全、促进农民增收、降低农产品流通成本等方面作了有效尝试。为了贯彻落实好《中共中央 国务院关于加快建设全国统一大市场的意见》文件精神，加快建立全国统一的市场制度规则，打破地方保护和市场分割，打通制约经济循环的关键堵点，促进商品要素资源在更大范围内畅通流动，加快建设高效规范、公平竞争、充分开放的全国统一大市场，全面推动我国市场实现由大到强的转变，安顺经开区通过将农产品优势主产区与主销区进行产销对接，共同推荐和优选涉农产业的强企、大企建立产销对接平台，建立向上连接国家有关部门、向下直接传达到农户和消费者的农业信息服务网络系统，用以引导农业的平稳发展和农产品的稳定消费；各地、各部门通过政策调节、规划引导和企业运作的方式，多行业、多环节推动产销对接，不断完善农产品流通标准化体系和物流配送体系，鼓励和支持产销对接过程中现代农业服务业的发展，如农产品物流服务、仓储服务、人才服务、咨询服务、金融服务等，大幅度降低产销对接中的服务和运营成本；充分发挥产区农业产业化龙头企业在农产品质量安全管理过程中的积极作用，同时鼓励分散的产区经营主体联合起来，生产质量安全的农产品，逐渐培育出一批名优品牌，通过品牌占领市场，进而增加其收入；积极鼓励销区农业龙头企业与销区的中小企业联盟联合起来，发挥其终端网络资源优势，共同营造大都市销区的市场环境，保障农产品优质优价；健全法律和制度，优化营商环境，对农产品假冒伪劣、短斤少两、哄抬物价等行为进行持续打击，提倡建立农产品供应链，保障农产品从“田间到餐桌”全过程监管。

（一）及时对接国家政策，融入国际国内“双循环”

市场需求日益呈现多元化、多样性的特点，建立与消费者需求和社会发展水平相适应的产销对接体系，成为当前市场信息工作的重要任务。一是优先发展国家政策支持的、适合本地区生产布局的产业。随着乡村振兴战略的实施，农业农村优先发展的政策红利不断释放，农业产业结构不断优化，劳动力成本优势逐步发挥，要素配置效率进一步提高，生产结构和产业布局朝着更加符合产业政策的方向集聚。新型农业主体由单一生产向加工、流通、消费等产业链延伸，农村一二三产业融合深入推进，吸引了越来越多的城市居民向往乡村特色优质农产品、恬静适宜的田园生活，极大地拓展了农业产业空间，这对提升产销对接的效益和质量具有重要意义。二是农产品大流通构建新格局，对接国内产销平台。随着乡村振兴的快速发展，农产品种植养殖基地逐渐转向远离城市的区域，大量人口向产业聚集区迁移、向城市特别是大城市流动，农产品消费地域日益集中化，加之电子商务、生鲜产地直供等消费新模式层出不穷，“北粮南运”“南菜北运”等农产品跨地域流通成为常态，这种农产品跨地域、大规模、长距离流通为产销对接提供了现实基础和广阔空间。三是国际贸易竞争提出新要求，亟须融入国际产销平台。随着国际分工的不断深化和国际产品比较优势的凸显，国外特色优质农产品大规模进入，国内小农经营的水果、水产品等传统优势产品日渐式微，越来越难以适应现代市场需求。近年来，水果、茶叶等产品出口额增速放缓。在全球化的大环境下，面对发达国家跨国公司的产业布局和强大竞争力，我国农业产业应对全球竞争能力受到严峻考验。这对农产品产销对接提出新的更高要求，也是转型升级的重要机遇。

（二）向世界先进国家学习，借鉴农产品产销对接经验

从世界发达国家和地区的农产品产销对接发展史来看，它们在物流体系、

组织建设、对接机制和政策支持等方面都有很多成熟的系统化经验和做法，值得学习借鉴。一是高效的物流体系。无论从历史变迁还是从国际比较来看，完善的农产品物流体系是产销对接最重要的载体。美国凭借便捷的交通设施和高度机械化、自动化的物流装备，形成了“产地—配送中心—超市与连锁店—消费者”这一庞大而高效的农产品物流体系。二是成熟的中介组织。发达的流通组织是保证农产品产销对接重要的基础。日本的农业合作组织、农业公司以及专业协会，为广大农户提供了大量与农业产前、产中、产后相配套的技术指导、金融、仓储、运输和销售服务。三是灵活的对接机制。农产品面临的是全球化竞争，为增强市场竞争力，各国产销对接模式不断创新，专业化程度不断提高。比如比利时、荷兰在20世纪80年代初就开始进行全国联合拍卖，统一质量标准，实时发布行情和电子交易；荷兰80%的蔬菜、82%的水果和90%的鲜花都通过拍卖市场成交。四是坚定的品牌理念。为增强产业竞争力、扩大产品溢价收益，世界发达国家和地区一直高度重视品牌建设。美国柑橘果实均贴有品牌标签，包含了条形码、原产地、检验批次、商家品牌等信息；日本1979年就开始打造一种或几种具有地方特色的区域公用品牌，以促进农产品销售。

（三）抓品牌和平台建设，推进数字化的产销对接体系

数字乡村建设为农产品产销对接提供了新的发展机遇和广阔的拓展空间，必须抓准重点、统筹推进。一是产销对接体系建设必须立足农业高质量发展，实施品牌培育提升行动。要发挥好市场机制和各级政府的作用，在对接中培育品牌，在品牌培育中开展对接，力争不断提升产销对接贸易中品牌农产品所占比重。以实施农业品牌目录制度为抓手，发布品牌农产品相关信息，以品牌引导产销对接。充分发挥特色农产品优势区的品牌优势，用品牌连接产地与市场。探索搭建开放式品牌营销平台，畅通线下资源与线上需求高效对接的渠道。二是农产品产销对接体系建设必须要立足农产品流通难题，搭建农产品产销对接平台。培育农村经纪人、家庭农场、农民合作社及龙头企业等新型农业经营主体，增强农产品流通的规模组织、信息获取、田头贮藏和产品直销等能力。在农产品主要产区、优势产区或重要流通节点，建设改造一批国家级、区域性的农产品产地批发市场及田头市场，增强农产品储存、保鲜、运输和信息发布能力，形成稳定高效的农产品线下流通渠道。同时举

办丰富多彩的农业展会、产销对接会、农产品推介会等，善用各种媒介，拓宽营销传播渠道。三是立足数字乡村建设，推进产销对接信息化发展。加快推进数字乡村建设与农业产业、市场流通的深度融合，让农产品供求信息更精准、产销渠道更稳定、产品上线更顺畅。加强农产品产销对接数据支持和服务，建立产地市场信息收集、分析和发布制度，为进入市场交易的农户和采购商提供及时、全面、准确的产销信息，为全国性农产品信息服务平台、农产品生产和流通管理部门提供数据支撑。充分发挥电商平台促进产销衔接、缩短流通链条、健全市场机制的作用，实现线上购买与线下流通的无缝衔接。

此外，农产品产销对接体系的完善需要一个过程。一要充分发挥市场机制的导向作用，对产业发展进行调整，不断完善农产品生产、要素投入和产品消费的市场供求关系。二要处理好生产、流通与消费的利益关系，支持产区成立流通型合作社、联合社或产销联合体，推进精深加工、订单农业、竞价采购等，使产销连接更加紧密，形成生产、流通、消费利益共同体。三要提升全产业链竞争力，围绕产销对接，加大品牌塑造、营销包装、会展节庆等方面的开发。

第三节　推进文旅融合发展，提升农民增收能力

农文旅产业融合已成为未来旅游业发展的一大趋势，推进农文旅融合发展有助于加速引导和带动三次产业的增长。近几年，国家层面对推动文化和旅游融合发展作出了一系列新部署，提出了新要求。2018 年 3 月，在十三届全国人大一次会议上，我国宣布新一轮国务院机构改革，组建新的文化和旅游部，作为国务院组成部门，标志着我国文旅融合发展进入新的历史时期。2020 年《中共中央关于制定国民经济和社会发展第十四个五年规划和二〇三五年远景目标的建议》明确提出了“繁荣发展文化事业和文化产业，推动文化和旅游融合发展”，并由新组建成立的文旅管理部门主持编制了《“十四五”文化和旅游发展规划》。规划指出，将推进文化和旅游融合发展作为重点任务之一，提出坚持以文塑旅、以旅彰文，推动文化和旅游深度融合、创新发展，不断巩固优势叠加、双生共赢的良好局面。该规划作为重要指引，不仅是行业发展的风向标，更是各地广泛参与文化强国建设的“任务书”。

一、文旅融合的战略重点

文化和旅游融合发展是以习近平同志为核心的党中央立足党和国家事业全局、把握文化和旅游发展规律作出的战略决策，是贯彻习近平总书记关于文化和旅游工作重要论述的重大实践。2019 年 8 月，国务院办公厅印发的《关于进一步激发文化和旅游消费潜力的意见》，提出了继续推动国有景区门票降价、提高移动支付便捷程度、开发入境旅游产品及特色商品、鼓励把文化消费嵌入各类消费场所、打造特色类文化旅游演艺产品、推动旅游景区提质扩容、大力发展夜间文旅经济、丰富新型文化和旅游消费业态、加大文化和旅游市场监管力度等九项措施，目的是顺应人民群众文化和旅游消费提质转型升级新趋势，深化文化和旅游领域供给侧结构性改革，从供需两端发力，

不断激发文化和旅游消费潜力，促进文化和旅游消费设施更加完善、消费结构更加合理、消费环境更加优化，以高质量文化和旅游供给增强人民群众的获得感、幸福感。

2018 年 10 月，安顺经开区文旅局联动安顺市旅发委、多彩贵州旅游研究院及各镇办和新型社区，结合安顺经开区实际，编制了《安顺经开区全域旅游（旅游扶贫）发展规划（2018—2025 年）》，在发展定位、空间结构和产品布局方面进一步推进全域旅游及旅游扶贫工作。2021 年以来，安顺经开区围绕打造“文化旅游集散新高地”的总体思路，实施旅游产业化“两大提升”“四大行动”，树立产业化思维，积极培育市场主体，增强旅游产品供给，丰富旅游业态，提升服务质量，为乡村文旅融合发展提供了新的实践参考。

二、文旅融合的案例呈现

在文旅融合发展的大背景下，乡村特色文化资源的开发是乡村旅游未来发展的重中之重。挖掘乡村特色文化，既能够提升乡村旅游的品质，也有利于乡村文化资源的保护和传承，更能促进乡村经济社会的可持续发展，加快促进乡村振兴。经开区的文化旅游资源具有鲜明的山地文明特征，文化旅游的整体规模较小，知名度和美誉度不高，产业区域发展不平衡。针对以上实际情况，经开区创造性挖掘特色文化旅游资源，积极推进旅游与红色文化、民族文化、生态、农业产业及大健康深度融合，形成了“三国看歪寨，三线看云马，民国看幺铺，未来看经开”的丰富文旅融合业态，推动了旅游资源向旅游产品的快速转化，全域旅游成为促进全区经济转型、助力脱贫攻坚、美化生态环境的主要因素之一。

（一）“十里荷廊”的农旅观光模式

安顺“十里荷廊”生态农业产业观光园又名“十里荷廊”风景区（以下简称“园区”），位于安顺经开区幺铺镇的南部，东西长约 6.7 千米、南北宽约 0.6 千米，横跨幺铺镇安湖、阿歪寨、羊场 3 个行政村。每逢夏日，“十里荷廊”便会呈现出“荷花香、农民忙、游客欢”的优美景象，让远道而来的游客深切感受到诗人杨万里“接天莲叶无穷碧，映日荷花别样红”的诗情画意。园区因地制宜增设了观光马车、游船、漂流等旅游配套项目，研制开发了莲藕粉、莲藕酒、荷叶茶、莲藕糕等 6 个大类 14 个旅游产品，“幺铺莲藕”

成功获批为国家地理标志农产品，乡村旅游产业链初步形成。2020 年以来，安顺经开区管理委员会及人和园公司对园区投资累计达 1.17 亿元，建成了游客服务中心、农产品深加工厂区、生态停车场、特色小吃街、休闲民宿、生态农庄、旅游观光道 12 千米、木栈道 14 千米、特色景观桥 3 座，发展了网红打卡景点（鱼鳞瀑布、彩虹瀑布）、溜索、休闲漂流、水上乐园、荷塘月色、稻草人、天鹅湖主题乐园等旅游休闲项目；在旅游方面举办了年度丰收节、荷塘月色、稻草人、网红瀑布电音节、走进“100 个美丽乡村”等大型徒步活动。目前，园区已初步形成了“一二三”三产互动，种、养、游立体循环的休闲农业观光效应。

园区以高效农、林业品种及技术为主，开展农业观光生态旅游项目，采取一次性规划、分阶段实施、滚动式发展的方式，按照“项目开发企业 + 种植基地 + 休闲旅游观光 + 农产品深加工”的整体架构，配套建设生态旅游设施、研学基地，围绕种植、旅游、制作等主题，发展以“文化”和“教育”为支点，塑造“农业、旅游、研学”三位一体的文化名片。目前园区已开设农耕文化体验、手工制作、科技加工探讨等特色课程，并设立了“十里荷廊”景区乡村振兴讲习所，进一步拓展了农业多种功能，深入挖掘了乡村多元价值，促进了农村一二三产业融合发展。

（二）“爱国主义传承”的红色文旅融合模式

安顺经开区在旅游业发展中高度重视和持续植入红色文化元素，在深入挖掘红色文化精神内涵的同时，增强红色旅游的生动性、吸引力和感染力。聘请戴明贤、袁本良两位老师分别作了《将军山记》《娄湖公园记》，指导编撰了《石公黄齐生》《将军山纪事》等著作，发掘了以王若飞故居、黄齐生故居陈列馆、戴安澜广场等 6 个红色文化地标连珠成串的崇文尚武的经开区文化传统，并采取“线上学习 + 线下体验”的学习模式，线上开设“微纪录片、红色故事”等专栏，线下发布 1 张“学习教育路线图”，通过站点打卡、知识竞赛、讲红色故事等形式，让游客学党史知识、赏文化美景、品廉洁底蕴。

安顺经开区借助“三线”企业搬迁后遗留下的闲置厂房、住宅等，建设了“乡村振兴研学基地”和特色文创基地。深藏山洞内的军工厂遗址，彰显了历久弥新的伟大“三线建设”精神，让人感受到三线人“航空报国、艰苦奋斗”的澎湃激情、“献了青春献终身，献了终身献子孙”的奉献精神；挺立乡村广场的飞机模型，展示了从历史走来的三线企业在新时代展翅翱翔，也预示着以阿歪寨村为代表的千年乡村，在实现中国梦的伟大征程中阔步前进。

（三）“传统少数民族古村落文化”的文旅融合模式

阿歪寨村是纯布依族聚居的村落，但由于长期文化融合，布依族传统习俗、服饰等文化活动和文化符号已经变得非常淡薄。2019 年，在贵州省住建厅大力关心支持下，阿歪寨村争取到并充分利用国家“美好环境与幸福生活共同缔造”政策，与文化学者和设计专家通力合作，植入文化元素，编制了《歪寨传统村落保护发展规划》，保障了阿歪寨古村落保护建设的布依族文化传承和重塑，规划了文旅深度融合发展。经开区先后投入“共同缔造”政策资金 1000 余万元，围绕“空心化古村落活化、非物质文化保护传承、农村治理体系村级样板”的建设目标打造特色传统村落，发动村民实施村内步道、河道、亭子、荷花塘、机耕道、蔬菜大棚、水利设施等 30 多个项目，完善基础设施，大力实施农村危房改造及改水、改厕、改厨、改圈、改院、改线、改习惯“七改”工程，美化村容村貌。“共同缔造”政策强力支持和村民共谋、共建、共管、共治、共享，实现了阿歪寨村基础设施、人居环境的华丽蜕变。统一城堡外形的村民住宅与村寨周围环境水乳相融的墙面颜色，彰显了该村几千年布依族传统文化特色。经开区还邀请文化专家学者、少数民族艺术家、民族手工艺大师，发动乡贤寨佬，扒开尘封历史，挖掘文化资源，查阅文史资料，采写村史传说，梳理文化脉络，撰写了阿歪寨布依族传统民俗和文化故事，制作了布依族民族服饰，编排了布依舞，筑牢布依族传统文化底蕴。生动的地域文化节目，让更多的游客了解阿歪寨、爱上阿歪寨，特别是在民族节庆中，舞蹈节目、篝火晚会等活动让广大群众团结一致，凝聚思想共识，增强发展信心，平均每天吸引 1000 余名游客前来观光游览，周末游客达 5000 余名，节假日游客爆满。

（四）“历史古迹 IP 再现”的文旅融合模式

阿歪寨村是三国藤甲兵战败溃逃后的栖居之地，中国人民革命军事博物馆留存有一套藤盔甲，但阿歪寨村的许多三国藤甲故事，在老百姓中渐渐不再流传。经开区邀请著名艺术家、“守廿年、造一园”的“夜郎谷”谷主宋培伦老师和少数民族艺术家、民族手工艺大师，长期驻守阿歪寨村指导建设“藤甲谷”，复活三国藤甲历史。通过撰写三国藤甲文化故事，编排藤甲舞，发动藤甲文化传承人制作藤甲，创作藤甲艺术摆件，教学藤甲胄编织技艺，打造了藤甲文化特色，激活了非物质文化遗产历史、艺术价值，重塑了地域文明和文化生态。经开区依托藤甲文化底蕴，规划了占地100余亩的“藤甲谷”景区，设计复活“藤甲兵”，指导建设了彰显三国历史文化的藤甲谷景区，打造“中国藤甲之乡”特色文化品牌。藤甲谷一期由150余座神采各异的藤甲兵及20座神秘的夜郎古国雕塑构成，诠释了藤甲兵骁勇善战、重情重义、崇德向善、各族共荣的精神风貌。这里是休闲旅游度假的好去处，是新的网红打卡点，游客们在这里可以体验阿歪寨村深厚的历史文化和独特的民俗风情。

（五）“一个人的安顺”乡愁文化园文旅融合模式

诗和远方在一起，折射出人民群众对美好生活的向往和期待。从浅层的观光到深度的文化体验，从简单看风景到感受历史的笔触，人们更高的精神需求将会在这里得到满足。习近平总书记在党的十九大报告中强调，要永远把人民对美好生活的向往作为奋斗目标。“一个人的安顺”乡愁文化园位于安顺经开区万象城景区，占地30亩，建筑面积近3万平方米，起源于安顺作家戴明贤先生的回忆散文集《一个人的安顺》，书中描绘了安顺近代街区人文气息，赋予了园区丰富的精神内涵。通过打造一些安顺经典建筑，用建筑元素呈现独特乡愁文化，并浓缩重现民国安顺历史风貌，传承素有“贵阳的穿着，安顺的吃喝”的佳味美食，品味“舌尖安顺”的浓郁乡愁。通过发掘安顺传统美食，融合现代潮流元素，打造“文化+美食”网红打卡点，该园区已成为安顺教育实践基地和新的文化地标，巧妙地将文化餐饮与旅游经济无缝衔接，实现了文化振兴带动经济发展。该项目由安顺开发区虹阳集团扶贫开发有限公司和安顺知名餐饮企业安顺市百年喜宴有限公司合作投资运营，也是经开区工管委调动民营企业参与筹办旅发会、实现办会和经济发展有机结合的重要举措。

三、文旅融合的实践策略

乡村特色文化资源的开发是乡村旅游未来发展的重中之重。挖掘乡村文化，既能够提升乡村旅游的品质，也有利于乡村文化资源的保护和传承。实现乡村旅游进一步发展，就要充分挖掘其文化资源，加强乡村旅游产品的文化内涵和文化体验性，让旅游消费者充分感受特色村落文化的同时，促进乡村旅游的可持续发展，推动实现乡村振兴。文旅融合发展，提升了乡村旅游的核心竞争力，既满足了农民就近就业创业的迫切需求，又能推动农村一二三产业快速融合发展，推进乡村振兴战略的进一步实施，实现村庄经济向前发展。2018 年以来，安顺经开区紧紧围绕“旅游 + 文化”“旅游 + 大数据”“旅游 + 康养”等，以“宜居乡村治理”为抓手，推进“旅游 + 多产业”融合发展；重点围绕少数民族文化和藤甲文化，推进牛蹄关“文旅 + 康养”项目开发建设，将歪寨、牛蹄、“十里荷廊”连片打造成乡村旅游集成示范带；强势推进幺铺片区整体项目、娄湖生态湿地公园项目、“一个人的安顺”文化美食城项目、客运西站游客集散中心项目、豪生酒店温泉项目等；同时，积极申报乡村旅游重点村、重点乡镇，着力推进乡村旅游，助力全域旅游示范市建设。黄果树三碗粉、天赐贵宝金刺梨汁、高原颂牛肉、洪福远蜡染、聚福八宝成功获批安顺十佳旅游商品，阿歪寨村、神骏文旅小镇、兴伟奇石馆被纳入十佳旅游线路景点；万象旅游城成功申报省级夜间文旅消费聚集区和夜间美食聚集区，黄果树三碗粉荣获 2021 年中国特色旅游商品大赛银奖。经开区还荣获了“贵州十佳网红避暑胜地”称号。2021 年，经开区接待游客 1455 万人次，同比增长 7.6%；旅游收入 150.8 亿元，同比增长 5.8%。

（一）开发保护——“存活”传统村落文化资源

一是深度挖掘村落文化特色，提升旅游产品文化附加值。“看得见山，望得见水，记得住乡愁”的诗画意境是人们对美丽乡村最深的印记和向往。在文旅融合的背景下，关注旅游消费者的文化需求是提升乡村旅游核心竞争力的重要举措，深度挖掘地方文化特色，使其与乡村旅游资源深度融合，打造乡村文化旅游新形式，赋予乡村旅游产品文化生命力。对于村落文化，在深度挖掘的基础上，要以保护性开发为主，将传统的耕读文化、特色村落文化、民俗习惯、娱乐技艺、特色建筑等融入乡村旅游产品与服务中，形成乡村旅游的特色文化产品体系。例如，打造民俗特色景观、地方性娱乐项目表演等。阿歪寨村深挖历史文化内涵，依托布依族传统民居建筑群、独特的藤甲兵文化、络绎山古营盘遗址的历史文化底蕴，积极发展民族特色乡村旅游，获得了“第四批中国传统村落”、“美好环境与幸福生活共同缔造”试点村、贵州省“十百千”乡村振兴示范工程1000个示范村、贵州省11个传统示范村落之一及省市两级“乡村旅游重点村”、“乡村振兴研学基地”等殊荣。2020年10月，阿歪寨村成功入评第五批贵州省少数民族特色村寨。二是精准把握需求，调动村民参与构建乡村文化记忆承载空间。寻找乡村文化是激发乡村文旅产业发展的原始动力，旅游者融入旅游目的地的直接动机是对乡村文化的认同和追寻。在构建乡村文化记忆承载空间的过程中，要充分调动村民的积极性，培养村民的文化自觉意识，将村民培养成村落文化历史的叙述者、记录者、传承者，将乡村文化融入乡村生活的方方面面，使其真正成为村民生活的一部分。通过与耕读文化、地方民宿等之间的互动，让村民完全参与乡村文化记忆构建的过程，从而完成对乡村文化形态的重塑，加强“活态”保护，保留原真文化。

（二）再造升级——“盘活”民族村落文化产品

用艺术化、创意化、体验化等方式对村落特色文化进行文化活化，提升乡村文化深度。一是创新文化呈现形式。当前，乡村文化的呈现形式集中于文字、图片、文化景观、人物表演等，形式较为传统、缺乏视觉冲击力。在创新性开发乡村文化的过程中，可将现代数字技术融合应用于乡村文化的展示中，以数字化视觉影像来展现乡村文化内涵，实现乡村文化元素向形式多样、色彩丰富的视觉影像转化，提升乡村文化的视觉效果，更好地调动旅游消费者的感官，加深其对乡村文化内涵的感悟，提升乡村文化展示的深度。幺铺镇将羊场村和阿歪寨村进行连片的产业规划，引入社会资本参与，依托“十里荷廊”发展乡村旅游，在阿歪寨村连片“十里荷廊”种植玫瑰花1500余亩，整合原“131”老厂房，打造阿歪寨食品生产基地和“三线”文化创意产业园，抓实产业发展。目前，食品生产基地已投入生产，单个产品日产量达2万个。二是创新文化演艺形式。通过创新文化演艺形式，利用技术还原、设计模拟虚拟的环境，最大限度还原文化情境，结合传统的文化演艺形式，为旅游消费者展现虚实结合的文化演艺形态，实现文化情境再现，增强实时感观，在沉浸到虚拟环境的同时完成人物演绎互动，实现观看者与文化的交流，增强旅游消费者对乡村文化的互动式、沉浸式、参与式体验。三是打造具有文化内涵的旅游文创产品。旅游文创产品的开发离不开深厚的文化内涵，乡村各具特色的村落文化为旅游文创产品的开发提供了背景和文化素材。在开发和设计的过程中，应仔细调查国内外旅游商品市场行情及发展趋势，充分了解旅游消费者的心理需求，在深入挖掘村落文化的基础上，以地方特色为依托，利用文创产品的艺术性再现村落发展的历史。在开发旅游文创产品的过程中，还应契合审美创新，符合现代审美需求，避免同质化的文创产品。

（三）统筹管理——“营活”传统村落文化整体

一是资本筹集，对准靶心，实现精准发展。引入政府扶持资金，与社会资本（文化旅游投资开发公司）注资相结合，按照“政府主导，平台公司运营，社会力量入股，村民参与”的产业发展模式，采取“入股合作、村企共建”方式，推进建管结合。同时，在进行村庄建设规划时，提前着手推进市场化、专业化运营，主动对接职能部门，列出村庄发展的负面清单，让项目建设保持低风险、可控制，并不断培育村集体企业管理队伍，经营投入小、回本快的项目，持续推动项目造血式发展，壮大村集体经济，为后续发展奠定基础。安顺经开区引进文旅企业运营景区，通过“夜郎谷”文化旅游公司、贵州金灿公司等旅游专业团队整体运作，撬动社会资本约1500万元，投资建设和运营藤甲谷景区，累计接待游客达10万余人次。二是打造模板，实现示范化经营。优先选择基础较好的村庄进行重点打造，通过乡村闲置土地与房产的合理化流转，实现化零为整、整体改造，使其成为具有带动和示范效应的标杆，发挥引领作用，为周边村庄的发展提供经验。安顺经开区引入文旅企业运营民宿，动员社会资本投入、引进文旅公司运营，大力发展“一院一品”布依族风情精品民宿。11名爱好文化的企业家主动认筹废弃老旧民居29栋，共出资900万元，将其改造成精品布依民宿29栋121间，每年为村级集体经济带来10万元以上的收入。旅游旺季游客入住爆满，淡季入住率60%以上。

四、文旅融合的总结反思

根据世界旅游与中国社会科学院旅游研究中心在线发布的《世界旅游经济趋势报告（2022）》，2022年国际旅游市场更重视本地旅游和社区旅游场景打造。随着城市的发展和旅游需求的升级，传统的城市旅游正逐步向新城市旅游过渡。发展新城市旅游的关键是打造社区旅游场景，即通过设立社区旅游基金、增强“政府—企业—居民”三方平等合作等措施，打造社区旅游场景，使旅游者获得“像当地人一样生活”的体验。同时，社区旅游场景的打造不仅服务于外来旅游者，更服务于城市社区居民，鼓励本地社区居民探索城市，增强其认同感、归属感和自豪感。乡村社区作为文化旅游的重要载体之一，显示出强大的生命力和发展潜力，被越来越多的国家关注。在我国，通过文旅融合，大力发展乡村文化旅游业，能够带动乡村消费和经济增长，拓宽农民增收渠道，促进农民致富增收，有力推进产业与旅游共兴。当前，我国各地文化和旅游融合发展的积极性较高，但存在“炒概念”“赶时髦”等盲目发展的问题，缺少正确的发展理念以及相对清晰的发展思路和策略，其原因在于缺乏对文化和旅游发展规律的准确把握，或是故步自封不愿融合，或是草率决议盲目融合。我们既要看到文旅融合的天然耦合性，又应当尊重文化产业和旅游产业各自的发展规律，坚持做到“有所融，有所不融”。正如文化和旅游部时任部长雒树刚在文化和旅游工作座谈会中所提出的，文旅融合要做到“宜融则融、能融尽融、以文促旅、以旅彰文”。

（一）文旅融合必须坚持民本思想

党的十九大报告提出，“满足人民过上美好生活的新期待，必须提供丰富的精神食粮”。丰富健康的文化生活是衡量人们生活质量的重要指标；旅游是人们生活水平提高的一个重要指标，旅游业是提高人民生活水平的重要产业。同时，乡村文旅融合必须尊重当地的文化习俗，不能硬融，更不能乱融，脱离人民根本利益的形象工程都是海市蜃楼。阿歪寨村正是以“为群众谋幸福”为出发点，调动广大村民共谋、共建、共治、共享，才能实现“共同缔造”空心化古村落的美丽蝶变。

（二）文旅融合关键在培育市场主体

要以旅游出行类、住宿类、餐饮类、游览类、购物类、娱乐类、综合服务类等为重点，找准龙头企业“建链”，聚焦现有产业“补链”的关键环节，瞄准传统产业转型升级的“强链”要素，加快形成“大企业顶天立地、小企业铺天盖地”的发展格局。安顺经开区充分发挥龙头带动作用，持续在抓好项目建设、招商引资、宣传推介等方面发力，把优强企业和项目引进来，把特色资源、特色产品推介出去。依托011科创谷打造，引进了贵州优优有声文化发展有限公司、安顺三六九科创有限公司等多家文旅公司入驻。引进中海盛源农业科技（贵州）（集团）有限公司与贵州中隆盛达置业有限公司，打造神骏生态文旅小镇“旅游+康养”综合园区，积极开拓市场，开展规模以上文创企业和旅行社培育，实现安顺市规上旅行社入库“零突破”。

（三）文旅融合要强化市场导向

文旅融合归根结底是要实现产业落地，因此必须遵循市场规律。一要考虑市场的承载能力，不能贪大求全。地方交通、酒店、餐饮、金融等综合服务保障是文旅融合的重要支撑，在一个“吃、住、行、游、购、娱”六要素不齐全的地方投资大型文旅项目无异于“蚂蚁吞大象”。二要考虑市场消费能力。从乡村文旅的消费数据来看，文化体验占比超过50%，乡村文旅的形式将从简单的采摘、农家乐、单业态民宿等低质低价游产品，升级为科技农业体验、文化研学、民宿集群、田园露营地等品质游产品，更加注重休闲中的交互体验与社交属性。三要考虑全天候的运营能力。季节性的或者短期的文旅项目容易产生人流断档、资金链断线的风险。

（四）文旅融合要坚持创新引领

乡村文旅融合主要是乡村美好生活方式的新供给，打造“小而美”的花园式村落和体验式业态集群，在乡村片区形成“留得住”的沉浸式美好生活体验区，一方面通过机制创新，依托文旅的发展带动集体经济壮大，发挥农民的主体作用；另一方面通过业态导入、技能培训、社区营造，不断提升农民的人文素养和技能水平，真正让乡村文旅带动当地老百姓走上致富道路，让城市游客在乡野实现田园梦。安顺文化底蕴丰富，拥有屯堡文化、穿洞文化、夜郎文化等独特的历史文化遗存，乡村旅游资源丰富。2018年以来，安顺市创新开展的“走进一百个美丽乡村”、寻味乡愁等大型“旅游+”融合项目，有助于宣传安顺美丽乡村，带动全民健身，推动全域旅游发展，助力脱贫攻坚，同时凸显社会效益与经济效益，引起了国内媒体的广泛关注。坚持创新引领，深入挖掘各类融合要素，特别是文化元素，创新打造高人气旅游产品，提升城市文化软实力，是推动安顺全域旅游高质量发展的关键。

（五）文旅融合要加大宣传营销

当今社会，是“酒香也怕巷子深”，没有好的宣传渠道和手段，再好的产品也会无人问津，旅游更是如此。随着以短视频为代表的新媒体的迅猛发展，旅游的宣传推广营销有了新的路径。近年来，安顺经开区打造的“十里荷廊”、阿歪寨“藤甲谷”等旅游基地，不仅丰富了游客体验，而且增强了全市乡村旅游品牌影响力，取得了不错的效果。要充分利用好旅游社交平台、短视频新兴传播载体，增强与目标受众的互动交流，不断创新传播方式，增强旅游产品的影响力和知名度，打造更多网络“爆款”。

站在新的历史起点上，安顺经开区将继续贯彻全域旅游全景式打造、全季节体验、全产业发展、全社会参与、全方位服务、全区域管理、全天候经营“七全理念”，继续大力推进“旅游 +”深度融合，充分整合和调动各类旅游资源，全面提升旅游业管理和服务质量，推动安顺全域旅游高质量发展。

第四节　优化利益联结机制，增强农业增收后劲

在农业产业化经营过程中，利益联结机制是影响产业化经营能否成功的关键因素。在实践中，建立利益联结机制一直是政府、企业、市场、农民等多方博弈的焦点——如何保障多方利益，使其共同和谐发展。安顺经开区通过引进有实力的经营者并将之发展成为新型农业经营主体，构建“新型农业经营主体＋村集体＋农户”三位一体的利益联结机制；创新“基地带园区、公司带农民、合作社带成员、协会员”的发展模式，按照建档立卡贫困户优先安排的原则，实行统一经营、统一管理、统一分红；选准选优发展项目，推进土地入股、土地流转、土地托管、联耕联种等多种经营方式，鼓励和支持农民以劳动力、资产、资金、技术等生产要素入股新型农业经营主体；对会员按股金分红，合作社与会员之间结成风险共担、利益共享的共同体；实现建档立卡贫困户100%享受合作社收益，调动农民、大户、集体的积极性，增强集体经济发展活力和实力，让更多农民增收。

一、关于利益联结机制的构建机理

推进乡村振兴，重在促进农民共同富裕，而完善利益联结机制，推动“资源变资产、资金变股金、农民变股东”，可以解决土地分散、资金零星、房屋空置等问题，可以盘活资源要素，激发内生动力，做大农民共同富裕的“蛋糕”。在市场经济条件下，一切市场主体包括农户的经济活动都是以利益最大化为目的，只有存在共同的利益并使总体和个体的利益最大化，农业产业化的不同产业组织之间才有联结的可能。参与农业产业化的各个实体必须形成一个利益共享、风险共担的紧密的利益共同体。2020 年 4 月 20 日至 23 日，习近平总书记在陕西考察时强调，发展扶贫产业，重在群众受益，难在持续稳定。要延伸产业链条，提高抗风险能力，建立更加稳定的利益联结机

制，确保贫困群众持续稳定增收。2022 年 4 月 1 日，习近平总书记的文章《坚持把解决好“三农”问题作为全党工作重中之重，举全党全社会之力推动乡村振兴》指出，要完善利益联结机制，通过“资源变资产、资金变股金、农民变股东”，尽可能让农民参与进来。要形成企业和农户产业链上优势互补、分工合作的格局，农户能干的尽量让农户干，企业干自己擅长的事，让农民更多分享产业增值收益。安顺经开区农村地区传统小农经济观念深厚，农业产业化基础薄弱，内生发展原动力不足，这成为农村社会脱贫致富的“拦路虎”。一是受体制机制限制（开发区不属于建制县），安顺经开区在盘活沉睡资源发展产业上资金来源单一，目前仍依靠财政资金撬动，加之农业设施历史欠账多，产业基础薄弱，带动能力有限，产业在后续发展上存在一定困难。二是产业化覆盖不足，分散的小农经济仍然是农村土地主要生产方式，加之大量年轻劳动力外出打工，留守的大部分村民因循守旧，不愿、不敢接受农村改革发展新模式，土地入股、流转难度大，难以形成标准化、规模化发展产业的局面。三是贫困人口中普遍存在等、靠、要的思想，主动发展意识不强，在就业脱贫和产业脱贫方面不积极、不主动，甚至还存在争当贫困户的情况。针对以上情况，安顺经开区以农业产业“八要素”“五步工作法”“五个到村到户到人”等为指导，以食用菌、莲藕和乡村旅游等为主导产业，启动 13 个村进行“三权”促“三变”改革试点，逐步动员农户以土地、资金等入股种植企业、入股合作社，通过土地流转、务工、直接参与种植等，保底分红，带动全区农户实现增收，各村构建并不断优化利益联结机制，确保了集体经济收入的村民收益和贫困户扶助。

二、关于利益联结机制的经开实践

2018 年 9 月，中共中央、国务院印发的《乡村振兴战略规划（2018—2022 年）》提出：始终坚持把农民更多分享增值收益作为基本出发点，着力增强农民参与融合能力，创新收益分享模式，健全联农带农有效激励机制，让农民更多分享产业融合发展的增值收益。对此，提出的创新收益分享模式包括：加快推广“订单收购 + 分红”“土地流转 + 优先雇用 + 社会保障”“农民入股 + 保底收益 + 按股分红”等多种利益联结方式，让农户分享加工、销售环节收益。鼓励行业协会或龙头企业与合作社、家庭农场、普通农户等组织共同营销，开展农产品销售推介和品牌运作，让农户更多分享产业链增值收益。鼓励农业产业化龙头企业通过设立风险资金、为农户提供信贷担保、领办或参办农民合作组织等多种形式，与农民建立稳定的订单和契约关系。完善涉农股份合作制企业利润分配机制，明确资本参与利润分配比例上限。在此顶层设计的指导下，安顺经开区学习推广塘约村、大坝村等“村社合一”成功经验，整合基层党组织和特色产业优势，以“党社联建、交叉任职、选准产业、培训农民、人才支撑、产销对接、利益联结、要素保障、组织群众、健全机制”十条措施推动“村社合一”发展，将全区54个涉农村（居）全部纳入“村社合一”建设，完善利益联结机制。这些探索，既创新了利益分配机制和利润评估机制，也让农村沉睡的资产活起来、分散的资金聚起来、增收的渠道多起来，村级集体经济有所壮大，加快了群众增收致富的步伐，为脱贫攻坚打下了坚实基础。

（一）“党支部+龙头企业+合作社+农户”订单收购模式

安顺经开区发展食用菌产业采取“党支部+龙头企业+合作社+农户”模式，从合作社小规模低水平生产发展到龙头企业规模化带动，从一个村实现带动整个区并辐射周边县区。这其中政府推动是动力，国资主导是关键，村社一体是纽带，市场运作是基础。经开区发展食用菌产业，起源于一个种植大户联合几户农户成立的聚福菌农民专业合作社。当时生产的食用菌在本地市场销售很好，外省市场也有大量需求。但局限于资金和大规模生产、销售能力不足，产业潜力没有得到有效发挥。经过充分调研和征求群众意见，区工管委决定将食用菌作为主导产业发展。一是按照“品种集中、规模发展、打造优势、富民强乡”的思路，编制完成《食用菌产业发展规划》，制定了发展目标、推进路径和进度表。二是以“三权”促“三变”改革为抓手，盘活农村沉睡土地资源，为做大食用菌产业规模奠定基础。三是财政支持村级发展食用菌产业，出台了《财政资金撬动村级集体经济发展试点工作方案》，通过平台公司整合资金1300万元，同时整合涉农项目资金300万元，壮大村集体经济。四是按照村社“一体思路”，推动在各村组建农民合作社，优化利益链接，为调动村民发展食用菌生产构建了村级组织基础。

食用菌合作社在发展初期是资源分散的小规模生产，达不到经销商批量采购要求，仅限于本地销售，限制了产业升级和发展。农业产业化发展需要有龙头企业带动，但当时的食用菌合作社难以承担起龙头公司的带动作用。

与此同时，没有充足的民营资本进行投入。在此情况下，开发区大胆尝试，决定由国有坤达公司投资2500余万元，和村级农业合作社合作，成立国有控股的贵州聚福菌农业发展有限公司并作为食用菌产业龙头公司，发挥带动作用。聚福菌公司通过生产和销售菌棒、提供技术服务以及对农户生产的香菇保底收购，解决了食用菌的销售和技术难题，有效带动了全市和周边县区发展食用菌产业，规模化生产迎来了批量采购订单，食用菌产业发展实现了分散的小农生产与大市场的有效对接。

组建龙头公司，解决菌棒生产、食用菌销售等问题后，在动员农户种植香菇上却出现了难题。许多农户看到了种植的利润，但更愿意选择到菌棒生产基地和食用菌生产大棚务工而不是投资种植。受文化教育水平、固有思维方式以及长期分散生产惯性等因素的影响，把农户动员组织起来形成规模生产能力难度很大。在此情况下，开发区按照“村社一体”模式，鼓励各村组建食用菌生产合作社，优化村民、集体和贫困户利益联结机制，有效调动了农户开展香菇种植的积极性。聚福菌公司采取“党支部+龙头企业+合作社+农户”的模式，坚持党建引领，短短3年时间，公司扩展种植基地至613亩，种植大棚扩展至1000余个，年产菌棒能力达6000万棒，主要以香菇、红托竹荪、大球盖菇为主。2019年食用菌产业出菇15000吨，集中销往长沙、南京、广州等市场，产值达7200万元，带动347户1000余名贫困户增收，助力全市脱贫攻坚。借助东西部交流合作平台，安顺66家农特优产品顺利进入青岛5个大超市的销售专柜和1个扶贫协作产品展示店。截至目前，通过“安货入青”，销售300余种300余吨产品，销售额突破2500万元，惠及全市260余名贫困人员。实践证明，强大的基层组织是将农村农民组织起来的必要力量；村社一体的农民合作社，是集聚农户分散生产、形成规模生产能力的有效经济组织。

此外，贵州立融农业科技发展有限公司与经开区宋旗镇聚宇鑫、隆鑫、坪鑫等农民专业合作社及幺铺镇王家会等农户签订立融花椒长期种植协议，提供花椒种植技术服务，并按合同规定收购农户种植的花椒。引进贵州天赐贵宝食品有限公司，以经开区幺铺镇杨家桥村、石板村、上头铺村沿线高压走廊下荒地、坡地为示范种植带动点，拟种植3000亩金刺梨产业示范点，目前已完成整地工作，正在开展苗木种植。第五年进入盛产期后力争每亩产量达1500斤，产值0.75万元。这样的做法，让农户种植的产品不愁销路，调动了农户种植的积极性，促进了农户增收。

（二）“党支部＋企业＋基地＋合作社＋农户”农业产业园模式

安顺经开区阿歪寨村、“十里荷廊”一带，曾因“水淹羊场坝、淹上不淹下”而闻名，雨季洪水成灾，“水淹地”年亩产不足千元，村民生活困苦。阿歪寨村更是宗族势力泛滥，是安顺市有名的“问题村”。2017年以来，安顺经开区不断深化农村改革，创新了党领导的乡村振兴工作机制，改善了村级治理，优化了经济运行，实现了产业兴旺，促进了生态宜居、乡风文明和共同富裕。在经开区相关领导的指导下，“十里荷廊”农业产业园区充分借鉴“塘约经验”，深化“三变”改革，采取“党支部＋企业＋基地＋合作社＋农户”模式，借助莲藕种值这一劳动密集型产业在生产过程中能够提供大量工作岗位的优势，以村集体土地入股的形式，在安顺开发区人和园农业发展有限公司的带动下，村“两委”组织富余劳动力参与莲藕种植、开办餐馆和民宿、经营小吃摊等，带动了315户农户就业，促进每户年增收2万余元。园区以高效农、林业品种及技术为主，开展农业观光生态旅游项目，采取一次性规划、分阶段实施、滚动式发展的方式，按照“项目开发企业＋种植基地＋休闲旅游观光＋农产品深加工”的整体架构，配套建设生态旅游设施、研学基地，围绕种植、旅游、制作等主题，发展以“文化”和“教育”为支点，塑造“农业、旅游、研学”三位一体的文化名片。目前园区已开设农耕文化体验、手工制作、科技加工探讨等特色课程，并设立了“十里荷廊”景区乡村振兴讲习所，进一步拓展了农业多种功能，深入挖掘了乡村多元价值，促进了农村一二三产业融合发展。

“十里荷廊”建成省级农业示范园区，获评贵州美丽乡村推荐旅游目的地，莲藕获地理标志认证；以此为中心和带动，经开区成功打造了面积10余平方千米，涵盖羊场、磊跨、安湖3个行政村，辐射南山、颜旗2个行政村的乡村振兴集成示范带，荷叶十里田田、文化特色鲜明，无人问津的水淹坝，游人如织魔幻式发生，旅游产业井喷式增长；蔬菜瓜果飘香、藤甲制品丰富，贫穷落后的山旮旯，产业体系跨越式发展，村民就业多元化推进，纯收入从2017年平均不足4000元增加至2020年的近15000元。

（三）“党支部＋合作社＋农户”股份制模式

依托农民专业合作社辐射带动，安顺经开区以“三变”改革为契机，采取多种方式进一步放活土地经营权，引导土地经营权向新型农业经营主体集中，不断调整创新农业产业结构模式。同时，实施“新型农业经营主体培育行动”，培育农业发展型服务组织。到2019年底，实现村村有集体公司或有农业专业合作社，村级集体经济收入达20万元以上。创办了以村集体为投资人的公司59个，以村公司、贫困户为成员的农民专业合作社54个。由村“两委”以集体资金入股，村民以土地、劳动力、闲散资金等要素入股到村级合作社，将党组织的政治优势、组织优势和人力资源优势与合作社在技术、市场、资金等方面的优势有机结合起来，实现党建与脱贫攻坚有效融合。宋旗镇和兴村不仅通过“村社合一”助推扶贫产业发展，还积极利用区位优势，吸引企业入驻村里办企业，有效解决了村里闲散劳动力就业难的问题。

（四）“电商+企业+农户”电商模式

2015年，安顺市提出以“1+2+10+N”物理平台建设为方向发展电子商务，黄果树（川渝）电商产业园作为市级电商产业园，是全市重点打造的物流聚集电商基地。近年来，全国电子商务发展不断出现新变化，开发区根据新形势对园区制定了新的规划，即以物流聚集为核心，大力发展城市服务电商、旅游电商，并完善农产品供应链（上行）体系建设。截至目前，园区共有城市服务电商企业3家、物流企业12家、旅游电商企业2家、农产品生产加工企业3家、电商企业16家。以代运营与孵化相结合的方式，依托京东、天猫等知名平台对引领性企业产品进行线上推广销售，针对产品种类多及符合网络店铺开设条件的企业，安排运营团队为它们开设企业品牌直营网店；针对产品种类较少及不符合网络店铺开设条件的企业，运营团队与其签订网络代理销售协议，依托京东·安顺馆及省内外知名平台为企业优质产品打通网销渠道，通过灵活多变的合作方式，促进传统企业健康发展。

三、关于利益联结机制的实践效能

在农业产业化经营过程中，利益联结机制是影响产业化经营能否成功的关键因素。在实践中，建立利益联结机制一直是政府、企业、市场、农民等多方博弈的焦点。在农业产业化发展中形成良好的利益联结机制，是安顺经开区推进农业现代化的有力保证，而自愿、平等、互利又是建立利益联结机制的核心。紧密的利益联结机制使农户摆脱了以往坐等农村经纪人上门收购、产品低附加值、售价波动明显、收益较低且不稳定的被动局面，极大地推动了先进种苗、设备、技术、工艺等要素在农业领域的应用，促进了当地农业产业的快速发展，有效提升了农产品的数量和质量。

（一）生产要素实现有效集聚

“村社一体”的食用菌合作社，通过确立农户和集体的股权分配和收益分配机制，不断优化利益联结机制，强化经济激励和内部管理，有效调动了广大村民种植食用菌的积极性，有力推动了贫困户脱贫、村民致富。安顺经开区食用菌产业发展的实践证明，在没有充足民营资本投入的情况下，“公司+合作社+农户”的聚福菌模式通过政府推动、国资主导、村社集聚、市场运作，从农业产业发展的角度，提供了一个集聚农村生产要素，使分散的小农生产经营与大市场有效对接，实现农业发展“接二连三”的有效方案。

（二）合股联营内涵外延得以丰富

安顺经开区以“三变”改革和农业产业结构调整为抓手，将集体资产、资源等入股新型经营主体，并整合中央财政专项扶贫资金、“特惠贷”资金和相关涉农资金等入股新型经营主体参与经营，构建了“风险共担、利益均沾”的利益共同体；大力推广“塘约经验”，加快推进“公司+合作社+贫困户”“合作社+基地+贫困户”等新型组织模式，加快农业产业发展方式转变，推动了现代山地高效农业发展，确保全区所有贫困村建有合作社，所有贫困户全部纳入合作社，并建立健全利益联结机制。目前已探索实施“学生就餐食材助推脱贫”工程，盘活了全区农产品流通，助推产业结构调整，解决了产业扶贫、产供销等问题，尤其是依托青岛西海岸新区扶贫协作平台，成功将香菇、金刺梨饮料、牛肉干、莲藕等农产品打入青岛市场，为黔货出山开启了又一扇大门。

（三）脱贫得以实现

安顺经开区始终把产业和就业作为打好脱贫攻坚战的重中之重，以就业为导向，以产业为支撑，通过产业发展和转移就业“双轮驱动”，围绕组团推进、联盟保障、四个统一、集团供应、利益联结等重点，大力实施产业扶贫计划，采取车间进村居、一村七岗、外出务工等措施，大力实施就业脱贫计划，因地制宜、因户施策落实产业就业两大保障，增强了贫困户造血功能，实现了持续增收、稳定脱贫。

（四）新型农业经营主体井喷发展

全区共有农产品加工企业20家，2020年全区规模以上企业完成产值33.4亿元；全区共有国家级农业产业化重点龙头企业2家，省级农业产业化重点龙头企业8家，市级农业产业化重点龙头企业18家；全区“村社合一”合作社54家，省级农民合作社12家，市级农民专业合作社15家。调查的农民专业合作社中，主要涉及产业有食用菌、林业、种植业、畜牧业、服务业等。合作社采取“党支部＋农户＋合作社”“党支部＋龙头企业＋合作社＋农户”等运营模式，有效促进农户增收。

四、关于利益联结机制的探索反思

寻求最大公约数是建立利益联结机制的关键。企业需要稳定的原料供给，农户需要稳定的产品销路，这是双方建立利益联结机制的客观基础。实践表明，利益联结机制因农业的发展阶段以及具体产业的不同呈现多样化、随意性以及不规范、不稳定的状态，利益分配机制是否科学、合理，主要体现在农产品生产、加工流通环节利润的分享以及国家对农产品基地的扶持三个环节上。这三个环节所采取的政策措施，决定着农业产业化经营中的利益分配关系和农民的地位。对现有利益联结机制进行优化完善，是实现农业产业发展、农民增收的重要保障。

（一）构建自愿、平等、互利、规范的多方主体关系是核心

龙头企业和农户之间的利益联结方式因组织形式和产业的特点而不同，要允许企业和农户利益联结方式多样化。无论哪种利益联结方式，都要坚持农民和涉农企业在自愿、平等、互利的前提下，形成比较稳定的产品购销关系和利益共同体。安顺经开区在开展“村社合一”工作初期，曾对这个问题的认识存在一些偏差，刻意追求利益联结方式的理想化，强调是不是合作社的方式，是不是对农民搞二次分配。但是，龙头企业首先就是要追求利润最大化，只有赚钱才能生存，才谈得上给农民二次分配。所以，在利益连接方式上要从实际出发，主要体现自愿、平等、互利，这是最核心的。安顺经开

区的实践证明，参与农业产业化经营的各个实体之间的利益关系既有外部的关系，也有内部的关系。外部关系一般可用契约、合同等办法规范，内部关系一般用股份制的办法实现，把利益分配机制建设纳入规范化、制度化的轨道是利益联结机制具有可持续性的保障。在“村社合一”试点阶段，多方主体的利益联结机制建设十分薄弱，对利益主体缺乏有效的激励约束，主要表现在：龙头企业与农户不能充分协商，往往是龙头企业的意见起主导作用，农民被动接受；内容、项目不完善，条款设置不合理，分配办法不健全；多数为口头协议，没有形成合同、契约类的法律文书，因此无法得到制度与法律的有效保护。为解决这些问题，在政府的主导下，各主体在涉农项目开始前，确定具体项目的规划、利益分配机制的内容、不同利益主体的权利、义务、责任和利益；在确定利益分配机制过程中，一定要发扬民主精神，充分协调讨论，龙头企业要认真听取农民的意见，经双方讨论同意后，在自愿、平等、互利的前提下，签订合同，形成法律文书，并由公证部门公证；在确定利益分配机制后，各利益主体都要增强履约意识，严格按合同办事，对违约的要进行处罚，维护合同的严肃性，保护利益主体的正当权益，经过事前规划、事中协商、事后奖惩，较好地协调了内部的利益关系。因此，协调处理参与农业产业化经营实体内外部利益关系，是各涉农主体和农户之间博弈的过程，甚至涉及产权改革、所有制实现形式改革等较深层次的问题，只有把这些问题解决好，农业产业化的多方利益联结机制才能稳定。

（二）“村社合一”的生产经营模式是纽带

虽然农村专业合作社建起来了，但是不少农民“社员”意识、“合作”意识还不强，组织化程度实际上还不高，脱贫攻坚中的帮扶式“输血”拉动还未有效切换为乡村振兴中的组织化“造血”带动，特别是在融资支持、技术服务、配套设施等要素保障的组织化程度上仍有较大提升空间。从世界农业发展史来看，没有农业农民的组织化，就没有产业发展的规模化，也没有利益联结的紧密化。安顺经开区通过“龙头企业＋合作社＋农户”“龙头企业＋基地＋农户”“公司＋村集体＋农户”等“村社合一”形式，推动农业和农民组织化程度明显提升。随着农业产业化经营的规模化发展，龙头企业带动的基地数量扩大，农户增多，有的实行跨区域经营，龙头企业直接与单个农户对接，管理成本过高，很难做到有效沟通，农户也不可能事事直接找龙头企业。从一些地方的情况看，实际上相当数量的龙头企业都没有直接同农户进行利益协调，而是通过企业或农民自找的中间人进行沟通，协调效率低、效果差。农业产业化经营的这种组织缺陷，是因为龙头企业与农户之间缺少一个有效的中介组织，导致企农间利益关系很难协调，有了好的利益分配机制也难以实施兑现。实践表明，农村专业合作社负责人可以很好地代表农民同龙头企业对话，协调农企利益关系，使之成为利益分配机制运作的纽带，及时反映农企双方的意见和要求，代表农户参与龙头企业的经营、管理和监督。同时，“村社合一”模式在引导农民探索利益共享、风险共担新机制上，使分散经营的农户具备集体谈判的条件与机会，使农户在市场上面对其他利益集团的不公正待遇时可以说“不”，从而较好地维护自身利益。

（三）出台导向性政策扶持是保证

世界经济发展史表明，市场经济不是万能的，对于市场的失败，政府必须有所作为。政府对于市场的成功干预表现在三个方面：法律政策的出台、项目干预、行政监督。一是规范企业和合作社管理制度与运行机制，包括规范章程和制度、股金设置、组织机构和内部管理机构，使企业和合作社运行有章可循。农民合作经济组织在注册登记时经常会遭遇两难：在民政部门登记，费用低但不允许搞营利性经营；工商登记允许搞营利性经营，但税费与其他企业一致，他们难以承受。很多农民合作经济组织于是选择了不注册。二是政府涉农部门要加快政府职能转变，认真做好企业和农民利益关系的协调服务工作。不要越俎代庖，不可用行政命令的方式组合企业和农户、代替企业和农民制订分配方案等，而要尊重市场规则，用法律法规、制度、政策、信息以及政府掌控的公共资源去引导企业和农民，做好协调服务工作，以法律、法规形式明确龙头企业、合作社和农民的责权利，规范并约束各方行为，使各方从松散的市场交换关系过渡到紧密的利益共同体，从而促进产业的整体稳定发展。比如在涉农项目规划阶段时，在农产品的生产、销售产业链上，将处于不同纵向水平的多个连续生产、销售环节有机联系构成一个投资项目共同体。此类共同体从微观层次和组织运行的角度，实现生产、加工、运输、销售等产业链两个以上环节的纵向联合，以求减少环节摩擦、节约交易成本、提高市场绩效，获取投资的最佳效益。因此，农业产业项目的设计、建设和管理要有产业整体发展观，各利益主体要突破各自独立财产关系的局限性，让农民以项目所有者的身份分享利润。三是加大对涉农企业持续性的政策支持力度。政府要根据本地产业发展政策，扶持重点企业和合作社，促进地区主导产业形成。支持龙头企业发展规模化生产，支持合作社搞好新品种引进、业务培训、技术服务等，使农民离不开合作社、合作社离不开龙头企业。四是邀请第三方机构对龙头企业和合作社开展评估，实行奖优罚劣，加大龙头企业对本地农户带动作用在考核评估中的占比。

第五章　整乡推进：提升农村社区服务效能

基层强则国家强，基层安则天下安，必须抓好基层治理现代化这项基础性工作。要坚持为民服务宗旨，把城乡社区组织和便民服务中心建设好，强化社区为民、便民、安民功能，做到居民有需求、社区有服务，让社区成为居民最放心、最安心的港湾。

——习近平总书记 2021 年 2 月 3 日至 5 日在贵州考察时的讲话

第一节　以“党领群治”推动社区服务供给多元化

伴随现代化进程的发展，社区居民对社区服务的需求和理念均发生了调整和变化。当前，我国已步入高质量新发展阶段，新发展阶段意味着人民群众对美好生活的需求不断提升，与此同时，对社区服务的水平、模式、内涵提出了更高的要求。安顺经开区作为1992年首批成立的三个省级经济技术开发区之一，地处老城区西部，与老城区紧密接壤，是安顺市正在建设的现代化新城区。“十二五”期间，安顺经开区经济社会发展取得了长足的进步，地区生产总值年均增长17%，全市建成区面积拓展到33平方千米，城镇化率达85%，城乡面貌发生了显著变化。随着经济的迅速发展，社区服务亟须转换理念和模式，需要纳入多元化主体力量，协调多方组织。为此，经开区以党建引领，加快形成“大政法”“大群团”工作格局，推进“四社联动”，实现了政府与社会组织、群团组织的有效协调与统筹，为社区服务供给提供了支持力量。

一、社区服务供给的现实瓶颈

社区服务供给是社区治理的核心问题。社区服务供给是建立在公共需求基础之上的，公共需求是联结群体和个体的重要衔接点，群体需求和个体的需求类似，也是一个需求不断从低级向高级逐渐递升的过程。随着社会现代化和流动性的冲击和影响，个体认知水平的不断提高，群体需求处于不断变化和发展的动态过程，而这种动态变化很容易滋生和引发各种社会矛盾和冲突。社区服务供给必须依据群体需求的动态变化适时调整，从而不断适应新的发展态势和新的要求，以便更好为群体提供更优质的服务，做到让群众满意。安顺经开区在经济快速发展的同时，由于城市的快速扩张，城乡社区服务供给结构不均衡，尤其是城乡接合部的农村社区人员混杂、治安较差、基础设施不配套，党的基层组织弱化；宅基地、工业用地、商业用地相互交织，非法出租、转让、倒卖土地等行为屡禁不止，不仅加剧了社会矛盾，也阻碍了城镇化进程，是社会治理的薄弱环节，突出表现为社区公共服务供给不足、效率低下、服务理念落后、结构不均衡等问题。

首先，社区服务供给相对缺乏。经开区在城镇化转型过程中，人口规模不断扩张，城乡公共服务供给能力存在较大差距。相较于城市而言，农村社区的基础设施尚未完善，一些地区的公共服务基础配置仍较为薄弱。在城市流动性、现代性影响下，社区居民需求进一步扩大和提升，对社区服务供给的效能提出了更高要求。然而，既往以政府为主的社区服务供给模式，形成了基层“等靠要”的思想，市场企业、社会组织等对社区服务供给的力度不够。政府单一的供给模式难以满足多样化的服务需求，并且日益复杂与精细化的管理服务使得政府的财政负担越发沉重，亟须对社区服务供给模式进行改革和调整。

其次，社区服务理念相对落后。当前，社区自治仍处于较低水平。社区居民获取的服务大多是被动接受的，这就导致了社区服务供给与需求在很大程度上难以有效匹配，大大降低了社区服务的效能，使服务陷入“过密化”困境。究其原因，是作为基层群众性自治组织的社区居民委员会承担了大量来自上级政府的行政性事务，他们囿于行政科层下的任务执行，将注意力聚焦于上级的考核目标，未能将以人为本的核心理念贯穿于社区服务的全过程之中，忽略了社区居民的多样化需求。由于需求服务理念未能及时转型，与社区服务配套的体制机制未能形成有效运转，容易导致社区服务陷入投入大、成效低的困境。

最后，城乡社区的特殊属性增加了社区服务的难度。经开区的社区是典型的转型社区，兼具城市和乡村的双重属性和特征，这给社区治理带来极大困难。从地域属性来看，传统社区已完成了向新社区的身份转型，成了城市社区的一部分；从治理对象来看，这里的居民尽管拥有市民身份，但缺乏市民意识，绝大多数人还保留和延续着既往的生活方式，这也使得在治理方式过程中不能完全采取原有的传统单一治理方式，需要结合转型期的实际情况来探索社区服务治理的有效手段和模式。

二、社区服务供给多元化的实践探索

党的十九大报告明确提出我国已进入中国特色社会主义新时代，社会的主要矛盾已经，转化为“人民日益增长的美好生活需要和不平衡不充分的发展之间的矛盾”。这也意味着不平衡不充分的发展成为当前社会发展，尤其是城镇化进程中的重要难题。安顺经开区在对社区发展中面临的困境分析研判的基础上，通过协调统筹、动员引领、组织联动等方式，着力发挥“大政法”“大群团”的党群优势，以党建引领强化社区服务，构建了党委领导、政府负责、社会协同、公众参与的社区治理格局。

（一）以“大政法”“大群团”统筹社区服务力量

为了解决公共服务面临的困境和难点，安顺经开区积极拓展治理主体，融合更多治理力量，为加大公共服务供给力度提供广泛的支持。对此，安顺经开区按照职能有机统一的要求，实施农村社区治理“大部制”改革，对职能重叠或者相近的部门进行整合，加大群团组织的示范引领，有效提升社区治理和服务效能。

一方面，以“大政法”促进行政部门的统筹协调，全面推进社区治理和服务工作。结合新时期农村社区治理的实际，经开区成立以区党工委书记为组长的“大政法”工作领导小组，整合政法、综治、维稳、应急、信访等部门职能，建立多元化“大政法”矛盾调处机制。基于此，经开区建立专类矛盾调处工作制，成立 3 个调解委员会和 11 个调处工作组，确保社会矛盾纠纷多元调处高效运行；同时还设立 100 万元矛盾调处奖补基金，以“计件”奖励形式激励非公职人员参与信访纠纷矛盾调处。经开区不断充实治理力量，在全市率先打造星光社区、马厂村一体化综治工作中心，引入省级综治服务系统，同各级维稳、公安、信访等部门集成联动，提高维稳能力。与此同时，在星光社区试点推行服务中心、居委会、社会组织“三级联动”模式，将整个社区划分为 5 个大网格、19 个中网格、48 个小网格，负责综治维稳、消防安全、社区矫正等工作。

另一方面，以“大群团”推动社会组织的共建共治，为社会治理和服务工作营造良好的文化氛围。经开区认真贯彻落实中央和省、市党的群团改革工作会议精神，紧扣“增三性、去四化”（增强政治性、先进性、群众性，去除机关化、行政化、贵族化、娱乐化）的改革主线，优化机构设置、管理模式、运行机制，整合工会、妇联、团委等设立群团工作部，减少中间层次，去除叠床架屋，推动群团干部走出机关，走进农家，融入群众。通过建立工青妇干部联系基层常态化机制，组织干部到贫困户、留守儿童、孤寡老人等群体家中送温暖，组织医疗机构为特殊群体上门体检、义诊；设立便民服务站，组织100余名社区干部深入困难家庭，对群众申请办理事项做到“群众动嘴、干部跑腿”。通过组织群众成立合唱团、文艺队、屯堡地戏队，采取形式多样的文体活动，引领社区居民热爱生活，共建家园，形成文明向上的良好风尚，为社区治理和服务工作的开展创造积极和谐的氛围。

（二）以“党组织＋网格化”强化社区服务体系

为实现以人为本的城镇化发展，不断促进城乡公共服务高质量发展，安顺经开区以社区党建为引领建设和谐创新社区，以服务群众、使群众满意为发展和服务之根本，建立“党委领导、政府负责、社会协同、公众参与、法治保障”的社会治理体制，为加强社区治理和服务管理提供有力保障。

首先，强化党建引领，实现社区服务管理全域覆盖。经开区在原有网格化管理体系的基础上，充分发挥网格的效能，依据党员分布等情况，科学划网格、建支部、建党小组，形成“村委会—联户党小组—联户组”三位一体的组织体系，将社区党建触角延伸到联户组、到户、到人，确保“每个网格都有党组织、每名党员都在网格中”，做到“人民群众在哪里，党组织就要在哪里”。在健全网格体系的同时，在单元网格内配齐由街道干部、社区“两委”成员、村民党小组组长、联户长、辖区民警、巡防队员、社区志愿者等组成的网格管理员队伍。把优秀网格员培养成党员，把党员培养为网格员，把优秀党员网格员培养成社区基层党组织成员，引导社区党员、居民进网格，不断满足居民多样化需求，做到管理服务党员全覆盖。

其次，建立社区党员工作考核机制，强化党员服务社区的效能。经开区按照便于管理、务求实效的原则，立足社区实际，对驻地单位党组织开展考核工作。社区为每位在职党员建卡立册，采取在职党员“双服务双报到”的方式，即在职党员到社区党委报到、领取任务、计量得分、奖惩反馈，将在职党员在社区开展的党建活动制度化、具体化。充分利用“党员先锋创绩考核榜”进行积分管理排位，每季度一公示，对不达标、不上榜的党员进行“书记约谈”。在社区开展党员亮身份、亮承诺活动，强化党员身份感，发挥党员先进性。

最后，健全党建引领社区服务体系，为社区服务的开展提供有力保障。

一是强化网格党建。经开区结合社区网格设置，将党支部或党小组建在网格上，建强专（兼）职网格员队伍；建立党员干部包联社区网格、走访群众工作制度，推动区、街道、新型社区相关负责人联系挂帮社区网格并担任“片长”“网格长”，统筹区内相关部门（单位）作为片区网格的定点包保单位。二是建立双向管理机制。建立以块为主、条块融合的街道社区党组织与驻区单位、行业党组织双向压实责任、双向沟通协商、双向考核激励、双向评价干部等机制，推动组织共建、活动共联、资源共享。三是推行交叉任职机制。推行社区党组织书记通过法定程序担任居委会主任、“两委”班子成员交叉任职。加强社区物业党建联建，探索推行居民区党组织、居委会与业委会成员交叉任职，实行党员多方覆盖，为社区服务提供了强有力的支撑。

（三）以“四社联动”丰富社区服务内容

社区服务供给不仅要得到政府的有力支持和帮助，更需要社会力量的广泛参与和协同配合。安顺经开区探索建立社区、社会组织、社会工作、社区志愿者“四社联动”机制，更好地完善社区服务体系，健全基层社会治理体制。所谓“四社联动”机制（如表1所示），就是指在党和政府的领导下，以社区为平台、社会组织为载体、社会工作专业人才为支撑、社区志愿者为主体，实现“四社”相互支持、协调互动的过程。

首先，建立“四社”信息联通制度，为社区居民提供无缝隙服务管理。经开区充分利用信息化平台，完善区、街道、社区和相关部门的信息收集、反馈、调处联动机制，建立“四社数据综合服务中心”，随时掌握“四社联动”运行状况及其发展态势，推动社区、社会组织、社会工作专业人才、社区志愿者服务对象信息数字化，促进社区服务供给与社区居民需求有效对接。通过开发服务综合信息系统，搭建联动桥梁。充分运用网络信息技术，实现线上线下服务供需对接、社情民意上传下达。不仅如此，经开区还在区级层面建立“四社联动”联席会议制度，负责指导“四社联动”工作的统筹规划、决策协调、督查落实，落实信息收集、反馈、调处机制，确保了“四社联动”服务的实效性。

其次，以“四社联动”推动社区服务项目化运行。经开区在社区养老、残障康复、社区矫正、社区救助、社区特定人群服务、社区志愿服务活动等方面开发和设置服务项目，全年推进“社会工作服务站”建设工作，面向站点居民开展专项服务或综合服务，以拓展社会组织和社会工作机构的发展空间。重点建设好社区服务中心、社区文体活动中心、社区老年人日间照料中心等服务设施，确保80%以上的社区服务设施面积不少于1000平方米。重视发挥社会组织在社区服务中的协同作用，向社会工作服务机构购买服务项目，打造服务品牌，有力提升了社区服务质量和水平。

最后，以志愿服务机制拓展社区服务参与主体。经开区建立以社工为引领、以志愿者（志工）为骨干、以居民积极分子为主体联动开展社区志愿服务的机制，形成了“社工+志愿者+居民积极分子”多层次、多类型/多元化的社区志愿服务队伍。在提升党建引领能力的同时，将社区党建贯穿“自治、法治、德治、共治”四大领域，支持社会组织承担社会事务、参与社区治理。重点加大对公益性、服务性、互助性等类型社会组织的扶持力度，支持社会组织为居民提供专业化、多样化的服务。

表1 “四社联动”机制一览表

序号	机制名称	具体内容	备注
1	“四社”信息联通制度	充分利用信息化平台，完善区、街道、社区和相关部门的信息收集、反馈、调处联动机制，建立“四社数据综合服务中心”，随时掌握“四社联动”运行状况及其发展态势，推动社区、社会组织、社会工作专业人才、服务对象信息数字化	
2	项目服务纽带	依托社会工作服务站，全面推开“四社联动”建设工作，促进居民参与，逐步实现居民自治	
3	志愿服务机制	建立“社工+志愿者+居民积极分子”的志愿服务机制。探索以社工为引领、以志愿者（志工）为骨干、以居民积极分子为主体联动开展社区志愿服务的机制	

三、社区服务供给多元化的经验总结

安顺经开区在发挥“大政法”“大群团”优势的同时，形成了党委领导、政府主导、部门主抓、社会参与、齐抓共管、有法可依的“党领群治”治理格局，极大地提升了社区服务供给水平和强化了社区服务供给力度。2016年，安顺经开区综治平安建设工作获全市综合考评一等奖，群众安全感和满意度在全市排位从2014年的第9名、第6名逐年提升至2022年的“双第二”。具体来说，经开区在社区服务供给方面形成了以下几点经验。

（一）多方参与是实现社区服务有效供给的关键要素

随着我国经济社会的快速转型以及城镇化进程发展，社区承担了越来越多的社会建设、社会治理以及公共服务工作任务。社区治理体系和治理能力现代化作为国家治理体系和治理能力现代化的基础性构成，其内涵与传统的管理和服务相较有了根本性的提升和转变。进入新时代，在基层党建引领下，社区治理更加强调社区治理主体的多元化，共建共治共享成为社区治理和服务的基本导向。多方参与能够有效地改善社区服务的整体水平，经开区在实践探索中尽可能纳入多方主体力量，拓展服务供给主体，重视和发展社区服务组织。社区服务多方参与建设的主体主要包括企业、社会组织、非营利组织、居民委员会以及民众等，政府在其中发挥的更多是统筹与协调作用，在政府的主导下，国家建构的各项任务被分派到社区工作中，同时政府对相关任务的完成情况进行考核与评价。在多方参与的格局下，政府要发挥引导作用，调动和协调各类组织和个人为社区提供服务，形成社区服务治理的合力。与此同时，政府要做好社区服务供给的监督者，尤其是在企业化、产业化、项目化运营中，防止服务供给过程中目标的偏差和宗旨的背离。

基于此，安顺经开区在之后的改革实践中应进一步转变政府职能，发挥政府在社区服务供给中的引导和协调作用，进一步调动“大政法”“大群团”组织，充分动员非营利性组织、社团、志愿团队等第三部门的力量。大量国外已有的实践经验表明，第三部门在社区服务供给及组织社区居民参与等方面发挥了政府和自治组织无法替代的作用。① 加大第三部门的培育力度，不但能够减轻政府的沉重负担，还能够调动居民的参与热情，为社区服务的有效供给注入新的力量。经开区为社会组织提供平台和基地，高度重视社会组织在社区服务中的支持作用，在全区推行服务品牌，实现社区公益服务与社区居民需求精准对接，极大调动了各方参与社区治理的积极性，有力提升了社区服务水平。尽管社会组织在社区服务治理的实践探索中取得了一定成效，但第三部门在我国社区治理主体中的力量占比并不高，激发和引导群众参与的作用尚未能有效发挥。因此，还需要依靠政府的协调和引导，培育和促进更多的服务型社会组织为社区治理与发展提供有力支撑。

---

① 胡祥．城市社区治理的热点问题研究［M］．北京：中国地质大学出版社，2009：231.

（二）理念转型是推动社区服务创新发展的重要前提

既往的社区建设强调管理而往往忽略了居民需求，安顺经开区在改革实践中坚持以人民为中心，深入了解群众需求，并根据群众实际需求的变化进行工作调整。通过制定需求问卷和入户访谈，积极获取和收集居民需求，针对社区实际情况，重点开展了社会救助领域、养老服务领域、儿童福利领域等方面的社区服务工作。经开区群团工作部以转变和提高各地干部群众的理念和思想为己任，在全区全面宣传和贯彻习近平新时代中国特色社会主义思想，传承红色基因、丰富群众文化生活，提升了居民的认知水平，为居民参与社会服务和管理，推进社区民主自治创造了良好氛围。这就意味着社区服务的创新发展要以先进的思想和理念为基础，从“为民做主”转变为“以民为主”和“由民做主”。

民政部在我国全面推进的城市社区建设工作，社区服务始终贯穿于社区建设与发展过程中，并作为社区建设和发展的首要任务。在社区建设的初期，社区服务的供给主体主要是政府。政府依据国家建设的总体布局和规划目标，将社区建设的任务以各项指标量化的形式下派到社区居民委员会。原本作为群众性自治组织的社区居民委员会在社区建设的初期不得不担负起社区建设的重任，这一时期社区建设的主要目标是以发展基础性公益事业为主，而这也是居民基本公共利益的诉求与反映。然而，随着社会变迁与转型，居民诉求的多样化与个性化发展，对社区服务提出了新的要求，这就需要不断调整和改进社区服务的思想和理念。一是要深化“以人为本”的理念。社区服务的发展无法完全依靠政府，归根结底还是要得到居民的满意和认可。在多方参与的社区治理格局中，居民理应是主体，政府及各类组织在社区服务供给过程中，应当积极吸纳居民的意见和建议，鼓励居民合理表达诉求，让社区服务供给符合居民的发展需求。二是社区服务的理念要始终坚持党的领导。社区服务效能的发挥离不开党的领导和指导，中国共产党作为具有先进理念和丰富经验的政党在治国理政中具有强大的号召力和动员力。通过党建引领，能够有效扩大居民参与，提升社区服务的效能。

（三）制度规范是加强社区服务有效供给的重要保障

规范的制度是社区服务供给有效的前提保障。经开区重视社区服务治理的制度化建设，规范和创新了社区矛盾治理机制以及网格化服务管理机制。一方面，在“大政法”统筹协调过程中，建立多元化“大政法”矛盾调处机制，并制定专类矛盾调处工作制度，确保社会矛盾纠纷多元调处高效运行。设立100万元矛盾调处奖补基金，以“计件”奖励形式激励非公职人员参与信访纠纷矛盾调处；建立特派员督导巡查工作制，明确镇村政法特派员，实现统一调配和指挥；建立信访事项派单工作制，承办单位制订计划，有针对性地逐案落实包案领导，限期办结，加大了矛盾化解力度；采取“雇员制”充实特巡警力量，在全市率先实现村（居）警务助理全覆盖。另一方面，在推进网格化管理的基础上，全区还建立“兵支书服务一级网格、党小组服务二级网格、联户组服务三级网格”的“1＋4＋N”工作机制，满足居民多样化需求，做到管理服务党员全覆盖。把在小区居住、工作的党员纳入网格进行管理，把辖区内社团协会骨干、志愿者等纳入网格党组织的领导下，以块为主、以条为辅，大力推行社区治理向小区服务“延伸工程”，确保群众事时时有人管、事事能落实，有效提升了社区治理的广度和深度。

在多方参与、理念转型的同时，制度建设是社区服务的重要保障，有效的制度可以更好地动员社会各方力量，传递先进理念和引导积极行动。在社区服务供给中，规范化制度化不可或缺。一是要以法律规范约束社区服务供给主体的行为，明确各主体的权利、责任和义务，依据实际情况和居民需求，完善社区服务清单。以政策培育和支持社区社会组织的发展，为社区社会组织提供公益创投、补贴奖励、活动场地、费用减免等方面的政策扶持。通过制度化的监管规范社区社会组织的治理过程，以基层党组织建设指导和协调社区社会组织的社区服务工作。二是要设立积极的激励制度，对社区服务的参与主体实行奖励措施。比如经开区推行的在职党员“先锋创绩考核”积分管理排位制度，对党员参与社区服务进行有效监督。还有在社区居民中推行的“积分兑换激励”机制，极大调动了各方力量参与社区治理的积极性，有力提升了社区服务水平。

第二节 以“社工队伍”提升社区服务效能专业化

社区服务的专业化程度是衡量一个国家或地区社会治理水平的重要标准。社会工作综合运用专业知识、技能和方法，能够在一定程度上预防和解决社会问题，有效提高社区治理的专业化水平。《中共中央关于制定国民经济和社会发展第十四个五年规划和二〇三五年远景目标的建议》在“加强和创新社会治理”部分指出，要畅通和规范社区主体、新社会阶层、社会工作者和志愿者等参与社会治理。发展社会工作第一次被写入我国经济社会发展五年规划并得以稳定发展。2020 年 10 月，民政部召开会议，大力推进乡镇（街道）社会工作站建设，加强乡镇（街道）和村（居）社会工作人才队伍建设，并将这些任务作为我国“十四五”期间社会工作发展的重要任务。“十四五”是社会工作在乡镇（街道）获得较快发展、发挥重要作用的时期，各级政府特别是基层政府，应该正确理解党中央、国务院要发挥社会工作在加强完善社会治理中的作用，畅通和规范社会工作者参与社会治理途径的战略思想，积极支持社会工作人才队伍建设，支持社会工作机构建设，促进其在改善民生、参与社会治理中发挥专业功能①。安顺经开区依据《贵州省乡镇（街道）社会工作和志愿服务站项目实施方案（试行）》要求，组织引导社会工作专业力量积极参与巩固拓展脱贫攻坚成果同乡村振兴有效衔接，对易地扶贫搬迁安置点进行项目督导及项目推进，重视社会工作专业人才培训、孵化志愿者等管理服务工作，社工队伍专业化能力不断增强，社区服务效能也进一步提升。

---

① 王思斌. 政府在乡镇（街道）社会工作人才队伍建设中的角色［J］. 社会工作，2020（5）：4－8.

一、社工队伍专业化的问题审视

长期以来，社区工作任务繁杂，人员紧缺是社区服务和治理中的重要难题。随着社区建设各项工作的深入推进，社区工作日益复杂和细致，这对社区工作者提出了更高的要求。不仅要在数量上形成多元化的引入和协同，还需要在质量上进一步提升专业化技能和能力，也就是要培养和建立更加专业化的社工人才队伍，让他们具备一定的理论素养、掌握一定的专业方法并能够在面对各种具体情况时灵活运用，以挖掘社区潜力、调动各方资源，最终实现精准高效的社区服务和治理。在社工队伍建设中，社工队伍数量不足、专业化程度不够、专业能力缺乏、培训力度不足等问题依然严峻。

首先，社区工作者的专业化程度不高。近些年来，在国家大力推动下，社工队伍整体上有了较大提升，无论是年龄分布、知识结构、受教育程度都有所改善。不少地区推行社区工作者职业化发展，为社区工作者建立制度化规范体系和向职业化发展提供了机遇和可能。这些在很大程度上提升了社区工作者的整体素质，优化了队伍结构，在社区工作中发挥了积极作用。然而，随着社区工作任务日益繁重，涉及的领域越来越广泛，群众对服务需求越来越精细化，社区工作者的工作理念和工作方法已经不适应发展需求。新形势新要求的发展，需要一支专业技能更强、职业素质更高、创新意识更为先进的社区工作队伍。当前，不少社区工作者是通过高校招聘进入社区的，他们的稳定性不强，积极性不高，由于缺乏专业的训练和基层工作经验，往往难以提供个性化、多样化、系统化的社区服务。专业化能力不足成为制约社区工作者有效发挥作用的一个主要瓶颈。

其次，对社区工作者的培养力度不够。要建立稳定的社工队伍，仅凭外部招聘难以获得长效，还需要加大对社区工作者的培养力度。不同类型的社区工作者之间可以取长补短，相互学习，在社区服务与治理中应依据社区工作者自身实际和特点发挥其服务功能。当前，社区中的各类培训并未进行有效分类，这就导致了许多培训在形式和内容上参差不齐，从培养效果来看，一些培训本身不够专业或未与实际相结合，未能对社区工作者的实际技能进行有效指导，不少地区出现形式化、走过场的现象，只要参加培训就能取得相应的上岗资格，这样难以促进社区工作者的专业化转型和发展。

最后，社区工作者的保障不健全，人才流失现象突出。社区工作在我国仍处于摸索阶段，各项制度体系建设尚未完善，社区工作者的薪酬待遇较低，社区工作者的社会地位不高，严重影响了社区工作者的积极性。不少社区工作者只是将其视为积累基层工作经验的跳板，或是暂时性的过渡选择，而面对大量的基层工作任务，经常性的加班又进一步加剧了社区工作者的负面情绪，不利于社工队伍的稳定发展。在社区，志愿者发挥了重要作用，相对于社区工作者职业化而言，志愿者具有志愿性和灵活性，更多出现在大型的志愿服务中，带有运动式特征。这就需要建立志愿服务的常态化机制，使志愿者真正以志愿精神为动力自发参与社工事务，推动社区服务的长效化发展。

二、社工队伍专业化的路径创新

面对社区工作者队伍数量不足、专业能力欠缺、服务意识不强的现实难题，经开区加强农村社会工作人才队伍建设，着力培养适应当地发展的公共服务人才和治理人才。积极同本地高校合作，充分借助高校的智力资源，培养和发展专业社工人才。加大对志愿者的引导和动员，鼓励党员在社区服务治理工作中发挥先进作用。对此，经开区积极探索“社工站”、“社工＋志愿者”、“高校＋社工”以及“岗位专员”等改革路径。

（一）成立“社工站”，实现社工人才在地化

为了切实解决社会工作队伍人数不足的困境，经开区在改革实践中探索成立“社工站”，通过社会工作服务站建设，加大政府购买服务力度，吸引社会工作人才提供专业服务，积极培育具有地区特色的本地化社会组织。

首先，高度重视街道（乡镇）社会工作和志愿者服务站的申报和投入工作。2022 年经开区在宋旗镇、西航街道新建了社会工作和志愿者服务站，在确保社工站数量建设的同时做好质量建设，使好的政策落到实处、落到细处。重视对社会工作和志愿者服务站进行督导和指导，使社会工作和志愿者服务站的工作能出成效、出实效。

其次，做好社工服务机构的保障工作。在组织保障方面，通过制订项目工作方案、规章制度，确保工作顺利推进和正常运行。在机制保障方面，通过制定社区信息化制度、相关发展规划，建立信息化工作定期总结制度，促

进社区专业化发展，加强信息化队伍建设。在安全保障方面，加强网络建设与管理，确保网络与信息安全，培育积极健康的网络文化。建成安全、绿色、文明的社区服务体系，健全管理制度，完善网络安全应急预案。在经费保障方面，落实社区服务建设所需的经费，社区活动开展增加、更新和维护经费，同时社区在开展活动时，要全面考虑资源建设、专业人才和志愿队伍培训，提高资金投入的效益，加强专项经费使用的监管和公开透明，杜绝重复投资和浪费，确保公开廉洁。

最后，确保社工服务机构的有效运行。《贵州省乡镇（街道）社会工作和志愿服务站项目实施方案（试行）》（黔民函〔2021〕28 号）规定，按照“市级建立社工站指导中心、县级建立社工总站、乡镇（街道）建立社工站、有条件的社区建立社工室”的工作思路，结合工作实际需求和推进乡镇（街道）社工站实际情况开展培训、督导等服务，同时制订明确的分类培训计划（如表 2 所示），确保社工服务机构依据总体培养目标实施运转。

表 2　经开区社工服务机构培训计划表

序号	培训项目名称	培训人次	培训时间	备注
1	助理社会工作师培训	500	2022 年 9 月	
2	其他民政惠民政策培训	500	2022 年 3 月	
3	社会工作方法及技巧培训	500	2022 年 6 月	
4	社区概论和社区综合治理培训	500	2022 年 9 月	
5	社区基层组织孵化管理培训	500	2022 年 11 月	

（二）搭建“高校＋社工”模式，实施社工赋能培训

社区服务效能的提升不仅依托社会工作者队伍的壮大，还需要不断加强现有社会工作队伍的职业能力。因此，对社工能力的培训和指导是实现社区服务提质增效的重要途径。经开区在实践改革中通过搭建高校与社会工作队伍融合的平台，充分利用当地高校的优势资源，推进社会工作队伍的赋能培训。

首先，与当地高校签订合作协议，运用高校社会工作专业专家资源优势和社会工作专业学生的人力资源优势，将社会工作专业发展与地方社会工作发展结合起来，并且依托高校社工专业资源开展培训工作。社会工作站市级指导中心配置有一名社会工作师，为安顺学院社会工作专业教师，在安顺学

院从事社会工作专业教学已达9年。该教师自2012年起指导安顺学院社会工作协会开展社工宣传、儿童关爱、老年人关爱活动，并结合课程实践改革开展小组工作600余个、个案工作500余个。

其次，做好社工人员专项培训。通过对民政系统工作人员及驻站社工进行助理社会工作师培训，在民政工作及社工站驻站社工中推广社工价值、社工理念、社工方法和技巧，促进社会工作在民政工作中的实际运用，有效促进社会工作本土化发展。邀请从事基层民政工作多年的专家讲解社会救助范围、社会救助政策、社会救助注意要点，开展低保入户核查注意事项、低保政策注意事项、低保范围甄别及其他民政惠民政策的培训，重点关注针对老年群体、儿童群体、社会救助群体、鳏寡孤独群体、残疾人群体、刑满释放人员、社区康复人员、社区矫正人员等重点群体的相关政策解读和政策支持，提升社工人员的专业技能。

最后，大力抓好新型农民培训，培养高素质农民队伍。《关于加快推进乡村人才振兴的意见》（2021）提出，深入实施现代农民培育计划，重点面向从事适度规模经营的农民，分层分类开展全产业链培训，加强培训后技术指导和跟踪服务。充分利用现有网络教育资源，加强农民在线教育培训，为社区解决实际问题添砖加瓦。

（三）通过“社工+志愿者”，积极培育志愿服务

为了解决安顺经开区志愿服务组织和团队薄弱、社区工作量大、任务繁杂的难题，经开区依托志愿者服务站开展社区组织孵化培育工作（如表3所示）。根据农村社区发展特点和居民需求，分类推进社会工作服务，发挥社会工作专业人才引领社区志愿者服务作用。

首先，根据社区居民需求，组建稳定性志愿者队伍。经开区为了培育社区志愿者队伍，不断拓宽志愿者的招募渠道，除了招募本社区的居民外，还依托安顺学院和社区所建立的实习基地，将社会工作专业学生发展成为志愿者，动员羊场小学、红安小学等学校团总支以及管辖范围内的其他单位，积极发展辖区内的其他企事业单位的工作人员和企业人员，为社区志愿队伍扩充力量，形成多渠道、多功能的志愿服务体系。现实中，大部分社区志愿者具有很强的流动性，稳定性较差，经开区在已有志愿者队伍的基础上，通过预留电话的方式能够及时联系继续提供服务的志愿者，为其保留所在社区的

档案材料，不能提供服务的则不再保留，进一步完善志愿者进入、退出机制，组建一支稳定性高的志愿队伍。

其次，积极构建志愿者联动平台。经开区以社会工作服务内容为基础，策划、设计社区志愿服务活动，打造社区志愿者支持网络，搭建志愿者共享互助平台，引导社区居民参与社区志愿服务和互助活动，推动建立“社工+志愿者”联动机制，形成社会工作人才引领志愿者、志愿者协助社会工作人才开展服务的互动格局。为了更好发挥志愿服务的积极作用，强化志愿者队伍的服务能力，同时也为了加强社区志愿者的稳定性，提升其工作的积极性，经开区以社区为单元，以社区服务中心为依托，通过QQ、微信等途径，建立“情感·服务”联动平台，为志愿者创建沟通、交流的联动平台，为社区服务供给奠定基础条件。

最后，发挥志愿团队主观能动性，积极开展志愿服务活动。依托贵州省万名大学生志愿服务基层项目，整合志愿服务资源，开展志愿服务活动。经开区根据社区实际情况将志愿服务需求分为美容美发、法律援助、文教、医疗卫生、文职等多种类型，在科学分类的基础上，制作服务类别管理表，再根据志愿者所具有的技能将它们排列出来。这样一来，在举行相关志愿活动时，既避免了人多力量不大的局面，也提升了志愿服务活动的质量。在根据服务需求划分志愿服务类别后，社区居民若有新需求，将通过召开会议共商服务项目清单，并进行一个季度一次的服务项目清单重置。根据社区管理、社区居民需求的实际情况，分人群、分类别、分时间，在项目开展一年内安排不少于20次的团体志愿服务活动。

表3　经开区社会工作站孵化社会组织一览表

序号	团队名称	团队人数	团队职能	备注
1	党员志愿服务队	35	以服务他人为宗旨，以志愿服务为动力，宣传爱国主义、集体主义思想，培养和增强社区群众的自我教育、自我管理、自我服务、自我提升意识和互助意识，发挥党员先锋模范作用	
2	医疗志愿服务队	10	以幺铺镇中心医院为主，链接安顺市人民医院、老年病医院、黔中医院等成立志愿者团，为老年人免费提供测血压、测血糖，老年人健康护理等服务	

续表

序号	团队名称	团队人数	团队职能	备注
3	我的夕阳别样红服务队	20	以社区60～65岁老人为主，成立巡逻队、文明纠察队，开展留守儿童陪伴、留守儿童心理关爱等活动	
4	文艺活动服务队	40	以社区内爱好文艺的妇女为主，组织社区里的居民开展广场舞、民族文体活动等文艺活动	
5	爱心助老服务队	20	以社区青壮年为主，为年满70岁的空巢老人提供物质帮助、生活照料，由社工提供心理抚慰、应急救助、健康保健、法律援助等服务	
6	关爱儿童服务队	20	以阿歪寨村退休教师及小学教师和阿歪寨村企事业单位志愿者为主成立服务队，关爱儿童、陪伴儿童，助力儿童成长	
7	青少年成长基金会	10	由合作机构安顺快乐公益协会链接扶贫办、民政局、社区内企业、壹基金、红十字会、慈善总会等提供资金捐助，建立基金会	
8	青少年志愿者服务队	40	以站点社工为主，阿歪寨村20名在校大学生、中学生群体成立服务队，关注社区内空巢老人、留守儿童、青年特殊困难群体，为特殊群体提供志愿者服务，为社区卫生整治、文明建设提供志愿服务	
9	布依族文化传承服务队	15	邀请布依族、苗族专家为社区内青少年讲述民族历史，民族发展历程，社区内的老人为社区内的孩子教授民族特有乐器、语言，开展民族特色活动及比赛，传承民族文化	

（四）设立“岗位专员”，引进社工能人

安顺经开区实施社区能人赋能计划，提升基层综合管理服务能力，为乡村发展提供人力资源支撑。积极拓宽村“两委”及社区能人的能力水平，发挥社区“领路人”领路作用。坚持重心下移、力量下沉、人员下派，创新供给手段，增派“五员”加强农村社区治理力量，培养一支懂农业、爱农村、爱农业的“三农”工作队伍。

第一，引入社区扶贫专员促进社区发展，为社区服务提供基础保障。经

开区面向全国招聘50名“有知识、懂经营、能致富”的扶贫专员吃住干在农村，帮助村级强党建、抓扶贫、促发展。为确保扶贫专员引得来、留得住、干得好，制定下发《安顺经济技术开发区区直机关、事业单位雇员管理暂行办法（试行）》《安顺经济技术开发区雇员考核办法（试行）》《安顺经济技术开发区村（居）扶贫主任管理考核办法》，明确扶贫专员经济政治待遇、工作职责、业绩考评、“晋出”机制。对连续3年考核为优秀等次的可雇用到股级岗位，连续6年考核为优秀等次的可雇用到科级岗位，消除了雇员因无编制缺乏“归属感”的顾虑。

第二，选派驻村书记员开展/进行社区帮扶，为社区服务排忧解难。经开区按照“党群部门帮弱村、经济部门帮穷村、政法部门帮乱村、业务部门帮专业村”的原则，从各级机关优秀年轻干部、后备干部中精心选派帮村书记（部门主要负责人）47名，驻村第一书记47名，驻村干部95名（后备干部），组成驻村工作队，加强基层工作力量。制定出台《安顺经济技术开发区同步小康驻村工作管理办法（暂行）》，全面实施“双书记”选派工作，细化考核指标和工作制度，建立起驻村书记员选派、管理、考核的长效机制。

第三，借助政法派驻员促进社区和谐，为社区服务出谋划策。经开区将“大政法”触角延伸到乡、村两级，在乡镇派驻专职“大政法”督导巡查特派员（挂任乡镇副书记），各村（居）明确1名村委委员兼任政法派驻员。在区“大政法”机制的统一指挥下，改变了过去乡镇单兵作战的工作模式，农村社区矛盾纠纷得到快速高效处置。制定出台《安顺经济技术开发区社会治安综合治理“领导责任制”实施细则（试行）》，明确各级领导、部门工作以及政法派驻员职责，实行抄告、限期整改、通报、挂牌督办、一票否决、约谈、引咎辞职、责令辞职、免职9种责任追究机制，构建矛盾调处新的工作模式，为社区服务创建良好环境。

第四，依靠警务助理员促进社区平安，为社区服务聚力民生。经开区按照本地、专业、多元、规范的用人原则，面向社会招录78名专职社区警务助理员，主要承担情报信息收集、法律政策宣传、社会治安管理等工作，将公安工作的触角延伸到千家万户。坚持将警务工作与信息采集结合起来，推行基础信息采集与警务助理日常工作一体化运行工作模式，利用其民警的身份，广辟信息渠道，获取相关信息。将警务工作与为民服务结合起来，“警务助理”深入群众，访民生、察民情、听民意、解民忧，并主动为群众办实事、办好事、解决难事、落实一系列便民利民措施，把为民服务工作开展到百姓家中。

第五，通过民生监督员做好社区监督，为社区服务提供民意。经开区按照“区管理、镇设组、村实施”的工作原则，统一以镇（办）为单位设立3个民生监督组，在每个村（居）选聘1名村党支部委员作为村（居）级民生监督员，组成由区纪工委副书记任组长，镇（办）纪委书记任副组长，镇（办）纪检监察干部、村务监督委员会为成员的民生监督组，整合区、镇（办）、村三级监督力量。民生监督员作为民生监督组的重要力量，参与做好日常工作监督、季度交叉监督、专项巡察监督，对监督中发现的问题及时向上级汇报。

三、社工队伍专业化的经验启示

通过成立“社工站”、“社工+志愿者”、“高校+社工”以及“岗位专员”等方式，经开区在社工队伍专业化的实践中有效提升了社区服务的质量和效益。在社会工作专业人才队伍建设的宣传教育中，增强了社会认知度，扩大了专业影响力，为社会工作专业人才营造了积极的成长环境和氛围。经开区在全区实行社工站全覆盖，切实壮大和发展了社区服务力量。围绕全国社会工作者职业水平考试、提高专业社会工作人员的工作待遇进行重点帮扶和突破，最大限度推动专业社工人才队伍能力的提升。在社工队伍专业化的改革探索中形成了可借鉴的经验。

（一）加强专业化是提升社区服务效能的重要途径

社区由管理向治理理念的转型，意味着更多的主体被纳入社区各项任务建设中。社区作为社会的一个缩影，是社会治理工作的呈现与延续，社会治理工作作为社会工作的重要组成部分，同样需要一定的专业性和技术性。社区工作队伍的缺乏和社区工作组织的不健全使社区治理陷入完全依赖政府的被动治理中。经开区通过“社工+志愿者”联动，积极引导社区居民参与社区志愿服务的互助活动，形成社会工作人才引领志愿者、志愿者协助社会工作人才开展服务的互动格局，不断强化志愿者队伍的综合服务能力，也不断提升志愿者的影响力。一方面，通过社工志愿者服务平台，分享工作中的收获、喜悦、困难、问题，促进彼此相互学习、交流，共同成长。另一方面，支持社工、志愿者积极开展各类服务活动。根据社区居民实际需求将志愿服务合理分类，制定服务类别管理表，再根据志愿者所具备的专业和能力进行服务匹配。这样可以大大提高社区服务的针对性与有效性。通过引进和培育专业社工队伍，为社区居民提供个性化的服务，满足了居民服务需求，获得了居民的高度认可，对引导和吸纳居民参与社区治理具有极大的促进作用。正是由于经开区重视社工队伍的专业化培养与支持，在社区服务供给方面产生了积极效应，才激发了居民的参与热情。

基于此，在加强社区队伍专业化的发展过程中，一是要逐步完善规范社工队伍建设的相关政策，提高社工队伍的薪酬待遇和福利水平。大力弘扬志愿服务的奉献精神，宣传志愿服务的文化理念，让更多优秀干部、地方能人、党员积极分子加入社区服务建设。给予社区工作者应有的荣誉，肯定社区工作者的职业价值，拓展社工职业发展空间，实现社工队伍的稳定化发展。二是进一步明确社区工作者的职责，规范社区工作者职业资格的认定工作。社区工作者要积极协助社区开展志愿者动员、招募、培训、使用等工作。在志愿者动员、招募阶段，将协助社区出谋划策，派出专业人员协助相关工作。三是加大对社区志愿者的支持、激励和保障。社区志愿者作为社工队伍的重要来源，对社区服务效能的发挥起到关键作用。为方便志愿者参与社区服务，经开区将社区志愿者信息登记在册，时常与志愿者保持联系和沟通，为社区服务供给提供人力资源。同时依据服务时长为志愿者建立服务绩效，确立服务信用评级等，确保志愿者服务社区作用的发挥。

（二）重视培养是提高社工队伍能力的重要方式

社区工作者承担着社区服务和治理的各项任务，直面社区居民，看似简单的工作往往也需要社区工作者具备专业能力。专业能力的提升一方面要依靠社区工作者自身的学习和积累，另一方面需要加强对社区工作者的培养和训练。比如，为居民办理医保、再就业、困难户等公共服务时，就需要社区工作者了解最新的政策，明确办事流程，以便为居民提供快速而准确的解答，无须居民多次询问和反复办理相关业务，提高了社区服务效率。对于一些困难群体，由于他们各自需求不同，需要社区工作者具备一定的专业技能，比如老年人的日间照料、居家养老、青少年儿童的心理健康疏导等，这样才能够为社区提供更有效的服务。经开区高度重视对社区基层组织孵化管理进行培训，对社区干部和驻站社工进行培训，组织城市老旧社区成立业主委员会，帮助社区引入高质量物业公司，开展孵化社区、乡镇基层组织建设（如“5＋N”模式建设暨生态文明建设委员会、安全与调解委员会、公益慈善委员会、敬老爱幼委员会、文化体育委员会）、社区志愿者服务队孵化培育等工作。通过加大对社工队伍的培养力度，提升了社工队伍整体的服务能力。

与此同时，还需进一步提升社区工作者的精准服务能力和协同服务能力。没有充分把握居民需求，就无法提供与之相适应的服务。社区工作者要提升服务有效性，必须深入了解居民需求，针对不同的群体进行需求归类，让居民获取有益的服务，提高居民对社区服务的满意度。对此，可以根据社工队伍的专长和优势特点打造专业品牌，有针对性地定位需求，处理复杂的社会需求和问题。同时，也需要提升社区工作者的协同能力。要处理复杂的社会问题，单靠某一社区工作者的个人力量难以实现，需要社区工作者之间相互协调和合作，发挥集体和团队的优势。在社工队伍建设中，不仅要明确团队的责任和义务，牢记服务精神和理念，还要建立合理和清晰的权责边界，形成目标明晰、分工明确、责任到位的高效社区服务组织体系，从而提高社工队伍的协同服务能力。在不断增强社区工作者精准服务能力、协同服务能力以及专业服务能力的过程中，推动社区服务良性运行。

（三）加大本土化是提升社区服务效能的长效机制

提高社区工作者的专业化水平，加强社区工作者的培训和培养，是提升社工队伍能力的重要方式，然而拥有了深厚的专业知识和储备，也并不一定意味着社区工作者就能够处理好社区服务和治理中的难题。社区工作者面对的是非常具体实际的各项工作任务，与抽象的理论和专业的技能不同，这些问题不仅具体细致，而且还往往具有鲜明的地区特征。因此仅仅依靠学习和掌握基础理论的方式是远远不够的。“只有通过本土化了的社会工作理论、方法的训练，他们才有可能真正具备解决本土社会问题的能力，并且社会工作作为一种专业才能最终得到国家和社会的认可”。[①] 换言之，社区社会工作需要经过相互调适和不断适应所在地区的需要才能发挥作用，这也是实现社工本土化的过程。党的十九大提出，推动社会治理重心向基层下移，大量治理

① 李迎生. 构建本土化的社会工作理论及其路径［J］. 社会科学，2008（5）：77－80.

资源进入社区，仍需要经历一个调适的过程，才能在社区服务和治理中发挥应有的价值。这也意味着本土化运行的核心和关键是传统文化与制度体系的融合和适应。

在文化价值方面，传统文化对社区发展有着根深蒂固的影响，民众在日常生活中的行为习惯、语言表达、习俗传统，无不渗透着浓厚的地域文化和民族气息。社区工作者的任务本质上来说是外部力量对个体事务的介入，大多数社区工作者仅是机械化地处理社区事务，而未能充分考虑地域特色和居民特点，由此产生种种水土不服的现象。在社区服务和治理过程中，需要将传统文化和价值融合，以友善、互助、诚信、文明的价值理念为支撑，贯穿社区工作者服务全过程。在制度建设方面，在长期的国家治理体系实践过程中，我国形成了上下分治的独特模式，即中央政府具有管治权，地方政府具有治民权的基本架构。地方政府是直接与民众接触的，衡量地方政府政绩很大程度上依赖于民众的满意度。服务于民是地方政府的责任之本，社区工作者作为地方政府解决社区居民实际问题的代理人，同样也面临着社区居民的评价和考核，社区工作遵循的本土化原则，在面对社区工作者的介入时必然会与原有的制度体系、结构运行、要素组成等产生碰撞和摩擦，这就需要采取制度化的调适，使社区工作者更好地融入社区服务和治理中。对此，要重视和发展适应地区发展、文化价值和制度体系的本土化社工队伍。培养和挖掘熟悉基层环境、了解群体关系模式、拥有丰富经验和地方知识的社工人才。唯有如此，才能更好地形成社区服务长效机制。

第三节 以“资源整合”促进社区服务基础系统化

社区资源是社区服务和治理发挥效能的必要性条件，也是推动治理现代化的基础性要素。2017 年 4 月 3 日，中共中央、国务院印发的《关于加强和完善城乡社区治理的意见》提出：优化社区资源配置。探索建立基层政府面向城乡社区的治理资源统筹机制，推动人财物和责权利对称下沉到城乡社区，增强城乡社区统筹使用人财物等资源的自主权。推动机关企事业单位积极参与城乡社区服务、环境治理、社区治安综合治理等活动，面向城乡社区开放文化、教育、体育等活动设施。注重运用市场机制优化社区资源配置。2021 年 4 月 28 日发布的《中共中央 国务院关于加强基层治理体系和治理能力现代化建设的意见》指出：“由基层党组织主导整合资源为群众提供服务。”基本公共服务所需的资源涉及面广，包括政策、资金、人员、设备、技术、文化资本、公共精神等多样化资源，而现代社会资源分布呈现分散化特点。“不仅政府控制的资源出现流失，旧的资源发生属性变化，新的治理资源还不断涌现”。[①] 因此，有效整合并充分利用不同主体所掌握的资源，有助于改善资源配置的效果。安顺经开区大力开发项目资源，实现有形资源和无形资源的有效整合和配置，根据实际情况，开发生态资源项目，成立新时代文明实践站，建立三级一体化综治中心，扩大集约化信息服务平台，有力地促进了社区服务效能的提升和发挥。

一、社区资源整合的难题困境

社区资源是社区开展活动的首要前提，是社区居民生存和发展的保障和基础。社区中的有形资源包括自然资源、人力资源、经济资源等，诸如社区

① 敬乂嘉．合作治理：再造公共服务的逻辑［M］．天津：天津人民出版社，2009：263.

中的基础性设施、自然性景观等。有形资源为居民生存提供了基础性保障，而且能够让民众感知，往往在社区服务供给中更受重视。除了有形资源，社区中还存在大量无形资源，包括文化资源、信息资源等，这些资源由于无法实际观察到，容易被人们忽略。随着社会文化发展和民众需求逐步提升，文化、信息等资源在社区中的潜在功能日益彰显。从文化资源来看，文化是一定区域内的成员在长期的生产生活中形成的群体的传统习俗、生活方式、行为规范、价值理念等的总和。社区文化包括人类的物质生活方式和精神生活方式，前者主要指人们的衣食住行、工作以及娱乐的方式，后者主要是指人们的信仰结构、价值结构（追求、期望和时空价值等）和规范结构（习俗、道德、法律等）。[①] 优秀的传统文化经过历史的积淀不仅能够得到人们的广泛认同，还能够促进民众互助行为的生成，是社区中重要的无形资源。从信息资源来看，信息作为现代社会尤其是大数据时代的宝贵资源，在人们的沟通交流中起到重要作用，信息拥有者在现代社会激烈竞争中占据主动优势。社区中的各类组织之间、组织与居民之间以及居民之间的充分沟通和交流都有赖于信息，而信息不对称则易造成大量交易成本，降低公共服务的质量和效率，不利于社区服务水平的提升，因此信息也被视为社区中重要的公共资源。无论是有形资源还是无形资源，在当前社区中都存在分布零散、利用不合理、资源项目开发不足等低效情况，具体体现在以下几个方面。

首先，社区资源总量不足。从整体上来看，现有社区资源仍难以有效满足居民需求。一方面，社区人力资源缺乏。尤其是农村社区，大量人口流动，人才流失现象较为突出。社区承担大量的事务性工作和服务性工作，人力不足导致社区工作人员往往集中于完成事务性工作，而忽略了服务的投入。社区基础性资源有限，尽管国家制定了相关政策支持社区基础设施建设，社区基础环境和条件都有了较大改善，但仅仅只能维持最低的运转需求，要实现多样化的服务需求还囿于资金、设备、场地等资源不足。另一方面，社区无形资源开发不足。无形资源在社区服务中发挥着重要的作用，社区中的文化资源有利于助推社区公共精神的形成，培育居民对社区的认同感和归属感，促进居民之间的互助和合作，形成社区共同体意识。然而，社会流动带来的分化，使原本的熟人社会走向陌生，合作参与意识弱化，传统文化的消解使

① 郑杭生．社会学概论新修［M］．北京：中国人民大学出版社，2003：280．

社区居民之间难以达成有效共识，给社区服务和治理带来了较大挑战。

其次，社区资源利用不合理。当前，一些地区自然景观、山地资源、驻区单位的优质资源处于闲置状态。不少社区建设了配置高档的图书馆、体育场馆等文体设施，受限于开放时间和工作周期，居民使用率并不高，大部分时间无人问津，这极大地造成了资源浪费。社区中的各类资源主体，大量的社会组织、人力资源等都未能得到充分挖掘，社区提供的服务未能与需求形成有效衔接，社区服务难以满足居民多层次多样化需求。解决这些问题需要对社区资源进行充分利用和有效整合。

最后，社区资源项目开发不足。社区服务主要包括为全体社区成员提供的基本行政类服务，为特殊人群和困难群体提供的福利类服务，以及部分商业类服务三大内容。当前，大部分社区集中于提供具有公共性的事业服务，满足全体成员的基本需求。而针对困难群体、特殊群体的诸如老年人照料、青少年培训、幼儿托管、家庭服务等，由于缺乏相应资源投入，服务供给不足。安顺经开区常住人口 23 万，60 岁以上的有 3 万余人，占全区总人口的 13%。社区人口老龄化趋势严重，亟须丰富社区服务的内容和扩大社区服务供给的范围，增加更多针对特殊群体需求的服务，开发更多的服务项目资源。

二、社区资源整合的改革实践

安顺经开区国土面积 170 平方千米，辖宋旗镇、幺铺镇和西航办事处，社区老龄化人口占比大，社区传统文化与现代文明交织，流动人员复杂，社会人口结构和分布呈现新样态，这些都反映了新时期社区服务的新需求新特点。针对社区资源总量不足、资源利用不合理、资源项目开发不足等困境，经开区充分利用现有条件，挖掘和开发新资源，整合已有资源，打造了一批环境优美、生态宜居的社区服务环境，成立了弘扬传统文明与新时代文化精神的文明实践站，建立了以社区精准服务为核心的综合治理中心，搭建了增进社区服务与治理的信息服务平台。

（一）开发生态资源服务项目，整合社区既有资源

提高社区服务效能不仅需要在主体上不断扩充服务力量和队伍，还需要从外部给予资源和项目支持，大力开发和引进与社区服务相关的项目。针对

资源分布分散、项目开发利用不足的情况，经开区着力发挥政府主导作用，围绕社区服务和治理，充分利用既有资源，整合和开发相关项目，为社区服务效能提升提供了强有力的资源保障。

一方面，成立三合生态养老中心。根据全区人口结构特征，为了更好地为老年人提供服务，经开区在三合水库建设三合生态公园及养老中心。该项目以公益开放游玩及老年人监护、助护和生活护理为主，涵盖度假民居等配套业态，为老年人群体、少年儿童等社会群体提供生活、休息、保健、娱乐、健身、康养等服务。

另一方面，开发三合苗寨项目。通过“文化＋旅游”推动社区服务的环境优化。该项目以“四在农家·美丽乡村”创建为载体，整合各类资金逾1亿元重点改造国家一类贫困村。打造了文旅一体化的美丽乡村休闲旅游示范点，实现了国家一类贫困村到旅游扶贫新典范的蝶变。随着周边基础设施逐步完善，产业结构不断调整，社会经济快速发展，三合苗寨的交通优越性越发凸显。三合苗寨依托村庄依山傍水的环境优势，围绕三合水库区域，对村庄进行绿化，对荒山经济林进行补绿植绿，将周边山头打造成山体公园，并建设了8千米的环山自行车越野赛道、文化广场、苗族文化陈列馆、蜡染体验馆及社会主义核心价值观主题公园，项目的开发和利用为社区服务创造了良好的环境基础。

（二）成立新时代文明实践站，融合社区文化理念

为促进社区建设和发展，传递社区志愿服务精神，深化社区精神文明，安顺经开区启动了新时代文明实践中心试点工作，通过宣传普及党的路线、方针、政策，培育践行社会主义核心价值观，进一步加强农村基层思想宣传工作和精神文明建设，打通宣传群众、教育群众、关心群众、服务群众的“最后一公里”，为社区服务创造了新时代文明新风尚。

首先，在区、镇（办）、新型社区、行政村（居）三级同步建设新时代文明实践中心（所、站），在幺铺镇先明确两个行政村做试点，然后逐步开展整镇推进试点工作，西航办、宋旗镇、星光社区、春雷社区明确一个行政村（居）开展试点工作。以学习实践科学理论、宣传宣讲党的政策、培育践行主流价值、丰富活跃文化生活、持续深入移风易俗为工作内容，以志愿服务为基本形式，紧紧围绕“宣传群众、教育群众、关心群众、服务群众”四大主

题，打通城乡公共文化服务体系的运行机制、文化科技卫生“三下乡”的工作机制、群众性精神文明创建活动的引导机制，将基层组织建设、乡村振兴、脱贫攻坚、综治中心工作、社会治理有机结合起来，整合人员队伍、资金资源、平台载体、项目活动，推动社区思想文化建设工作和精神文明建设改革创新，实现更富活力、更有成效、更可持续的发展。

其次，明确新时代文明实践工作内容，引导社区居民积极参与。充分发挥各种宣讲平台阵地作用，深入宣传解读习近平新时代中国特色社会主义思想，按照学懂弄通做实的要求，引导农村党员群众深入领会掌握这一思想的基本观点、核心理念、实践要求，不断增进政治认同、思想认同、情感认同，更加自觉地维护核心、拥戴领袖，牢记嘱托、感恩奋进，更加自觉地在党的领导下走中国特色社会主义道路。聚焦群众最关心、最直接、最实际的利益问题，推动群众接受新思想、新理念。引导农村群众自觉把个人和小家的幸福与国家的发展、民族的梦想联系起来，树立靠自己的双手改变贫穷面貌的坚定信念，凝聚不懈奋斗、自力更生的强大力量。推动社会主义法治精神走进群众、融入日常生活，引导农村群众自觉学法、尊法、知法、守法。加强农村诚信建设，培养农村群众诚实守信的行为准则。充分利用文化科技卫生走进乡村、文化进万家，送欢乐下基层，送戏、送展览、送书刊、送春联下乡等活动，把更多优秀的文化产品和服务送到农村。加大政策、资金扶持力度，推广政府购买公共文化服务，探索运用市场机制、社会捐助等多种形式，引导社会力量参与，增加农村文化供给，提高服务水平和质量。

最后，明确新时代文明实践工作要求，对社区服务人员进行制度管理。区直各部门结合工作职能职责组建新时代志愿服务小队，并纳入总队管理。镇（办）、新型社区组建新时代文明实践志愿服务支队，党（工）委主要负责同志担任支队长、相关分管领导为联络员，不断发展壮大志愿服务队伍，典型示范经常性开展文明实践志愿服务活动，推动志愿服务活动热在基层。各新时代文明实践中心（所、站）将中心（所、站）和志愿者队伍工作的经费列入财政预算，用于新时代文明实践中心（所、站）建设、志愿者培训、活动开展等方面，建立稳定的经费保障机制。按照“有阵地、有标识、有制度、有队伍、有台账、有活动、有氛围”的标准，做到规定动作模块化、自选动作特色化。经开区采取集中与分散相结合的方式开展服务活动，集中开展文明实践志愿服务活动，至少每月一次，每月相对固定一天；日常实践活动至少每周一次，通过进门入户、开展小型专项活动等方式，提供面对面的贴心服务，与群众建立亲密信赖关系，培植情感基础，提升实践活动人气，增强实践中心的凝聚力、吸引力、影响力，切实保障社区服务的质量和效力。

（三）建立三级一体化综治中心，聚合社区各方力量

为提高社区服务的精准力度，推动社区精准微治理，安顺经开区在全市率先完成区、镇、村三级一体化综治中心建设，统一调度治安防控、维稳处突、社区矫正等资源，真正实现“大联动、精治理”。

第一，整合资源，不断提升社区服务基础效能。经开区通过设立综治“大管家”，全方位整合区镇村综治、信访、警务等职能，以及村（居）“两委”、政法特派员、警务助理员、民生派驻员等“五员”队伍，横向构建共治“同心圆”，巩固党委领导下的“大政法”工作格局，纵向打造善治“指挥链”，完成区、镇、村三级一体化综治中心建设。将“天网工程”与“广电云”相结合，投入2000万元在全区建成1632个视频监控，整合全社会视频监控资源，实现“雪亮工程”71个村（居）全覆盖。将公共安全视频监控信息接入数字电视终端，群众在家中就能通过电视进行可视对讲的“一键报警”，从对交通堵塞、秸秆焚烧进行管控延伸，到对邻里纠纷、违法犯罪进行监控，真正实现立体防控、智慧防控。

第二，智慧转型，不断优化社区服务民生工程。经开区创新管理服务手段，拓展“雪亮工程”在基层党建、生态建设和精准扶贫等领域的应用。通过信息化管理对重点人员实行监测管控，对孤寡老人、留守儿童、救助对象等困难群体及时提供定向帮扶；通过人口数据网格化管理功能，提高预警分析和处置效率；增设“党纪法规”“警示教育”等专区，有效实现惠民政策公开入户，扫黑除恶、公共安全等警示教育宣传入户。探索综治信息系统“9+X”模式，设置包括综治组织、重点青少年、社会治安、特殊人群等9大基础应用模块，录入信息10万余条，通过大数据挖掘、研判分析、统计报表等方式进行深度应用。同时进行个性化定制和扩展的“X”延伸，“乡村和社区治理质态云图”有效实现对基层治理的数据化管控；“矛盾纠纷多元化解调处微信公众平台”实现了对矛盾纠纷调处规范、高效的动态化管理，荣获“全国互联网+政务服务创新应用App”称号；“房屋出租管理”实行出租房屋“一屋一档”精细智能管理，切实解决了出租屋“治安差、隐患多”等棘

手问题，真正实现社区服务办实事、显实效。

第三，系统整合，不断完善社区服务综治体系。依托社区综治中心平台，不断完善系统和功能建设，通过社区网格化工作落实，丰富综治平台系统的各类数据，通过数据分析与研判，探索实现社区的信息化服务和管理。依托“雪亮工程”“天网工程”系统平台，利用已建设完成的各类视频监控资源，通过对前端探头的安装与调试，开展对封闭小区进出口的全时空精准监控，实现与小区门禁系统的融合互补，切实强化对人员进出的核实管理，提升社区治安防控能力和水平。依托社区警务工作平台，社区民警、网格员围绕“人、地、物、事、情”等要素开展信息采集和维护工作，第一时间将采集到的信息准确完整地录入系统，通过运用信息化手段促进社区警务工作模式的不断转型，从而更好地加强警务工作对社区的服务和管理。依托全区矛盾化解调处系统，基层社区网格人员对发现的大量矛盾纠纷积极开展调处，并可通过手机将化解完成的矛盾纠纷录入、传送到区级系统平台审核，兑现奖励。这样一来，社区矛盾可被及时发现、及时化解，有效遏制了“民转刑”“民转群”“民转访”事件的形成和发生，有利于维护社区和谐稳定。

（四）扩大集约化服务平台，整合社区信息资源

社区公共服务综合信息平台建设推动了社区信息化，在提升社区自治和服务功能、切实满足居民公共服务需求、实现基层社会服务管理创新方面起到了积极的作用。社区信息化建设是国家信息化发展的重点环节，社区公共服务综合信息平台建设是社区信息化建设的基础工程。为落实《中共贵州省委 贵州省人民政府关于加强和完善城乡社区治理实施意见》（黔党发〔2018〕10号）和《贵州省推进“一云一网一平台”建设工作方案》（黔府办函〔2018〕183号）精神，省民政厅、省发展改革委、省公安厅、省财政厅、省大数据管理局建设集约化社区综合信息服务平台。按照省民政厅的要求，结合经开区创建和谐社区示范城区的情况，社区公共服务综合信息平台建设原则上在区、街道（乡镇）、社区三级统一应用，主要依托信息化手段和标准化建设来整合公共服务信息资源，采取窗口服务、电话服务和网络服务等方式，面向社区居民提供基本公共服务。

首先，通过集约化信息服务平台，提高社区服务效率。经开区确定将民政局“残疾人证发放和管理”事项作为全区首个通办事项，在幺铺镇政务大

厅社会事务窗口设置“全区通办窗口”，试点开展“异地收件、远程受理、邮寄送达”服务模式，旨在提高群众办事便捷度，共建全国基层治理数据库，推动基层治理数据资源共享，推进村（社区）数据资源建设，实行村（社区）数据综合采集，实现一次采集、多方利用，不断提升群众获得感、满意度。

其次，通过集约化信息服务平台，增强社区服务能力。经开区运用大数据、信息化技术，搭建三个智慧平台，实现组织一体化、资源共享化、管理智能化，促进矛盾纠纷快速、依法、公平、合理解决。其中，“法律商城服务平台”针对调解不成功的纠纷，为群众提供可自主选择的法律咨询、法律援助、代理诉讼等便民法律服务，让数据多跑路，群众少跑腿；“乡村和社区治理质态云图”有效促进资源整合，实现基层治理数据化管控；“矛盾纠纷多元化解调处微信公众平台”具有申诉、转办、调解、审核、统计等功能，“一条龙服务、一站式办结”，实现了对矛盾纠纷调处规范、高效的动态化管理。同时，整合汇聚各类网格资源，积极构建“互联网+”智慧社区建设，借助大数据平台，实现大联动微治理。经开区在西航办龙井村打造智慧社区，率先试点安装“人脸识别系统”“车牌识别系统”等防控系统，实现对小区出入人员、车辆的实时监测，确保“人过留影、车过留牌”。实现门禁、道路、单元等社区公共场所人员车辆的信息数据化，以达到社区治安问题早发现、早介入、早处理。在多种场景实现“矛盾不上交，平安不出事，服务不缺位”，从而有效提升人民群众的安全感和幸福感。

最后，通过集约化信息服务平台，完善社区服务路径。集约化信息服务平台试点运行以来，在黔南州民政局和两个街道的支持下积累了大量宝贵经验，开发了200余条标签，但还需要进一步完善功能。经开区根据工作实际要求提出优化建议，加强平台建设，在平台试运行、系统基本稳定的前提下，逐步推广、不断检视，通过在每个市（州）建立一个微信群，当群成员发现问题以及有好的想法、要求时，可以及时发到群里，技术支持单位及时跟进研究解决，并将优秀经验在全区进行宣传和推广，减轻了基层负担，方便了群众通过手机端办理社区服务事项。

三、社区资源整合的路径思考

安顺经开区通过资源整合，社区服务工作有了显著成效。就开发的生态项目资源而言，项目辐射了周边的城乡居民，居民体验反馈良好，社会公益效益非常可观。项目直接提供800个劳动就业岗位，形成就业带动新增长点，有效化解了就业难问题。通过建设公园及康养服务中心建设，打造新的城乡人口聚集点，带动了周边服务业的发展。其中，养老中心项目培育了一个环境园林化、服务宾馆化、生活家庭化、护理亲情化、管理规范化的老年服务机构，且配套建造护理中心，免费为入住的老年人提供健康体检、专家问诊等多样化服务。康养服务配套缓解了区域内社会养老能力不足的局面，有效改善了当前地方养老接待能力不足、养老服务水平不高等现实问题，民众热切关注的民生问题得到改善，群众幸福感得以提升。

（一）充分利用本土化资源，为社区服务奠定基础

资源整合是社区治理的重要内容，单纯依靠自上而下的行政性资源难以实现社区共同体的长效发展。社区治理具有很强的地域性特征，尤其是在农村社区及转型社区，不少地区还有着传统的文化底蕴，大量的自然生态资源尚未得到充分利用。伴随乡村振兴战略的推进，大量乡村能人、贤人志士返乡创业，给农村社区带来了新的资源和发展契机。社区能否整合乡村内部资源和要素、激发动员居民参与，一定程度上取决于社区内部的共识和认同，而共识的达成往往是建立在当地独特的传统文化和民情风俗基础上的。

经开区在整合社区资源的基础上，创建社区治理新机制，依托服务平台，发挥社会组织载体作用、社区工作者专业人才作用和社区志愿者主导作用，打造民族之家、志愿者之家、“学龄儿童筑梦成长基地”、个案工作室等项目和平台，根据群众需求推出服务项目，通过平台吸引更多的社工、社会组织、社区志愿者参与社会服务。通过“学龄儿童筑梦成长基地”学校、心理咨询室为社区青少年提供课业辅导、心理疏导、困难救助等服务。发挥志愿者服务队作用，针对婚姻家庭、孩子教育、亲子关系、反家暴、维权以及心理健康等方面的需要，定期开展专业社工服务。通过“大手拉小手，共筑碧水蓝天”“小手拉大手，你我共成长”等品牌活动丰富社区家庭生活，提升目标家庭的生活质量，促进家庭和谐、社会和谐。整合社区资源，利用民族节日开展各种有利于邻里关系融洽、发扬互帮互助精神的社区活动，在拉近社区居民关系的同时，也能够营造社区内良好的道德氛围。此外，通过发挥社区老党员、老政法干警的积极作用，为社区居民化解和处理纠纷，切实提升了社

区服务和治理效能。

基于此，社区应注重利用好本地资源，充分挖掘人才、政策、文化等方面的资源和优势。在人才本地化方面，可以将社区积极分子，品德高尚、经验丰富的能人志士纳入社区人力资源体系，引导他们对社区工作者进行指导和帮助，促进社区工作者尽快熟悉和掌握本地知识。在文化本地化方面，充分将新时代文化与传统文化资源相结合，借助新时代文明实践站建设，培育和创建具有当地特点的社区文化品牌，塑造良好的文明新风，增进居民间的互助和支持行为，提升居民的积极性和能动性。在政策本地化方面，在遵循基本原则和政策导向的前提下，依据本地特征对社区予以必要支持，比如依据不同的社会组织类型，给予物质资金、荣誉表彰、示范效应等不同的政策扶持，实现社会组织在地化，使社会组织为社区提供更为高效的服务。

（二）不断引进服务类项目，为社区服务创造条件

社区服务的对象是广大社区居民，提供符合居民需求的社区服务是社区发展的导向。当前居民需求的多样化对社区服务提出了更高的要求，在社区资源有限的情况下，要提供更有效的服务，就需要进一步扩大市场与社会的融合，引进更优质、更符合当地发展需求的服务和项目。安顺经开区在本地三合水库开发的三合生态公园及养老项目，就是以公益开放游玩及老年人监护、助护和生活护理为主，为老年人群体、少年儿童等社会群体提供集生活、休息、保健、娱乐、健身、康养为一体的服务。养老中心为老年人提供的多样化服务，有效改善了当前地方养老接待能力不足、养老服务水平不高等现实问题，群众幸福感得以提升，这对社会和谐稳定发展也具有积极推动作用。

随着新时代发展，社区服务不仅仅局限于传统的基本公共服务，还要更加关注多样化多层次需求和服务，根据社区的人口结构和需求特征来引进和开发适宜的项目，打造具有地区特色的服务品牌，为社区居民提供更为优质的服务。一方面，聚焦居民需求，制定社区居民需求清单，厘清共性需求和差异化需求，根据需求分析结果整合社区资源，通过引进符合社区服务发展的项目，拓展社区服务覆盖面，提升社区服务品质；另一方面，在充分开发社区多样化服务项目过程中，不断细化服务流程，规范服务方式和内容，使服务供给与社区居民需求精准对接，确保服务的有效性和满意度。在提升服务品质的同时，创立服务品牌，形成具有社区本地化特色的服务品牌，为社

区创造更大的发展效益。

（三）大力推动平台化建设，为社区服务提质增效

当前平台化建设已成为社区资源整合的重要方式，通过搭建各类服务平台，实现社区资源的共享和互通，减少资源浪费，促进资源配置的规范和有序。经开区通过搭建“云汇党建”“法律商城服务平台”“质态云图”“社会网格服务”4个智慧平台，构建区级下沉、镇（办）集中、村级上门的便民体系，并投入3000余万元提前3年规范化建成71个村（居）便民服务点，推进组织一体化、资源共享化、管理智能化，推行“三帮办”便民服务，解决了过去群众办事“七站八所到处跑”的问题。通过集约化信息服务平台，实现了“一条龙服务、一站式办结”的高效动态管理。进一步畅通了区、镇、村乃至群众家中各类信息的全面输送，让网格管理、治安防控、维稳处突、矛盾调处、信访接待、社区矫正等各项指挥调度和信息反馈更为高效便捷，违法犯罪率明显下降，破案率明显提升。有力扩大了政务信息共享范围，降低了行政管理成本，增强了行政运行效能，推动基层政府向服务型政府转型；减轻了社区组织的工作负担，改善了社区组织的工作条件，优化了社区自治环境，提升了社区服务和管理能力；保障了基本公共服务均等供给，改进了基本公共服务供给方式，拓展了社区服务内容和领域，为建立多元化、多层次的社区服务体系打下良好基础。

对此，社区发展过程中要加大平台化建设，根据群众需求提供相应的平台服务，在建设平台的过程中，一方面要纳入和整合更多的社区资源，协调公共利益，在资源下沉的政策导向下，运用好各类资源和组织，引入先进的管理理念和方法，明确各主体的利益诉求和权力责任，实现资源调度的制度化、规范化；另一方面要加强对平台运行的管理和监督，加强平台管理者的培训和学习，提高其业务素养和服务能力，加大对平台运行的考核和反馈，接受居民的监督考核，将居民的满意度和反纳融入平台考核评价体系，切实提高平台化运行的服务质量和效能。

第四节　以“互联网+”实现社区服务民生精准化

“互联网+”是信息时代的产物，随着经济社会的快速发展，社会事务管理任务日益加重，“小政府、大社会，小机构、大服务”的体制机制越来越突出，制约了社区服务和治理效能的发挥。2021年4月28日发布的《中共中央国务院关于加强基层治理体系和治理能力现代化建设的意见》明确提出要加强基层智慧治理能力建设，包括做好规划建设、整合数据资源、拓展应用场景。2021年12月27日，国务院办公厅发布的《“十四五”城乡社区服务体系建设规划》也提出必须深化改革创新，充分运用数字技术为社区赋能减负，提升服务品质和效能。安顺经开区对此高度重视，成立了安顺经开区城乡社区治理智慧服务体系工作领导小组，制订《安顺经开区2020年城乡社区治理智慧服务体系建设实施方案》，以改革创新为抓手，以实干担当为导向，充分运用大数据平台，着力推动基层社会治理水平显著提升，让人民群众更有获得感、幸福感和安全感；以提升社区综合治理能力为主线，结合乡村振兴战略，形成基层党组织领导、基层政府主导的多方参与、共同治理的城乡社区治理智慧服务体系新格局，促进互联网与政务服务、教育管理、安全防控、医疗健康的深度融合，不断完善民生保障体系，有力实现服务精准化。

一、社区“互联网+”数字赋能的必然趋势

当前社会正经历着大规模的工业化、城镇化、市场化、信息化浪潮。互联网信息技术的快速发展影响着各行各业，并且渗透到最基层的城乡社区，给社区治理带来了新的挑战和机遇。面对数字化浪潮的冲击，社区只有积极应对，不断调适，将信息技术与社区治理深度融合，加大互联网、大数据等在转变社区职能、政府简政放权、社区治安管理、医疗健康服务等各方面的应用，才能助推社区服务和治理效能的提升。一是通过“互联网+”构建社

区服务平台，可以避免传统的社区服务供给在时间和空间上的局限性。互联网提供了跨时空的交流渠道，将服务信息和业务流程公开透明化，降低了交易成本，实现无缝隙服务。除了官方的服务网站，居民还可通过微博、论坛、微信等应用软件，利用社区内部互助交流的线上平台，及时地在线探讨，在居民之间形成了互动参与的合力。二是通过“互联网+”能够维护社区治安秩序。良好的秩序是社区居住和生活的前提。人口流动使得社区人员样态复杂，社区治安存在隐患，危害人身安全和财产安全的事件时有发生。信息技术的运用实现了对流动人员的精准防控、对隐患的排查。尤其是在疫情防控时期，大数据技术在实现健康码一码通行、快速识别、预测研判方面起到了重要作用，极大提高了社区服务和治理水平。三是通过“互联网+”能够实现业务和流程整合。部门之间的协同合作，提高办事效率，为基层社区工作人员增能减负，有利于让社区从传统的行政性束缚中解放出来，让社区工作者有更多的精力开展群众性自治服务，逐步回归居民自治。

信息技术的发展及应用对社区治理现代化有重要作用，社区实现“互联网+”势在必行。然而，受传统治理思维的束缚，管理者理念水平的限制，以及居民认知程度的差异等因素的影响，社区信息化的应用并不广泛，数字赋能的效应尚未显现。一是“互联网+”改革创新对传统理念的挑战。社区数字技术的应用是近些年的新兴产物，尤其是在基层治理应用方面尚不成熟，仍处于摸索阶段，在各地的实践创新过程中，出现各种模式各种样态，也同样会面临许多难题，需要部门推动者深入跟踪及时反馈。在实际改革中，大部分基层干部思维固化，工作中力求稳妥，对改革创新缺乏动力，一旦实践中出现问题或困难，往往暂缓或停止继续改革的步伐。一些干部对“互联网+”的认识和了解还不够深刻，将其视为社区治理的万能钥匙，不顾居民实际需求，盲目引入数字项目和各种技术，给基层增添了沉重负担。二是“互联网+”改革创新对传统治理模式的挑战。长期以来，政府作为社区治理的主体拥有大量的资源及配置权力，治理意味着社会组织、企业、居民等多方主体之间的合作共治，信息技术本质上是起到促进多方主体共享和协同的作用，信息技术的融入势必会打破传统的资源垄断格局，引发权力结构的调整和变化。这就导致信息技术的改革往往是各自为政，难以在整体上有效运行。同时，各地开发的技术软件功能尚显单一，未能针对社区实际需求分门别类地设计相应的服务功能，传统治理模式难以满足信息技术的变革与挑战，这些对数字技术、专业技能都提出了更高的要求，必须要将“互联网+”与社区治理深度融合，形成新的治理模式，实现社区服务和治理的新变革。

二、社区“互联网+”数字赋能的发展模式

为了顺应信息时代发展，提高社区服务和治理效能，提升居民的满意度和幸福感，安顺经开区将“互联网+”信息技术与社区服务紧密结合，搭建便民服务新平台，实施“互联网+政务服务”“互联网+安全防控”“互联网+教育管理”“互联网+医疗健康”等民生工程，全面提升了社区治理水平，营造了和谐稳定、健康有序的社区发展环境。

（一）推进“互联网+政务服务”，大大提高办事效率

“互联网+政务服务”不是实体政务服务中心的简单上网，而是要以互联网的思维对政府服务进行全新的业务整合与流程创新，构造一体化、全过程、无缝隙的政务服务体系。[①] 依托贵州政务服务网，安顺经开区大力运用“互联网+政务服务”，将行政审批服务系统和电子监察系统延伸至镇（办）、新型社区和村（居），逐步实现县乡村三级政务服务网络无缝对接、协同办理，真正实现了社区服务的无缝隙管理。

第一，积极与省、市政务服务中心沟通对接，配合做好农村社区信息化建设，持续抓实“互联网+政务服务”向乡村延伸，确保互联网与政务服务体系深度融合，畅通乡村政务服务“一网通办”。着力提升“互联网+政务服务”水平。推行网上审批和服务，持续推进“一网通办”，全面推行政务服务事项通过贵州政务服务网实现“一网申请、一网受理、一网审批、一网查询、一网监督”。推进“一窗办”服务。按照“前台综合受理、后台分类审批、统一窗口出件”模式，持续推进政务服务事项“一窗受理、集成服务”。推进“集成套餐服务”。按照“办一件事、只到一个窗口、提交一套申请材料”的原则，至少推出5种“集成套餐”服务，进一步提升窗口服务质量和效率，提升群众办事便捷度和满意度。

第二，加强基层政务队伍建设，从镇（办）、村（居）实际出发，强化

---

① 陈涛，董艳哲，马亮，梅冬芳，张锐昕，王少辉，杨道玲，于跃，张毅，郑磊，郑跃平．推进“互联网+政务服务”提升政府服务与社会治理能力［J］．电子政务，2016（8）：2-22.

工作人员政治素质培养和业务技能培训，不断提升基层政务服务水平和服务质量，助推实现“互联网+政务服务”全覆盖。加强工作人员政务服务信息化培训，促进政务工作人员树立“互联网+”的工作观念，提高其利用网络信息技术处理公务、服务社会、服务企业、服务民众的能力，不断提高政务服务线上受理率、可办率和办结率。大力宣传和推广“互联网+政务服务”，提高居民对政务服务信息化的认知程度，引导居民逐步从传统线下窗口转向线上窗口，不断提升居民线上办事意愿和能力。

第三，加强技术攻关，促进政务数据聚、通、用、护一体化融合发展。信息网络技术的发展是“互联网+政务服务”的重要驱动力，要着眼于政务数据的采集、共享、应用和保护，形成完整严密的技术链条，通过数字技术创新助力政府行政体制改革，打破“数据壁垒”和“信息孤岛”，增强移动终端的智能性和便捷性；加强数据安全技术建设，明确公共数据、个人数据以及可能涉及公共问题的个人隐私数据的边界，破除保护隐私和数字政府建设的两难矛盾。

（二）实施“互联网+教育管理”，提高社区教育水平/质量

教育信息化是实现教育现代化的重要手段，而“互联网+教育”则是教育信息化在教育新常态背景之下的重要体现。“互联网+教育”就是利用信息通信技术和互联网平台，让互联网与传统教育行业进行深度交会融合，以创造和发展教育新生态。作为教育资源配置的一种新型方式，“互联网+教育”可以使具有复杂性、碎片化特点的教育资源配置达到最优化和公开化，提升教育资源的共享程度，促进教育公平。[①] 为了深入推进“互联网+教育”工作，促进信息技术与课堂有效融合，提高教师应用现代化教学设备的能力，促进学生自主全面发展，安顺经开区为社区教育发展搭建服务平台。

首先，搭建服务平台，确保资源联动。为了打通“校校通、班班通、人人通”与教育资源的关系，建设资源使用的“高速路”，经开区52所学校（含9个教学点）与安顺市电信公司签订合同，建设“千兆光纤进校、百兆光纤进班”，实现“双网双速”，达成四个端口应用，达到网络建设要求，完成

① 平和光，杜亚丽．“互联网+教育”：机遇、挑战与对策［J］．现代教育管理，2016（1）：13－18．

了“光网校园”，为教育服务管理提供了基础性资源和保障。

其次，应用服务创新，打破区域边界。经开区投入60万元启动“智慧课堂”试点工作。通过课前微课导学、平台发布作业、学生评价，180名学生运用班级空间自主学习、获取作业信息、上交作业、交流学习等成为常态。充分利用“班班通”教学设备管理与使用的区校两级管理平台“小跟班”系统，做好监管工作，让设备更好发挥作用。同时，启动跨区域同步互动课堂（如开发区实验中学与西秀区双堡中学、开发区实验中学与西秀区鸡场中学、开发区实验中学与西秀区民族中学），助推教育均衡发展。

最后，加强师资培训，提升专业素养。2018年，经开区利用互联网开展“一师一优课、一课一名师”工作。落实《开发区关于中小学校教育首席信息官（CIO）岗位制度实施方案》，完成对学校首席教育信息官（CIO）和信息化管理团队的素养提升。开发区中小学100名骨干教师来到山东省青岛市参加“国培计划（2020）”——基于教学改革、融合信息技术的新型教与学的管理团队及骨干教师培训，开展了以“基于大数据的技术融合课堂教学方法”“卓越课程设计与教学技巧”为主题的教学培训活动，积极参与当地学校利用网络平台开展的教育教学，通过网络平台资源的分享和利用，推进了社区教育服务的发展。

（三）加强“互联网＋安全防控”，维护社区秩序稳定

安顺经济技术开发区推进平安乡村建设，进一步加强视频监控系统的运行管理与经费的保障投入。对各乡镇管理监控人员进行培训，使他们熟悉设备状况，掌握使用方法，提高操作技能，强化设备管护。同时积极争取经费的保障与投入，保障辖区监控设备的正常运行与盲点的补充。

第一，通过“智慧＋智能”创新，抓好矛盾调处。坚持“数据赋能”的信息化理念，依托“互联网＋”，派出所不断创新基层“智慧化”工作载体，利用微信搭建开发区矛盾纠纷排查平台，相关信息数据一律录入公安分局“矛调平台”，自动生成调解档案，并做到一案一卷，工作档案既可网上查阅，也可打印留存，实现“调处工作规范化、档案管理电子化”。辖区派出所聘任调解员通过使用微信扫描二维码、关注公众号的方式，登录“矛调平台”及时开展矛盾纠纷化解工作，不受时间和地点等条件限制，做到“全天候”的矛盾纠纷化解。“矛调平台”具备智能录入功能，一方面增加“规定动作”，

即当事人信息、调解结果等为必填项，实现事件准确采集登记；另一方面实现“网上流转”，调解情况拍照上传、工作档案自动生成，调解员在“矛调平台”中按照流程指示即可完成工作，既降低了调解成本，又提高了调解效率。

第二，充分利用出租房屋多终端管理系统，加强流动人口管理。针对出租房屋及流动人口变动性强，信息采集工作相对滞后的情况，辖区各派出所充分利用出租房屋多终端管理系统，将流动人口数据、出租房屋数据进行精细化管理，逐步实现部门间数据共享，避免重复工作，提高工作效率，也为房东自主申报提供了便捷的途径，不受系统、硬件、时间和地点等条件限制，在源头上做到基数实时更新，确保底数清、情况明，助推综治工作管理效率提升，真正实现“全天候”的指尖警务。

第三，推动“入网入群”工作，扩展密切联系群众服务群众新渠道。积极开展“入群进圈”工作。“入群”，即社区民警主动建立或加入警民联系微信群，让群众能够及时反映辖区的安全隐患，让公安机关在第一时间掌握辖区社情动态。“进圈”，即每月 20 日，在辖区人员密集的公共场所开展警民恳谈活动、进行法律法规宣传、提供业务咨询等，让警务工作进入“群众生活圈”，将服务群众作为“入群”工作的出发点和落脚点，利用“微信群”为群众提供办事预约、网上咨询等服务，使群众“动动手指”就能享受服务。截至目前，全区已开展警民恳谈活动 150 余次。

第四，建设天网工程，推进村（居）监控网络全覆盖。经开区已建设完成“天网工程”“雪亮工程”共计监控 2069 个。其中“天网工程”监控 695 个（包含治安监控 179 个、人脸 10 个、车卡 38 处 57 个头、鱼眼 8 个、报警柱 40 个、高空探头 8 个），“雪亮工程”监控 1632 个。将辖区学校、小区、人群密集场所等重点地区的 2447 个视频监控资源接入公安监控平台中，利用监控网络开展社会治理，汇聚和整合各类视频监控资源，应对各层级公共安全视频监控应用要求。

第五，成立“情指作战室”，强化实战作用。经开区将天网监控、电围网围、公路卡口、车轨布控等加入派出所实战应用，把指挥调度和情报研判相结合，成立“情指作战室”，提升派出所情报信息收集、研判、应用能力，“情指作战室”成立后，派出所累计破获各类案件 200 余起，抓获犯罪嫌疑人 250 余人、违法行为人 2000 余人，辖区刑事案件发生率同比下降 23. 53%。

（四）推行“互联网＋医疗健康”，拓宽社区服务内容

安顺经济技术开发区全面推进城乡社区基本公共医疗健康工作机制，加强远程医疗服务体系建设，在覆盖省、市、县、乡四级远程医疗服务体系的同时，力争覆盖村（居）；探索村级卫生健康信息化建设，积极创新社会治理服务，切实加大家庭服务中心创建力度；开展“互联网＋医疗健康”服务，为患有慢性疾病或其他有需要的社区居民提供在线健康教育。

第一，加强组织领导。成立以区卫计局和中西医结合医院、两镇乡镇卫生院主要负责人为成员的远程医疗领导小组，由卫计局组建工作专班，专门负责远程医疗全面建成工作，就远程医疗全面建成工作定期召开专题会、调度会，及时研究解决工作推进中的困难和问题。卫计局深入督查，督促各级医疗机构成立远程医疗领导小组、组建工作专班。制订印发《安顺经济技术开发区公立医疗机构远程医疗服务项目价格方案》（安开发改物价〔2018〕1号）、《安顺经济技术开发区远程医疗服务运行机制（暂行）管理办法》（安开卫计通〔2018〕12号）文件，制订工作计划，明确任务目标，按时建成区级区域医疗中心、乡镇卫生院远程会诊室、远程心电室、远程检验、远程影像室、远程彩超室，方便群众就近就医，极大地缓解了县级公立医院就医压力；同时又将优质的医疗资源通过网络下沉到基层，让群众少跑腿、数据多跑路，不断提升公共服务均等化、普惠化、便捷化水平，让群众对基层医疗服务满意、放心。

第二，加强基本公共卫生服务信息化建设，提高服务质量。2019年全区引进重庆医事通科技发展有限公司的新技术平台开展基本公共卫生服务工作，利用该技术平台开展基本公共卫生服务慢性病的随访、新建档案等工作，杜绝弄虚作假，及时掌握、更新数据，提高服务质量。2020年将基本公共卫生服务信息化建设纳入市委、市政府“十件实事”，全区基本公共卫生服务项目的2个乡镇卫生院、3个社区卫生服务中心、11个社区卫生服务站、116个村卫生室已落实基本公共卫生服务信息化建设全覆盖（医事通系统），逐步实现所有行政村全覆盖，具备数据上传、下载的信息采集等互联互通功能。

第三，认真落实65岁以上人群关怀服务。经开区辖区内65岁及以上常住居民16666人，建立健康档案的65岁及以上老年人16443人。为65岁及以上老年人提供免费健康体检工作连续两年被纳入市委、市政府“十件实事”。

对此，经开区领导高度重视，管委会分管领导组织召开专题会议，并带领相关人员到基层调研，了解完成情况和存在困难，研究解决措施。全力以赴做好65岁以上老年人免费健康体检工作。制订下发了《安顺开发区2021年65岁及以上老年人免费健康体检工作方案》（安开卫计〔2021〕11号）文件，明确各镇（办）目标任务数，按月推进。由医疗集团认真抓好健康体检工作各项措施的落实，制订详细工作方案，个案到村，细化时间进度，切实组织开展好65岁及以上老年人健康体检工作，确保按时保质保量完成工作目标任务。并投入23.4万元制作1.5万份宣传品用于开展老年人健康体检宣传工作，制作20000份基本公共卫生服务宣传小手册并及时发放到村卫生室，让老年人认识到进行健康体检的重要性和必要性。

三、社区“互联网+”数字赋能的实践启示

安顺经开区积极探索“互联网+”技术功能，合理运用大数据平台，在社区服务与治理中取得显著成效，通过数字技术不断优化社区民生服务。一是在服务手段创新方面，通过拓展“雪亮工程”在基层党建、生态建设和精准扶贫等领域的应用，对孤寡老人、留守儿童、救助对象等困难群体及时提供定向帮扶；通过人口数据网格化管理功能，提高预警分析和处置效率，加大了社区服务的力度。二是在服务模式创新方面，实行综治信息系统“9+X”模式，设置包括综治组织、重点青少年、社会治安、特殊人群等9大基础应用模块，通过大数据挖掘、研判分析、统计报表等方式进行深度应用。同时进行个性化定制和扩展的“X”延伸，比如“乡村和社区治理质态云图”有效实现了对基层治理的数据化管控；“矛盾纠纷多元化解调处微信公众平台”实现了对矛盾纠纷调处规范、高效的动态化管理；“房屋出租管理”实行出租房屋“一屋一档”精细智能管理。三是在服务流程创新方面，构建区级下沉、镇（办）集中、村级上门的便民体系，建成71个村（居）便民服务点，推进组织一体化、资源共享化、管理智能化，推行“三帮办”便民服务，有效促进了城乡社区协调统筹和服务发展，在探索数字技术赋能社区服务的过程中形成了可借鉴的经验。

（一）强化信息技术赋能，提升社区服务效能

科技支撑是新时期贯穿社区治理的重要理念。科技支撑意味着要将现代

化的技术手段和方式融入社区治理，提高社区信息化和服务化水平。数字时代的来临，互联网、大数据、人工智能、区块链等新技术的变革给社区治理带来了新一轮挑战。为了适应新时期社区需求变化发展，安顺经开区充分运用数字技术，将互联网与政务服务、教育管理、安全防控、医疗健康进行深度融合，为社区居民提供了现代化、便利化、智慧化的无缝隙生活服务。全区“两镇一办”、两个新型社区和71个村（居）全部在贵州政务服务网开设站点并运行，镇（办）、新型社区共计315项政务服务事项，村（居）共计2457项政务服务事项全部按照省统一模板要求纳入办事指南。通过贵州政务服务网对外公开，实现县乡村三级政务服务网络无缝对接、协同办理，让社区居民在家门口就能享受便捷的服务。党的十九届四中全会指出，“必须健全幼有所育、学有所教、劳有所得、病有所医、老有所养、住有所居、弱有所扶等方面的国家基本公共服务制度体系”。推动“互联网＋社区服务”发展，是落实这一要求的重要体现。强化信息技术、大数据、互联网在社区服务与治理中的运用，首先就要不断更新理念，在实践探索中保持创新思维，用好数字技术手段。“互联网＋”能够带来生产要素的整合和协调，实现资源利用效益的最大化，提高资源配置效率，扩展社区服务的智慧应用范围。其次要积极推动政府的数字化转型，也就是对公共事务治理进行电子化、数字化改革。政府作为“互联网＋”新兴技术的推动者，要为数字技术的运用和发展创造良好的基础和条件，促进“互联网＋社区服务”在社区的全面推广和应用。最后要将“互联网＋”与社区整体部署和规划统一起来，充分将各级政府和相关组织的各类资源平台整合起来，形成上下贯通、智慧共享的高效服务网络。

（二）以居民需求为导向，实现社区服务精准对接

“互联网＋”为提升社区服务和治理效能创造了巨大契机。社区“互联网＋”的技术化运行要立足社区居民的实际需求，充分利用数字技术改进社区服务和治理方式，通过互联网建立与社区居民沟通的渠道，让居民充分表达需求，积极参与社区各项公共事务，实现社区事务议事过程的公开透明，打通便民服务“最后一公里”，将涉及居民基本公共利益的教育、医疗、社保、就业等公共服务与互联网服务平台贯通起来，为居民提供精准化服务。不仅如此，还要通过“互联网＋”进一步优化服务流程，针对不同类型的任

务事项制定对应的服务流程，明确相关的材料、费用、时限等办理条件与规则，并通过网站进行公开公示，实现数据多跑路、居民少跑腿的一站式服务，为居民提供便捷的服务。安顺经开区通过互联网与社区治理和服务体系深度融合，积极推动社会治安、帮扶救助、文体教育、养老托幼等民生工作进城乡社区，通过新兴技术嵌入社区交往、公共事务，构建起社区治理、服务数字化、智能化的新格局。

为切实提高社区服务的精准对接，在数字技术运用过程中，一方面应坚持以问题为导向，依据居民实际需求分析归类存在的问题，针对反映的问题制定相应的服务策略和机制，让居民的问题能得到切实解决。不少地区采用的恳谈会、议事厅、民情站就是收集民意、反映民情，以更亲民的民主化机制和方式，凝聚居民的共同意识和智慧，充分显示了居民参与的力量，使社区服务更贴近民心。另一方面要坚持将居民对服务的满意度纳入“互联网+”服务的运行效益评价体系中，因为数字技术运用的初衷就是为了更好地服务居民，让居民满意，这样才能不断提高服务效能。因此，社区服务结果及效能的评价应当始终以居民为核心导向，将反馈监督的权力交由居民行使，形成“以人为本”的需求—反馈闭环，不断优化和改进社区服务，使新兴技术的应用更加符合社区居民的实际需求，提升数字服务效能。

（三）以数字赋能为契机，推动社区治理共同体建设

社区服务和治理离不开多方主体的共同参与，利用互联网、大数据、云计算等技术对各主体进行有效联结，明确主体的权利职责，将主体参与过程公开透明化，让居民实时监督，能够有利于促进社区责任共同体的建设。在社区共同理念的塑造方面，数字技术推动了居民参与和表达，居民能够根据自己的需求、兴趣、爱好自发地建立起与社区之间的联系，从而形成良好的社区秩序，为熟人社会的共同体建设营造良好的文化氛围。在社区行动共建方面，数字技术在联结各方主体需求的同时，促进主体间的协作和联动，使社区多方力量共同合作，通过线上整合与协同能够有效弥补线下沟通交流的局限性，从而不断推动社区行动的共同体建设。

在推进社区数字技术的过程中，一方面要以数字技术红利作为社区服务转型升级的机遇，充分学习和吸收现代信息技术，及时跟进数字技术与社区服务治理融合的实际情况，反馈和评价技术运用的实际效果，加强技术的适

用性，比如充分运用微信群、小程序、云平台收集居民需求和问题，使居民需求通过数字技术得以充分表达和有效整合，倒逼社区服务转型升级；另一方面要将数字赋能和社区治理共同体建设联系起来，以数字技术促进社区共同体理念、文化和行动的生成，推进社区培育形成共同的文化精神、营造良好的秩序环境、达成共识的行动目标，形成“人人有责、人人尽责、人人享有”的社区治理共同体，推动社区居民自治与社会调节良性互动，提升社区居民对社区的认同感和归属感。

第六章　共同缔造：构筑协同互动治理格局

要善于把党的领导和我国社会主义制度优势转化为社会治理效能，完善党委领导、政府负责、社会协同、公众参与、法治保障的社会治理体制，打造共建共治共享的社会治理格局。

——习近平总书记2019年1月15日至16日在中央政法工作会议上的讲话

第一节 “四主模式”带动全民参与乡村建设

党的十九届五中全会提出实施乡村建设行动，深化农村改革，实现脱贫攻坚成果同乡村振兴有效衔接。住房和城乡建设部于2019年2月印发了《关于在城乡人居环境建设和整治中开展美好环境与幸福生活共同缔造活动的指导意见》（建村〔2019〕19号），对开展乡村建设行动作出了具体部署。同年，安顺经开区幺铺镇阿歪寨村被住建部列入“美好环境与幸福生活共同缔造”试点，探索推行党政主导、要素主攻、改革主推、群众主体的“四主”模式。

一、转型缘起：从国家一类贫困村到乡村振兴示范点

阿歪寨村地处安顺经开区幺铺镇西南面，东与“十里荷廊”羊场村相邻，是一个纯布依族聚居的传统村落，历史沿革1700余年。阿歪寨村前身为磊跨村，在2013年由牛蹄村、歪寨村撤并组建而成。“阿歪”一词是布依族话的音译，翻译成汉语即为“树木繁盛、山清水秀的地方”。2018年以前，磊跨村由于山高路险，交通闭塞，经济落后，曾属国家一类贫困村，人均年收入仅有3000余元。这里农业生产条件有限，尤其是旱季和雨季水资源不平衡现象非常突出，缺少机耕道、水渠等农业基础设施，人均占有耕地0.75亩，种植以水稻为主，养殖以鸡、鸭、鹅等为主，零散不成规模，且村庄环境较差，村级组织薄弱，宗族势力泛滥，是安顺市有名的“问题村”。

2020年，幺铺镇磊跨村更名为阿歪寨村，聚焦采取“政府引导、村民主导、社会助力”的共同缔造新模式，抓住当地具备传统民族村落格局、峡谷聚居、自然植被较好、石木结构建筑保护较好和具有独特的藤甲文化传承等资源优势，着力发展乡村旅游。如今，阿歪寨村不仅实现了全面脱贫，还按照“打造共建共治共享的社会治理新格局”要求，成为安顺市乃至全省的

“农村社会治理体系的村级样板”。

二、转型优势：少数民族村寨的自然资源与民俗文化

阿歪寨村村域面积约8平方千米，现有耕地面积899亩、林地6732.5亩，南与龙宫镇接壤，西至安湖村，北抵颜旗村和南山村，交通极为便利，距幺铺镇中心8千米，紧邻花安高速、沪昆高速，20分钟路程可达安顺西站，距黄果树机场不到10千米。村寨三面环山，为典型的喀斯特地貌，山峦秀丽，气候宜人，90%为石质山峰，森林覆盖率达70.5%，山清水秀、风景优美，自然条件优越，自然风貌保存完好。年平均气温为15℃，冬无严寒、夏无酷暑，夏季气温极少超过30℃，无霜期336天，是天然的避暑胜地；天然辐射剂量率较低，富含负氧离子空气，是游客洗肺养生的好地方，较宜开发自然旅游资源。阿歪寨村现有人口243户1072人（歪寨组170户735人、牛蹄组73户337人），60岁以上老人174人（歪寨组123人、牛蹄组51人），曾有建档立卡贫困户48户191人（歪寨组34户127人、牛蹄组14户64人），2019年底已全部脱贫，实现了2020年前全面同步小康的目标。现有布依族1030人，占总人口的96%。

阿歪寨村作为国家级传统村寨，具有藤甲兵、蜡染、地戏、芦笙舞、三合苗寨等传统民俗文化优势资源，2012年被评为“贵州省少数民族特色村寨”；2019年获得“贵州省村规民约示范村”荣誉称号，同年12月，被住建部列为“共同缔造”试点村落，被省住建厅、财政厅列为“贵州省传统村落示范村”；2020年被评为“文化产业示范村”、第五批贵州省少数民族特色村寨；2021年11月，被民政部确认为全国村级议事协商创新实验试点单位。

三、转型蜕变：“四主模式”凝聚多方主体发展合力

自2019年被列入“美好环境与幸福生活共同缔造”试点名单后，阿歪寨村探索推行党政主导、要素主攻、改革主推、群众主体的“四主”模式，推动党委政府、企业、村民各方共同参与村庄建设，形成共谋、共建、共管、共评、共享的“共同缔造”新模式，实现成果共享和乡村综合治理能力提升。历经3年的村庄建设，阿歪寨村已经实现从“大乱”到“大治”、从“问题村”到“示范村”的蜕变，村级集体经济从不足1万元增加至目前的100万元，农民人均纯收入从2017年的不足4000元增加至2019年的13010元，先

后入选“第四批中国传统村落”名录、贵州省“十百千”乡村振兴示范工程1000个示范村。

（一）党政主导，建立“共同缔造”工作机制

一是形成省、市、县、乡“四位一体”的统筹联动。省住建厅将阿歪寨村列入“传统村落共同缔造示范村”“空心化古村落活化示范村”，围绕“空心化古村落活化、非物质文化保护传承、农村治理体系村级样板”的建设目标，编制《歪寨传统村落保护发展规划》，制订《歪寨传统村落示范村保护发展实施方案》，细化村寨整体风貌、项目实施、文化发掘、产业发展等具体措施。安顺市选派市工商联一名副县级干部到阿歪寨村担任驻村第一书记，经开区党工委书记直接联系阿歪寨村指导工作，幺铺镇党委书记与村党支部书记负责蹲点具体落实。

二是汇集专家学者、智库精英规划发展方向。经开区组织学术专家、艺术名师、专业人士深入阿歪寨村反复调研和探讨，他们紧扣乡村振兴目标，为当地发展出谋划策。经开区还组织住建局、幺铺镇包村领导、旅游专家、“两委一队三个人”、党员代表、寨佬，多方听取“金点子”，为“共同缔造”旅游古村集思广益、凝智聚力，夜访民户300余次，发动村民800余人，收集意见建议200余条，解决疑难问题30余个，使得村民从人居环境改善、乡村振兴起初的质疑者、旁观者，转变为发展、建设全过程中的谋划者、参与者。经多方努力，阿歪寨村被列入第四批中国传统村落名录，立足其特有的布依民族文化和三国藤甲文化资源，确定以“乡愁阿歪寨·神秘藤甲谷”为形象定位，突出“传统村落、藤甲部落、全域游乐”3个重点发展特色乡村旅游。邀请戴明贤、宋培伦等专家学者担任“共同缔造”顾问，在阿歪寨村打造“乡村振兴研学基地”，目前省内已有41所高校的2000余名美术专业学生陆续进驻阿歪寨村开展实地写生，后续将持续保障研学基地有效发展。

三是选用优秀人才带领村庄发展。经开区以村（居）“两委”换届为契机，针对阿歪寨村“两委”在处理黑恶势力中暴露出来的组织力不强、凝聚力薄弱等问题，瞄准退役军人在作风、意志品质等方面的优势，按程序选任退役军人韦俊担任“兵支书”，选用2名退役军人担任村委委员，新发展党员6名，有效筑牢阿歪寨村党支部，增强村“两委”班子领导力。

四是整合村民自治的服务队伍。一方面，阿歪寨村借鉴部队管理办法，

将全村36名党员、18名退役军人组织起来，组建“兵支书议事会”和“先锋服务队”，并从乡贤寨老中聘请7名监督员，在全村推行“设岗定责+服务承诺+积分管理+评议定级”的党员管理模式，划分党员责任区、责任岗，设置党员、退役军人服务群众点、产业联系点，让每名党员都有“责任阵地”，每名干部都能“知责尽责、承诺践诺”。另一方面，阿歪寨村以培养推动乡村振兴、乡村旅游、产业发展的新型农民为目标，组织村“两委”干部和党员群众代表，到习近平总书记点赞的浙江余村、鲁家村、山河村及省内外先进乡村学习，通过远学浙江余村、山东博兴、福建厦门，近学平坝塘约、西秀大坝，帮助村干部和群众打开思路、拓宽视野、凝聚共识；邀请农业技术专家、旅游经营专家到村培训村民，教授果蔬花卉种植、餐饮经营、民宿服务、手工编织等技能，增强经营户自身发展能力。

（二）要素主攻，找准“共同缔造”产业载体

一是引入公司开发村寨旅游资源。经开区引入贵州铜仁夜郎谷旅游发展有限公司、贵州金灿实业发展有限公司等旅游专业团队整体运作，建设发展乡村旅游。充分利用马槽河附近的水淹田等土地资源，引进天地人和公司发展莲藕525亩，与羊场、安湖等贫困村寨合力打造“十里荷廊”景区。目前，每亩莲藕产值达到1.2万元左右，每年为村集体带来约10万元收入。同时，深入挖掘三国藤甲文化，依托阿歪寨村独特的喀斯特地貌优势，由夜郎谷公司和著名雕塑艺术家宋培伦先生精心设计打造“藤甲谷”景区。截至2021年2月，一期项目已投入700万元完成150亩建设，预计景区建成后将为村集体带来20万元的年收入。邀请文化名人、艺术家指导排练布依舞、藤甲舞，提升地方文化艺术内涵。2020年，在建党99周年之际，“藤甲谷”景区正式开放运营，接待第一批游客，并在“十里荷廊”景区举办康养谷“荷塘夜色”系列活动，向省内外游客推介“十里荷廊”、歪寨乡村旅游精品带生态康养项目。

二是引入社会资本改建老旧民居。阿歪寨村依托村内留存的大量布依族老民居资源，在加强保护的同时，充分激发企业家社会责任，引导社会资本参与老旧房改造，发展民宿旅游。引进社会资本5000万元全方位打造藤甲古村落乡村旅游项目，动员11名企业家分别认筹废弃老旧民居，投入900万元按照“一院一品”打造29栋121间精品布依民宿，贵州省金灿旅游开发

公司投资打造占地100余亩的“藤甲谷”景区，村民自筹资金开办生态农家乐10余家。

三是政府整合资金完善基础设施。经开区发挥政府资金杠杆效应，在财政紧张的情况下，整合各类项目资金800万元，撬动社会资本约1000万元，进行基础设施建设、乡村环境改造。建设公厕（如表1所示）、村史馆、水电路管信、商业步行街等，实施村内步道、河道、机耕道、蔬菜大棚、水利设施建设等30多个项目，建设连体大棚40个、单体棚61个，引进冠农农业、合方圆农业等企业种植精品水果1000余亩、茭瓜115亩、特色花卉60亩，白菊花等品类远销日本、韩国。

表1　2018年安顺经开区新建旅游公厕名单

序号	项目名称	建设地址	计划开工日期	计划完工日期	备注
1	开发区糖果乐园一号旅游公厕建设	安顺经济技术开发区宋旗镇糖果乐园内	2016/1/15	2018/4/15	
2	开发区糖果乐园二号旅游公厕建设	安顺经济技术开发区宋旗镇糖果乐园内	2016/1/15	2018/4/15	
3	开发区三合生态养生养老园旅游公厕建设	安顺经济技术开发区宋旗镇三合生态园内	2018/4/5	2018/8/15	

（三）改革主推，释放“共同缔造”发展活力

一是探索农文旅融合一体化发展。阿歪寨村不断探索发展特色观光农业，拓展乡村旅游体验，丰富乡村旅游业态。结合产业结构调整，对村集体土地、林地等资源进行清查量化，整合农业资金、东西部协作资金、社会资本，投入750万元建设歪寨农业产业示范园，成立“磊跨种植农民专业合作社”，采取“支部+合作社+基地+贫困户”模式，动员村民利用土地资源入股合作社，合作社统一流转给公司发展产业，有效提高了村民的组织化程度，增强了抵御生产风险、市场风险的能力。截至2020年8月，村合作社已流转土地2000亩，种植果蔬、花卉、莲藕、草莓、玛瑙红樱桃等农作物的年产值达500余万元，带动70户村民就近务工，实现户均增收7000余元，全村48户建档立卡贫困户191人全部脱贫，“产业建在家门口、支部建在产业链、就业实现低门槛、创业顾家两不误”的“农文旅一体化、一二三产业融合发展”的富美旅游乡村业态布局已形成。

二是探索产权流转外包经营模式。阿歪寨村结合农村危房改造政策要求，引导村民将破旧、闲置的老屋、圈所等闲置房屋使用权无偿转让给金灿旅游开发公司经营20年，由该公司负责对老旧危房统一进行民宿改造和经营，并从第4年开始每年给村合作社1.2万元，之后逐年递增500元。20年后村民将获得改造后民宿的使用权，每年还可在合作社获得一定分红，目前已完成45栋211间房屋改造。引入金灿旅游开发公司对旧房进行改造，既有效盘活了农村闲置资产、拓宽了村民增收渠道，又减轻了政府危改资金压力。这种将村民闲置民居入股公司，公司出资对房屋进行改造、运营，房主从中受益就业的模式，实现了政府—企业—农民多方合作共赢。

三是鼓励发展配套商业实现村民有序就业。发挥“藤甲谷”、“十里荷廊”、特色民宿带动就业的作用，帮助76名村民入职成为保安员、保洁员、服务员、藤甲舞演员等，让村民在家门口就业。积极传承阿歪寨村布依族文化和藤甲文化，鼓励村民发展布依族纺织、藤甲编织等特色手工业，培育各类特色手工艺人14人。支持引导村民利用自家房屋开餐馆、办农庄、做民宿、卖旅游商品，全村已有30余户村民吃上了“旅游饭”。

（四）群众主体，提升“共同缔造”自治水平

一是完善村级议事协商事项清单制度。将村集体物业服务管理、环境卫生整治、社会救助救济、征地拆迁安置等涉及村民切身利益的公共事务、公益事业纳入村级议事协商目录，围绕村民意见较为集中的热点难点问题以及迫切需要解决的矛盾纠纷，合理确定议事协商议题，通过村级议事协商维护村民合法权益。将协商结果在村务公开栏公示，重大事项由村党组织向镇党委报告。搭建网络协商平台，发展线上协商共商村务。村级建立“阿歪古寨共同缔造群”“阿歪寨十户联防共同缔造工作群”等微信群，将区镇村干部、村民代表、驻村企业、驻村帮扶干部等全部纳入其中，让村民可以全程参与、了解、评议各类项目建设情况，与村干部、企业之间直接对话沟通反映问题。自成立以来，阿歪寨村通过微信群共接受群众咨询300余次，解决群众反映的实际问题80余件，调解矛盾纠纷30余起，调解成功率达100%。

二是建成积分超市，激发群众自主参与。投入资金5万元建成村民“励志超市”，为每户村民发放一张积分卡，按照“奖优代补、公益互助、多劳多得”的原则，村民可通过参加村级组织的投工投劳、垃圾处理、环境整治、

文明素质评比等活动获取积分，并可按“1分为1元钱”的标准在“励志超市”等价兑换物品。“励志超市”的积分管理，有效激发了村民参与村务管理的热情。目前，全村247户村民每户都获得“励志超市”积分，村民义务投工投劳达800多个工作日，自愿无偿拆除旧房、猪舍、牛棚等200余平方米，自愿出让土地400余平方米，村民从“要我干”转变为“我要干”，实现了人人参与、人人尽力、人人享有。

三是秩序共守，激励机制创新。建立“共同缔造”示范户评选机制，商定乡村文明、民宿餐饮及个体经营制度，定期开会评选出遵纪守法、敬老爱幼、邻里和谐、热心公益“光荣榜”，曝光反面典型，激发“十户一体”集体荣辱感，促进实现邻里友善、乡村文明、有序经营、良性竞争。村级投资5万元建成的“励志超市”，运用市场竞价的方式出租，年租金用于积分兑换商品活动开支。村民参与村级公益活动、获评“光荣榜”等计入积分，凭积分可到“励志超市”兑换商品，激发村民爱护环境、文明向善、积极参与公益事业的热情。

四是环境共治，发展气象更新。围绕人居环境、生态环境、藤甲文化、布依文化等乡村旅游硬件软件条件保护，以“十户一体”为单元划分为11个小组，把政府业务部门专业人员、村“两委”成员、驻村工作组、本村工匠等人才资源整合到每个小组，明确职责分工。村民主动投工投劳改善古村环境，开辟环山道3千米，100余户村民自发按照古村落规划改造自家房屋，青壮年义务维修沟渠、治理环境。旅游公司发动藤甲文化传承人制作三国藤甲，教学藤甲胄编织技艺，邀请艺术专家编排藤甲舞，激活非物质文化遗产历史、艺术价值，共同丰富阿歪寨旅游业态，重塑地域文明和文化生态。阿歪寨村现已形成齐心协力、共同参与乡村共治的新局面。

四、转型经验：强党建谋产业以民为本推进乡村振兴

目前，安顺经开区阿歪寨村打造的“共同缔造”模式，极大改善了乡村人居环境、提高了村民人均年收入、加强了乡村基层治理基础，人民群众的获得感、幸福感、安全感更加具体、更可持续。安顺经开区幺铺镇磊跨村驻村第一书记陈恩儒接受采访时说：“2012年我们这里就被评为贵州省的少数民族特色村寨，2017年又被住建部门列为第四批传统村落，今年8月份又是我们省委省政府实施示范工程的1000个示范村之一，当前我们村‘两委’和驻

村工作组紧紧依靠地方紧邻黄果树、背靠龙宫两个5A景区这个优势，采取措施共同缔造试点：第一是召开一次村民大会，积极动员老百姓来参与共同缔造工作；第二是发一封倡议书，倡议大家积极参与自家房前屋后的整治、卫生环境的美化等工作；第三是致外出务工人员一封信，鼓励他们回家乡来参加我们这个村庄的传统村落建设，美化好自己的家园；第四是建一批示范点，采取典型引入、示范带动的方式，积极搞好自家房前屋后的共同缔造工作。”

（一）走以人为本可持续发展道路

改革与发展要坚持以人为本的发展理念，让人民共享改革发展成果。“全心全意为人民服务”是我们党始终坚持的宗旨。2012年11月15日，习近平总书记在十八届中共中央政治局常委同中外记者见面时强调，人民对美好生活的向往，就是我们的奋斗目标。我们的一切事业谋划都必须以此为出发点和归宿，脱离人民根本利益的形象工程都是海市蜃楼。阿歪寨村的成功转型正是在各级党委领导下，本着对社会负责、对人民负责的态度，以“为群众谋幸福”为出发点，不断加强顶层设计和政策引领，不断健全政府主导、多方参与的社会治理体系，调动广大村民共谋共建、共治、共享，才最终实现空心化古村落的美丽蝶变。

（二）坚持改革创新激发转型动能

经济增长的动力从改革创新中来，改革创新是摆脱增长乏力、收获不竭动力的关键之源。阿歪寨村在各级党组织领导下持续全面深化改革，大胆创新，破除体制机制障碍，突破常规开发思维，撬动社会资本投入，引领市场化专业团队运作带动，激发各方发展动力，走出稳中求变的发展道路。阿歪寨村在促进经济发展的过程中，与时俱进、大胆创新，探索实践退役军人村干部职业化，激活社会资本参与乡村振兴，构建起社会服务的发展链条，实现乡村产业经济发展能力、乡村治理能力、自身发展能力持续提升。

（三）产业振兴必须尊重客观实际

产业振兴的主要功能是弥补市场缺陷，因地制宜实施乡村振兴战略，为发展地方产业、做好脱贫攻坚与乡村振兴的有效衔接提供经济基础。产业振兴重在认清区位优势，在市场环境、供需条件、自然资源、劳动力就业市场等都是重要的参考指标。有的地方盲目上项目、铺摊子，最终“水土不服”，不仅空耗人力物力、浪费资源，还耽误了发展进程。地方基层只有因地制宜，立足资源优势，发展符合当地实际的特色优势产业，以“授人以渔”理念巩固产业根基，才能从根本上增强农村经济发展的“造血”功能。

第二节 “一中心一张网十联户”协同创建平安社区

从2020年9月开始，贵州省、安顺市平安建设领导小组作出关于创新“一中心一张网十联户”治理机制工作部署，旨在推动社会治理和服务重心向基层下移，把更多资源下沉到基层，把社会治理的触角延伸到每栋楼宇、每户家庭，提高城乡治理精准化、精细化服务水平，从根本上提升防范化解重大风险的能力，全面构建上下联动、左右协调的基层社会治理共建共治共享格局。经开区结合实际，制订出《安顺经开区创新“一中心一张网联户制”社会治理机制实施方案》，实现全区“联户制”群防群治、联防守望、互帮互助社会治理模式全覆盖，并将该模式作为经济发展和社会治理的一种组织形式和管理手段常态化运行。

一、“一中心一张网十联户”打通服务群众“最后一公里”

网格化管理起源于北京市东城区在2004年提出的新型数字化城市管理模式，主要是指运用网格地图技术将某一管理辖区划分成若干网格单元，将其作为最小的管理和服务单位，以此来提高服务的质量。经开区实施“一中心一张网十联户”模式则是基于上级部门的工作部署，落实市委平安建设领导小组《关于创新“一中心一张网联户制”治理机制加快构建基层社会治理机制实施方案（试行）》，最终实现建成一批无违法上访、无群体性事件、无刑事治安案件、无公共安全事故、无邪教、无黑恶势力、无毒害、无青少年犯罪和受害的好网格和典型经验的联户单元，不断增强群众获得感、幸福感、安全感。

“一中心”即综治中心。综治中心作为化解矛盾纠纷的前沿“指挥部”，协调联动网格化共治体系，全面开展信息采集、矛盾化解、隐患排查、人口管理和便民服务等工作。在区、镇（办、新型社区）、村（居）三级综治中心（矛盾纠纷调处化解中心）全覆盖基础上，通过进一步完善机制，健全各项工作制度，将群众信访总量、诉讼案件数量控制在合理水平，将大部分社区矛盾纠纷就地化解，最大限度实现社区平安稳定的发展目标。

“一张网”即城乡全科网格化管理全覆盖。经开区在城镇社区、城中村、城乡接合部等治安复杂地区配备专职网格员，形成“一张网”基层社会治理格局，实现资源在网格内联用、问题在网格内联治、服务在网格内落实，风险隐患实时感知、突发事件快速响应、工作指令精准落地，实现党员干部下沉一线常态化、专业队伍服务管理精细化、社会力量参与治理多元化。

“十联户”即实现“十户联护”抱团发展。经开区将相对集中居住的村（居），以 10 ~ 30 户为一个联户单元，推行网格化服务管理。在本单元内的党员、退休干部、治安志愿者、退伍军人、族老、寨老等人员中推选一名联户组长、两名联户副组长，以户轮班，排查本单元内各类治安隐患、安全隐患以及家庭邻里纠纷等信息。在原有综治中心功能的基础上，打造集信访和矛盾纠纷调处化解、社会治安事件处置、社会风险研判相结合的共同体，践行互帮互助联户社会管理。

自“一中心一张网十联户”工作启动以来，经开区紧紧依托这一社会治理新模式，积极谋划推动，将全区划分为 192 个网格、1300 余个联户组，选推联户长 1340 人参与服务工作，并已全部纳入数据化管理，充分发挥了综治中心以信息化、数据化为支撑的智慧大脑作用，通过完善综治中心区级统筹、乡镇实施、部门协同、群众参与的调度机制，实现了区、镇、村（居）三级联动闭环式运行。

二、“一中心一张网十联户”夯实社会治理基层基础

根据市委平安建设领导小组关于创新“一中心一张网十联户”治理机制、加快构建基层社会治理新工作要求，安顺经开区拟定了《创新“一中心一张网十联户”社会治理机制实施方案》，尤其是针对“十联户”工作，在前期进行充分调研的基础上，进一步厘清思路、明确任务、细化措施，制定了具体实施细则，在依托综治中心全覆盖和网格化的基础上，又分别从“治安共同维护、民生互相扶护、环境共同治护”3 个大方面 12 个小点细化了“十户联护”工作职责任务，建立日常工作和激励机制，全力推进“一中心一张网十联户”三位一体综合运行体系建设，努力构建共建共治共享的基层社会治

理新格局。

（一）建设规范化实体化综治中心，矛盾纠纷“一站式”处理

一是融合区、镇、村三级综治平台。经开区在原有综治中心功能的基础上，通过物理空间整合和机制集成融合，打通区、镇（办、新型社区）、村（居）三级综治中心平台，建成集信访和矛盾纠纷调处化解、社会治安事件处置、社会风险研判等功能为一体的现代化治理平台。具体功能包括：强化拓展信访和矛盾纠纷调处化解平台功能，提供接访、诉讼、调解、劳动监察仲裁、行政复议、公共法律服务、心理疏导等服务，实现群众信访和矛盾纠纷化解“最多跑一地”，使综治中心真正成为老百姓遇到问题“找个说法”的地方；强化拓展社会治安事件处置平台功能，一旦出现突发事件、群体性事件、公共安全事件等，中心可及时感知、快速响应，区、镇（办、新型社区）负责同志可通过中心的指挥系统坐镇指挥，同时，中心负责指挥调度全科网格化管理和“十户联护”工作；强化拓展社会风险研判平台功能，通过汇集社会治理信息和数据，及时发现影响社会和谐稳定的苗头性、倾向性、趋势性问题，研判分析辖区内的平安建设和安全稳定形势，为党委政府科学决策当好参谋助手。

二是整合资源健全平台功能。经开区综治中心原则上整合网格化服务管理中心、社会稳定风险评估中心、矛盾纠纷多元化解中心、人民来访接待中心、诉讼服务中心、公共法律服务中心、行政争议调解中心、政务110服务平台、“12345”政务服务平台等线下线上工作平台，采取常驻、轮驻、随叫随驻相结合的方式，整合政法、信访、公安、司法、民政、教育、住建、综合执法、市场监管、国土等部门力量进驻，积极吸引行业性专业调委会、法律咨询、心理服务、社会帮扶、仲裁、鉴定、公证、评估、保险、公益服务等社会力量进驻，建成规范的场所、场地和窗口。

三是优化综治中心服务功能。其一，经开区全面落实一窗受理，推动矛盾纠纷化解“最多跑一地”。在区综治（社会矛盾纠纷调处化解）中心设立无差别受理窗口，对受理群众提出的各类矛盾纠纷、信访诉求、投诉举报、法律咨询、心理服务事项，进行准确区分，分类导入办事程序，实时就地接待群众，调解各类矛盾纠纷，提升群众初信初访（包括网上信访）的办理质效和公信力。建立健全信访代办（代跑）制，将基层干部、网格员、联户长

或志愿者以代办（代跑）形式导入乡级综治（社会矛盾纠纷调处化解）中心，不断提升“小事不出村、大事不出镇、矛盾不上交”的能力。其二，经开区集成多元手段，打造矛盾化解“联合调处”模式。建立“纠纷调处—司法确认—诉讼引调—代理诉讼”的全链条模式，完善诉调、警调、专调、访调等多种模式联动体系，集人民调解、行政调解、司法调解为一体；健全矛调机制，充分运用矛调奖补，推动矛调工作实现即接即办、会商研判、公开监督及评价回访，优化内部流程，形成工作闭环；定期安排领导干部参与接访，对重大疑难纠纷和群体性纠纷实行联合接访、联合调处、联合督办；综合运用各类信息平台，为群众开展远程调解提供高效、便捷的服务。其三，排查预警，动态掌握各类矛盾隐患信息。经开区在分析以往案件的基础上建立“矛盾纠纷隐患排查任务清单”，围绕婚恋家庭、邻里关系、土地权属、欠薪欠债、征地拆迁、控违拆违、集资融资、移民安置等重点领域，依托乡镇包村包片包组干部、村（社区）“两委”干部、驻村干部、网格员、警务助理、公益性岗位人员进村入户开展常态化走访摸排，全面掌握辖区内各类矛盾纠纷和苗头隐患。其四，强化公开透明，提升社会治理公信力。各级综治中心通过信息平台统一登记所有办事服务事项，实现可查询、可评价、可跟踪、可督查，确保事事有着落、件件有回音。

（二）完善网格化服务管理，织密联动共治体系“一张网”

一是强化党建引领。经开区将党支部建在网格，宣传党的主张、贯彻党的决定、领导基层治理、团结动员群众、推动改革发展，使党的领导覆盖网格化治理各方面。建立在职党员干部联系网格制度，开展帮扶解困、矛盾化解、宣传教育、民意收集等工作，引导广大党员干部通过各种方式参与基层社会治理，形成“党委抓牢支部、支部严管党员、党员带动群众”的治理氛围。

二是建立网格管理规范。经开区各镇（办）、新型社区按照《城乡社区网格化服务管理规范》，根据人口规模适度、服务管理方便、资源配置有效、功能相对齐全的原则，在村（社区）现行行政区划框架内，统一划分设置“全科网格”和专属网格。建立网格事务准入制度，制定“全科网格”工作任务清单，将法律法规和中央、省、市明确规定以及经本级审核批准的相关部门、企业事业单位、社会组织需要村（居、社区）协助的事项，纳入清单范围。对清单以外的事项，确需纳入的，由相关部门提出申请，按照分级负责工作原则由同级党委平安办研究批准后纳入。建立网格信息采集事项准入制，统一规范各有关部门在网格内的信息采集标准，实现信息采集上报“一张表”，原则上网格管理员只使用一个终端、一套系统，实现数据一次采集、按需共享，业务一次办理、网上流转。

三是优化人员配置。网格长由城乡社区党组织、村（居）民委员会负责人担任，企事业单位网格由单位分管领导或职能科室负责人担任网格长，职能部门或镇（街道）下派机关干部（驻村干部）可兼任网格长。网格长全面负责网格化管理工作，牵头处理网格日常事务。每个网格配备1名以上专（兼）职网格管理员，城镇社区、城中村、城乡接合部等治安复杂地区应当配备专职网格员。专职网格管理员由镇（办、新型社区）按照“三有两化一高”（有热心、有能力、有精力，本地化、专业化，群众认可度高）标准组织招聘、管理、考核，村（社区）使用。兼职网格管理员可以由国家工作人员、人民调解员、村（居）民代表、楼栋长以及各类志愿者担任。专（兼）职网格员协助网格长做好网格有关工作。

（三）推进“十户联护”工作机制，打通基层社会治理“神经末梢”

在联户组长的带领下，各联户组开展本单元的信息采集、意见收集、治安防范、纠纷劝导、政策宣传、法治教育、邻里互助、环境治理、产业引导、乡风文明、重点人员管理、突发事件应急等活动。

治安共同维护。一是社情民意联排。通过走访、“警务两会”、群众会等方式遍访本联户区域群众，全面掌握本单元人口数量、人员构成、重点人员、特殊群体、车辆、牲畜、土地等情况，全面掌握本单元内人员就业情况、产业发展情况、收入情况，及时了解群众关心关注的热点问题和各类诉求、建议，并及时上报综治中心，为党委政府的决策提供真实可靠的信息。二是安全隐患联防。一方面，以户轮班，通过每天在单元里转一转，到楼栋里走一走，与邻居聊一聊，排查本单元内各类治安隐患和安全隐患，能处理的及时处理，不能处理的及时上报。另一方面，开展防盗、防骗、防邪、防火等宣传，教育引导群众做好自防、互防、群防。通过相互提醒、相互救助，及时消除隐患，确保人民群众生命财产安全。三是矛盾纠纷联调。及时排查和反馈生活矛盾、邻里纠纷、家庭纠纷等各类纠纷的苗头，组织联户群众开展“邻里劝导”“五老调解”，阻断矛盾纠纷升级恶化链条。对易引发命案、信访的各类纠纷和联户长不能化解的纠纷、苗头隐患，及时报告村“两委”调处化解，坚决防止发生矛盾纠纷长期积累、激化引发刑事案件甚至命案的发生。四是重点人员联控。协助开展刑释解教人员、社区矫正人员、吸毒人员、精神病人以及闲散青少年、流散僧尼、寺庙清退人员等特殊人员的服务管理，动态掌握其生产生活情况，及时帮助他们解决生产生活中遇到的困难和问题，发现异常情况及时处理、及时报告。五是流动人员联管。做好本联户单元外来流动（暂住）人员、出租房等信息排查上报，发现可疑人员及时向综治中心报告，及时消除不稳定因素，有效遏制流动人口违法犯罪。

民生互相扶护。一是致富增收联促。深入推进农村“三变”改革，鼓励村民用资金、资产、土地、技术、劳动力等入股经济组织，抱团发展乡村旅游、生态养殖、特色种植、交通运输、建筑家装、电子商务等产业，让村民真正成为村级经济组织的股东，实现产业共做、风险共担、利益共享。此外，对生产生活能力较差的家庭，鼓励共同担保小额贷款，扶持创业，促进增收致富。二是邻里互助联动。开展“守望相助”公益性活动，帮助邻居解决家庭生活中的困难，通过“一家有事、家家帮忙”，使居民之间互相帮助，互相排忧解难，促进邻里之间的和谐互助。同时定期开展孝老爱亲、家庭教育、助人为乐、遵章守法、自立自强等邻里互动互评活动，形成典型示范效应。三是困难家庭联帮。针对鳏寡孤独、老弱病残等困难群体，定期开展入户走访，开展助老、助幼、助贫、助残、助医、助学等活动，形成合力解决生产生活中遇到的困难问题，将扶困济贫常态化，营造社区和谐氛围。

环境共同治护。一是政策法规联宣。通过走访群众、召开群众会、院坝会，发放宣传资料等方式，及时宣传党的路线方针和惠民政策。加强宪法及其他法律法规的宣传，提高群众法治意识，教育引导群众遵守国家法律法规，营造办事依法、遇事找法、解决问题用法、化解矛盾靠法的良好氛围。加强对涉及群众切身利益的法律法规宣传力度，提高群众利用法律维护自身合法权益的能力。二是文明新风联树。引导群众通过民主协商修订完善村规民约，常态化开展“评孝评美评贤”“理待客理随礼理风气”“禁毒禁赌禁违法”等活动。组建公益性服务组织，组建灵活多样、符合实际的志愿服务队伍。加强道德模范评树，积极开展文明村镇、文明家庭创建，引导群众向上向善、孝老爱亲、重义守信、勤俭持家。三是环境卫生联创。各联户组长是日常保洁、环境保护的第一责任人，负责带领本单元群众主动投身村庄清洁行动，广泛参与村庄环境整治，确保本单元垃圾和杂物不乱堆乱放，污水不乱泼乱倒，墙壁不乱涂乱画、“小广告”不乱贴乱写、畜禽不乱撒乱跑，实现房前屋后干净整洁，村容村貌提升，村民卫生文明意识提高。四是文娱活动联育。广泛开展各种文化活动，助力美丽文明村（居）建设。通过组织“共同的节日”“丰收共享”“家庭才艺展”“趣味运动会”“德法知识竞赛”等村（居）民俗、文娱活动，激发邻里居民的生活热情，增进邻里感情。

三、建立长效发展机制发挥引领效应

经开区通过采集上报、核实登记、指挥调度、事件处理、结果反馈、考核评价，形成“一中心一张网十联户”体系排查调处矛盾纠纷、解决群众利益诉求、防范化解风险隐患的工作闭环，努力创建平安和谐网格和联户单元，不断增强群众获得感、幸福感、安全感，实现“治安好、矛盾少、社会稳、环境美、生活富”的目标。

（一）层层落实的工作格局基本形成

各级党委政府在坚持和完善“一中心一张网十联户”社会治理机制的基础上，按照“市级抓统筹、县区负主责、基层强执行”的要求，将其纳入本地区经济社会发展总体规划，作为推进市域社会治理现代化的引导工程，形成一级抓一级、层层抓落实的工作格局。各级平安建设领导小组积极加强对基层社会治理现代化工作的领导，组织推动“一中心一张网十联户”治理机制深入发展。政法委不断加强统筹谋划、组织协调、督促指导。各相关部门发挥职能作用、落实工作责任，形成党委领导、政府负责、党委政法委具体牵头、相关部门协同联动、社会各界广泛参与的格局。区平安建设领导小组每半年、镇（办、新型社区）平安办每季度、村（居）每月至少召开一次专题会议，调度“一中心一张网十联户”工作推进情况，研究解决工作开展中存在的困难和问题。各级领导统筹负责是推进“一中心一张网十联户”工作机制有序实施的基本保障。

（二）网格员发展空间得以拓宽

各部门探索建立与网格员身份性质和工作任务相适应的职业发展通道，加大从网格员中选拔村（居）“两委”成员的力度，对作出特殊贡献的专职网格员，在招聘事业单位工作人员、选拔干部时，同等条件下予以优先考虑。同时，强化网格员职业技能培训，支持鼓励网格员参加职业资格考试及社会工作专业再教育，提高网格员职业化、专业化水平。镇（办、新型社区）制订“十户联护”工作队伍培训计划，通过轮训、以会代训等不同形式开展培训工作，确保“十户联护”工作队伍一年至少培训一次以上。村（居）通过学习会、座谈会、公告公示等形式，把有关群众生产生活的各类政策措施传达到联户组长。对工作成绩突出的联户组长及时表彰，给予适当的物质奖励和精神奖励，并纳入村（居）干部后备人选培养管理，优先安排培训、就业等。

依照文件落实经费保障，按照黔党发〔2006〕17 号文件关于“综治平安建设经费要随着当地经济的发展和工作实际需要逐步增加”的精神，将综治中心（矛盾纠纷调处化解中心）建设经费以及网格员工作补助等纳入同级财政预算，由同级财政予以保障，保证各项工作正常开展。合理确定网格员、联户组长薪酬待遇，确保与其从事的工作相符合。各有关单位探索建立与网格员、联户长业绩挂钩的绩效奖励和反向约束机制。为网格员提供必要的工作场所、装备设备等条件。多渠道筹集网格化治理资金，引导更多的社会资金、民间资本投向基层社会治理领域。

（三）监督与问责机制促进长效发展

经开区充分发挥主流媒体特别是网络新媒体的作用，创新拓展“一中心一张网十联户”治理机制宣传渠道，组织开展向社会报告网格化治理工作等专题活动，持续开展年度“最美网格员”“十佳联户长”“金牌调解员”等选树活动，提高公众对网格化治理的知晓率、满意度。

经开区平安建设领导小组将“一中心一张网十联户”治理机制建设落实情况纳入平安建设考核，提高分值权重。同时加强督促检查，区政法委（平安办）每月对工作推进情况进行一次督导，及时发现问题、补齐短板、纠正偏差，确保各项任务落地见效。各部门严格落实平安建设领导责任制，对因不落实“一中心一张网十联户”社会治理工作，而导致基层基础工作薄弱、矛盾纠纷升级、非访突出、治安混乱、案件频发和风险隐患转化为现实危害的单位和个人，依照《安顺经济技术开发区社会治安综合治理“领导责任制”实施细则（试行）》进行问责，从而提高相关单位和个人的工作积极性和责任感，积极尽职履责。

第三节 “七个一”村务管理机制汇集社区民意

乡村治理是国家治理的有机组成部分。在乡村振兴战略背景下，如何实现乡村治理有效，提升村级事务管理能力成为亟须解决的现实问题。一个村庄有制度化的事务管理规范，才能够沿着村级事务管理模式稳定发展。反之，村级事务就会因零散化、碎片化陷入毫无章法的混乱境地，失去生产发展的有利条件。为进一步加强党的基层组织建设和政权建设，充分发挥基层党组织引领发展、服务群众、凝心聚力、促进和谐的作用，安顺经开区牢牢抓住社区在基层社会事务管理中这根“末梢神经”，通过实施“七个一”管理机制，厘清村级事务管理程序，进一步提升村（居）民自我管理、自我服务、自我发展的能力，保障群众参与权、知情权、监督权。

一、“七个一”工作机制实现村级事务规范化管理

为进一步加强党的基层组织建设，充分发挥党组织的政治优势、思想优势和组织优势，自2017年起，安顺经开区在全区71个农村社区以“每天一次民意汇集，每周一次村民议事会，每旬一次公益活动、每月一次理财会、每季度一次绩效考核、每半年一次谈心会、每年一次述职述廉”“七个一”村级事务管理模式开展工作，畅通村级事务管理，提升村级自治水平。

（一）每天一次民意汇集

各社区设立专门“民意汇集室”，建立民情台账，并从驻村第一书记、扶贫主任、社区“两委”成员中每天安排2名人员坐班值守，负责对当天群众反映的社情民意、发展建议等事项进行收集、归类、整理，并向当事人开具“问题、建议接收单”和“集中讨论告知单”。同时，社区党支部在本社区设立意见（建议）箱、“民情电话”等，广泛听取群众意见。由各镇（办）、新

型社区综治部门收集、归类、整理上报区政法委、应急办协调解决。

（二）每周一次村民议事会

各社区党支部设立“民情议事协商室”，由社区党支部确定每周“民情议事”时间，组织社区“两委”班子成员、社区居民代表、利益当事人以及相关单位人员，对本周收集到的社情民意、发展建议逐一进行充分协商讨论，并在征求当事人意见后作出决议。

（三）每旬一次公益活动

结合“讲文明、树新风、革陋习”等工作规划，每旬由村党支部组织本村村民（20 人以上）开展 1 次及以上社会公益活动，活动内容包括但不限于：关爱鳏寡孤独、空巢老人、留守儿童及脱贫返贫等困难群体，开展村庄清洁行动清扫保洁本村环境卫生、治理本村违法建筑、劝导文明操办婚丧嫁娶，协调化解本村信访问题及社会矛盾纠纷，宣传普及法治道德、文明礼仪、环境卫生、道路交通、安全生产等知识。

（四）每月一次理财会

自 2017 年起，各社区借助召开村民大会的契机，从村民中选举产生 3 ~ 5 人组成村民理财小组，对本村财务工作进行民主监督，参与制订本村财务计划和各项财务管理制度。此后各社区每月组织村民理财小组召开一次民主理财会，公布村级财务收入和支出、集体资产管理、村级财务管理、集体利益分配、一事一议筹资筹劳等方面的情况，并听取相关意见建议，确保资金项目充分听取民意，规划合理、开支科学。

（五）每季度一次绩效考核

镇（办）、新型社区党委结合实际，制定工作考核办法并进行考核，于每季度末最后一个星期将考核结果报区民政局备案，累计作为社区“两委”班子年度考核述职的重要依据。主要考核内容包括：村集体经济平稳有序发展情况，宣传贯彻上级方针政策、法律法规情况，定期组织开展公益性活动、谈心谈话会、理财会情况，村级矛盾纠纷排查化解、安全生产情况，社区“两委”劝导滥办酒席、违法建筑治理、秸秆禁烧情况，村级落实民主决策和

“三公开”情况，社区“两委”班子执行“三会一课”制度、履行党风廉政建设情况，社情民意收集台账及处理完成情况，本社区群众违法违纪情况。

（六）每半年一次谈心会

各社区建立健全谈心谈话制度，社区党支部书记每半年分别与“两委”成员、村民小组长进行 1 次谈心谈话，社区主任每半年与班子成员、村民小组长进行 1 次谈心谈话，村民小组长每半年与长期群访、闹访、缠访人员进行 1 次谈心谈话，由此不断提高基层党支部为群众服务的能力和水平，提升基层党支部的理论知识、业务能力、组织归属感，强化团队合作能力，稳步推进各项工作。通过谈心谈话会，社区干部了解了基层群众的意愿和心声，及时掌握群众的思想动态，同时普及相关法律知识和政策文件，引导群众在法律框架内发表个人合理的民生诉求。

（七）每年一次述职述廉

由镇（办）、新型社区党委主持，各社区在每年 12 月上旬召开一次年度工作总结会和“两委”述职述廉会，社区党支部围绕当年“社情民意”收集、评定、落实情况和德、能、勤、绩、廉进行述职，并将述职问题落实清单向社会公布。述职会上，镇（办）、新型社区党委对社区“两委”进行民意测评，对履职认真负责、民意测评满意度达 80%（含 80%）以上的，给予物质和精神奖励；对履职不负责、民意测评满意度低于 70%（含 70%）的，由镇（办）、新型社区党委进行诫勉谈话；对民意测评满意度低于 50%（含 50%）的，由镇（办）、新型社区党委作出组织调整。

二、“七个一”管理机制汇集民意凝聚民心

自开发区执行“七个一”制度以来，基层干部听民声、解民意、排民忧，把老百姓反映的一个个问题都落到实处。经开区通过不断加强和改进党的思想、组织、作风和制度建设，增强党组织的凝聚力和战斗力，进一步深化了“服务型、发展型、创新型”党组织建设，扩大了群众的知情权、决策权、管理权、监督权，畅通了民意表达渠道，提升了村民自治水平，激发了村干部工作热情，为巩固脱贫攻坚成果奠定了治理基础。

（一）畅通民意表达渠道，及时化解矛盾纠纷

经开区通过设立“民意汇集室”、建立民情台账，对村民反映的问题及时登记并采取集中议事的方式解决。仅2019年一年，结合“不忘初心、牢记使命”主题教育，经开区在71个村（社区）设置了民意收集室、民意投放箱、民情电话号，驻村工作组和村（社区）“两委”班子成员负责接待群众来访，每天汇集群众反映的民生问题。一方面，现场给予答复、解决、办理，当事人签字认可；另一方面，向当事人开具“民情议事告知单”，告知集中研讨办理的时间、地点、参加人员，确保群众反映问题有去处、有落实、可监督，真正做到敞开大门征民意，真情实意解民事。2019年，全区71个村（社区）汇集社情民意4200条，现场办结（答复）2201条，开具“村（居）民议事告知单”1165张，化解群众矛盾纠纷823起。通过民意汇集，全区村级班子能及时发现并解决群众的困难和问题，将矛盾纠纷化解在萌芽状态，为构建和谐村寨奠定了坚实的基础。

（二）提升村民自治水平，村级治理提质增效

经开区通过定期组织党员、群众代表到村级“民情议事协商室”参加会议、开展活动，让村民更多地参与集体决策。在“村民议事会”召开前，将汇集到的社情民意进行公示。然后，召开会议，村（社区）“两委”班子成员、驻村第一书记、扶贫主任、村民代表等参加会议，对问题逐一进行讨论，80%以上参会人员同意的，现场办理，未达到80%以上参会人员同意的，明确专人“一对一”做好政策解释和跟踪服务。会后，将会上作出的结论和群众需要知晓的党务、村务、财务，在公示栏内进行公示，做到立公立德、不偏不倚、接受监督。2019年，全区村（社区）召开村民议事会2703次，解决民意6230条，公示民情民事、党务村务7052条，进一步提升了群众参与村级社会事务管理的积极性，提升了村级事务管理效能。

（三）党员带动公益活动，树立社区文明新风

经开区广泛动员党员干部和群众加入村志愿者服务队。各农村社区每旬组织党员、村民开展1次以上主题鲜明的公益活动，将其作为改善乡村精神文明风貌的重要契机，有效推动了“门前三包”责任落实，改变了村（社

区）污水乱排、垃圾乱倒、柴草乱堆、秸秆焚烧、乱办酒席、乱砍滥伐等不文明的生活方式，文明之风在乡村劲吹。2019 年，全区村（社区）公益性组织队伍人数达 5.5 万，开展各类公益活动 1818 场次；协调帮扶物资 100 余万元惠及 558 人次；村（居）酒席场次同比减少 51%。通过每旬一次的公益活动，志愿服务活动在各农村社区蔚然成风，基层精神文明建设呈现新风貌，文明新风浸润美丽乡村。

（四）“以绩定酬”激发村干部工作热情

为确保“七个一”工作不走形式，经开区依照《安顺经济技术开发区村（居）干部绩效考核办法》，组建 12 个考核小组，在每年初制订方案和目标任务，每月由镇（办）、新型社区党委对各农村社区“七个一”工作情况实行月考核，每季度由区考核组对各农村社区实施季考核。年中履职践诺、年底考核奖惩，考核结果作为村（社区）班子绩效兑现和村（社区）评先评优的重要依据。同时，经开区探索正向激励和负向惩戒并行机制，将村（社区）“两委”干部工资的 30% 作为绩效奖励，推行村（社区）干部报酬与村集体经济增长挂钩机制，村（社区）干部收入每月最高可达 4000 余元。每年财政拨付预算 1000 万元作为村（社区）发展奖补资金，用于激励村庄争创和谐村、无毒村、美丽村、桃李村、发展村等。通过考核和评选，村（社区）干部收入不断攀升。2019 年以来，幺铺镇鲍家村、宋旗镇和兴村、西航办西湖村等 80% 的村庄先后获得 5 万元村级产业发展奖金和云雀新能源汽车奖励。“以绩定酬”的奖惩机制补齐了村干部干事创业动力不足的管理短板。

三、“七个一”村级事务管理为基层减负增效

社区治理是基层治理的最后一环，各部门社会治理的需求和规划要落地，最终都会压实到村（社区），给村（社区）“两委”干部造成不小的工作压力，尤其是在基层着力解决减负问题之前，一些上级部门数据互不相通，导致社区工作人员常常陷入数据采集、填报工作当中，数据重复统计、重复上报的情况比较突出。安顺经开区在全区探索建立的“七个一”村级事务管理机制，规范了村级事务管理，将村级治理绩效直接与村干部年终奖惩挂钩，让基层干部从繁文缛节、文山会海中解脱出来，使村级事务办理流程更加规范。村干部能够把更多的精力放在服务群众、为民解忧工作中去。

（一）村级事务管理要健全村级干部队伍

村级事务涉及基层党建、产业发展、生态环境、乡风文明、综治维稳、行政审批等各个方面，而村级干部队伍人员数量少、人均工作负担过重直接影响到村级管理效率。安顺经开区在新一届村“两委”换届选举过程中，选优配强村委干部班子，鼓励退役军人等优秀人才回流，继续回到村庄发挥他们踏实肯干、吃苦耐劳的精神，在农村继续发光发热。此外，通过“七个一”机制设岗定责梳理村级事务，在村民议事、财务公开等方面有效发挥了村民代表、乡贤能人等群体的积极作用，将日常工作开展具体到个人，这就在很大程度上避免了大量的社区事务全部落在5～7人的村委班子手中，让村委干部更好发挥对会议进程进行监督和引导的作用，将群众事务交还村（居）民自我管理、自我服务。在党委的领导下完善村民自治，引导村（居）民参与村务，能够在很大程度上避免村民与村委会之间因信息不对称而产生不信任的情况。

（二）村级事务管理要建立健全长效机制

基层减负往往陷入“限制、反弹、再限制、再反弹”的尴尬境地，甚至出现“越减越负”的情况，形式主义与文牍政治很难让基层真正减负。安顺经开区推动村级管理常态化、长效化，以“七个一”流程化管理作为解决层层加码、文牍政治的手段，在经开区工管委的集中统一领导下，形成了上下联动的工作格局，让基层工作回归到“解决问题”的工作本质，而不是因疲于“完成任务”忽略政策的本来目的。每天一次民意汇集、每周一次村民议事会、每旬一次公益活动、每月一次理财会，将上级治理任务与村级治理诉求有效结合，每一次都是与村民进行良好沟通的宝贵机会，为广泛吸纳民意提供了正式渠道。只有从制度建设上不断完善治理机制，才能更好地在服务群众中发力，拉近与群众的距离。

（三）村级事务管理要保障村干部工资待遇

村干部认知和觉悟不高导致服务效果不佳，其原因就在于村干部自身的积极性和主动性没有被激发，对待工作他们只是“完成任务”式的去落实，缺少主动性，不愿费精力去思考上级的部署安排，也不愿花时间去学习中央政策文件精神，也就无法高质高效地完成上级布置的任务。安顺经开区实行“以绩定酬”的常态化考核机制，将村干部月收入与村集体经济发展成果挂钩，村干部月收入最高可达4000～5000元。绩效考核制度不走形式，实行量化考核、绩效考核，年终计算工作实际成效，村与村之间不再是“干与不干一个样”，推动党员干部集中精力发展生产。此外，经开区与企业合作，对发展较好的村奖励企业赞助的新能源汽车，实现“政府—企业—居民”的合作共赢，激励广大基层干部心无旁骛做实事、轻装上阵谋发展，为基层老百姓谋福利，更好地践行共产党人的初心和使命。

第四节　“一约四会三榜”文化工程培育文明乡风

生态宜居是乡村振兴的内在要求，从“村容整洁”到“生态宜居”反映了农村生态文明建设质的提升，体现了广大农民群众对建设美丽家园的追求。为持续改善全区农村人居环境，2021 年，经开区以创建宜居乡村推进乡村振兴行动工作为契机，下发《关于在宜居乡村建设中推进“一约四会三榜”促进乡风文明的通知》，以推行“一约四会三榜”为抓手，改变农村陈规陋习。自该通知实施以来，村容村貌持续向好，农民精神面貌焕然一新。

一、健全“一约四会三榜”的自治规则

经开区通过“一约四会三榜”激发广大农民群众参与乡村环境改造的热情，促进农业高质高效、乡村宜居宜业、农民富裕富足。“一约四会三榜”即规范完善农村社区村规民约，建立健全农村社区红白理事会、道德评议会、村民议事会、禁毒禁赌会，设立红黑榜、积德榜、乡贤榜，有效规范村民行为，营造人人动手、户户整治、村村文明的良好氛围。

（一）规范完善村规民约

村规民约是村民进行自我管理、自我服务、自我教育、自我监督的行为规范，是引导基层群众践行社会主义核心价值观的有效途径，是健全和创新党组织领导下自治、法治、德治相结合的现代基层社会治理机制的重要形式。首先，各村根据《关于进一步修订村规民约（居民公约）的通知》（安开民通〔2019〕20 号）的主要内容和程序制定和修订村规民约，将“四清两改四严禁”、创建宜居乡村、农村食品安全、农村公路管理养护等要求纳入村规民约。其次，充分发掘本村的传统文化和民族特色，将各村独具特色的少数民族文化、屯堡文化、藤甲文化等传统习俗融入村规民约中。经开区有 4 个村

寨属于乡村振兴示范点，村寨游客在高峰期达2万到3万人，各村结合乡村振兴发展规划来拟定村规民约，结合民族村寨管理特色，将如何提升游客接待水平等体现在村规民约中。最后，各个村寨将保护传统村落等内容纳入村规民约，增强村民对传统建筑、古物文物等非物质文化遗产的保护意识。区民政局在推进村规民约（居民公约）工作中加大宣传力度，激发群众参与热情，并结合村情（居情）实际，增强规范性，删繁就简，以简单平实的话语提炼总结，便于村民接受。

（二）建立健全“四会”组织

红白理事会、道德评议会、村民议事会、禁毒禁赌会都是在村党委组织领导下成立的村民自治组织，主要是对村规民约未尽事宜的补充，在倡导移风易俗、推广村规民约、村级议事协商、普及法律法规等方面发挥出积极作用。

红白理事会在村党组织指导下开展工作，积极向村民宣传党的方针、政策，引导村民转变观念，树立乡村文明新风尚。各村成立红白理事会的同时形成并建立完善红白理事会成员名单、红白理事会工作制度（章程）、红白事管理制度、红白理事会工作台账、向群众倡议书、先进典型记录。红白理事会成员由村民代表会议推选组织协调能力强、群众基础好、热心公益、威望高、有影响力的党员、老干部、乡贤和红白事操办“支客”等组成。红白理事会成员一般由5~7人组成，设会长1名，由理事会成员推选产生。

道德评议会负责在本村贯彻落实《公民道德建设实施纲要》和村规民约，日常组织群众开展“身边好人”“最美村民”“好婆婆好媳妇”“文明家庭”“文明户”等评议推荐活动，对本村村民的不良言行进行疏导和遏制。道德评议会会长一般由群众公推的“五老”人员担任，或由村委会主任担任，评议会成员由群众推荐、村“两委”审查确定。道德评议会一般由5~11人组成，每季度至少开展一次道德评议活动，日常根据需要随时召开评议会议。

村民议事会是村级自治事务的常设议事决策机构，根据村民会议（村民代表大会）委托，在授权范围内行使村级自治事务的议事权、决策权、监督权。村民议事会成员由村民会议（村民代表大会）推选产生，或由村民小组按规定名额推选产生，主要以村“两委”成员、“两代表一委员”、辖区内其他经济、社会组织负责人和有威望有议事能力的村民代表为主，其中村民代表比例不低于议事会成员总数的50%。村民议事会一般由15～21人组成（原则上为单数），设主任1名、副主任2名，由村民议事会成员推选产生。

禁毒禁赌会定期向村民宣传国家有关法律法规和禁毒知识，提高群众对毒品、赌博的危害性与严重性的认识，提升全民禁毒禁赌意识。职责包括全面掌握摸清本村吸毒人员、赌博人员底数，对吸毒、赌博人员进行帮教，定期召开会议，研究帮教、检查工作，及时掌握被帮教人员动态，并将有关情况报告当地派出所；组织发动群众同涉毒、赌博违法犯罪行为作斗争，积极向公安机关检举揭发涉毒涉赌的人和事。禁毒禁赌会成员由村“两委”成员、党员、小组长、社区民警（辅警、警务助理）和懂法律、有威望的群众代表组成，主任由村委会主任担任，村委会主任为本村禁毒禁赌工作第一责任人。

（三）设立红黑榜、积德榜、乡贤榜

安顺经开区通过“三榜”建设充分发挥先进典型的示范引领作用，以德治促进乡风文明。

一是在村党群服务中心设立“红黑榜”，表现较好并且积极传递正能量的村民经过村“两委”审核通过后在“红榜”张榜公示，反之，若有违反村规民约，在群众之中造成不良影响的则纳入“黑榜”管理，经村“两委”审核通过后张贴公示。

二是以“积德榜”为抓手，充分发掘、展现在培育和践行社会主义核心价值观中涌现出的先进典型，“积德榜”建设包含“仁、义、诚、敬、孝”五项基本内容，经村“两委”审核通过后张贴公示。

三是“乡贤榜”设立在农村社区党群服务中心或文化广场等人员流动密集的场所。“乡贤榜”人员包括在农村改革发展中涌现出来的文化带头人、致富带头人、优秀基层干部、道德模范等先进典型，经村“两委”审核通过后张贴公示。

二、发挥“一约四会三榜”运转机制的落地实效

经开区自开展创建宜居乡村工作以来，通过“约”出新文明、“绘”出众和谐、“榜”出新风尚的“一约四会二榜”模式，有效规范了村民的行为，提高了村民参与宜居乡村创建的积极性，为推进乡村振兴打下了坚实的基础。

（一）加强组织领导，注重宣传发动

成立由管委会分管领导任组长，民政局局长任副组长，民政局、创建办、各镇（办）、新型社区分管责任同志任成员的工作领导小组，加强对推行“一约四会三榜”的组织领导。区领导和各包保单位主要责任人到包保村采用院坝会、走村入户等方式，开展“一约四会三榜”宣传。除此之外，通过新闻媒体、官方网站、“两微一端”等多种渠道进行广泛宣传，“一约四会三榜”家喻户晓，取得了良好的宣传效果。

（二）规范村规民约，强化落实效果

区民政局通过组织修改和完善村规民约，充分尊重村民的主体地位，广泛征求村民意见，真正反映全体村民的共同利益和愿望。区民政局严格按照《中华人民共和国村民委员会组织法》，落实好调查研究、集中意见、审议、公布、备案等相关程序和步骤，推进村规民约公平、公正、公开稳步进行，保障其不与国家的法律、法规、政策相抵触，不得有侵犯人民群众人身权利、民主权利和合法财产权利的内容；将创建宜居乡村“四清两改四严禁”内容纳入村规民约，强化乡村环境综合整治。在村规民约的推动下，累计拆除蓝皮房、彩钢瓦等构筑物 613 处 5 万余平方米。针对少数民族及多民族居住村寨，将村民有义务学习本民族语言、传承本民族文化、保护民族文化遗产等内容纳入村规民约。

（三）健全“四会”组织，自治与德治并举

经开区利用红白理事会，积极向群众宣传党的方针、政策，引导群众转变思想观念，遏制农村大操大办、滥办酒席、借机敛财等不正之风。通过道德评议会，组织群众开展评议推荐活动，对本村村民的不良言行运用群众舆论疏导遏制，截至 2021 年累计开展道德评议会近 100 次，按照每周 1 次的频率召开村民议事会；各村禁毒禁赌会成立以来开展工作 100 余次；形成乡风文明的良好氛围。“四会”组织作为村民自治的重要补充，发挥了其在城乡社区治理中的积极作用，构建了法治有序、德治有效、自治有力的新型社区治理新格局。

（四）突出“三榜”效应，引领文明新风

目前，“一约四会三榜”在全区各村大力推行，各村立足实际，修订完善村规民约，制定《红白理事会章程》，定期开展道德评议，及时开展村民议事，广泛开展禁毒禁赌宣传。自“一约四会三榜”推行以来，全区召开60余次院坝会，入户宣传5000余人次，发放宣传资料1万余份，开展道德评议会近100次，170余人次上红榜，20余人次上黑榜，积德榜上榜人数82人，乡贤榜上榜人数69人。“一约四会三榜”的实施，不仅实现了民事民议、民事民办、民事民管，约束了村民的不道德行为，提高了村民参与宜居乡村创建的积极性，还畅通了村民和村干部之间沟通的渠道，民意得到了汇集落实/实现。

三、“一约四会三榜”文化工程促进乡村善治

新时代村规民约是健全和创新党组织领导下自治、法治、德治相结合的现代基层社会治理机制的重要形式。[①] 源于乡土社会的村规民约一直具有促进村民自治、弥补法律空白、促进乡风文明建设等重要作用，但其有时不免沦为形式化的泛化文本，缺乏执行性。而红白理事会、道德评议会、村民议事会、禁毒禁赌会等村级自治组织作为对村规民约的有效补充，弥补了政策落地的制度空白，红黑榜、积德榜、乡贤榜作为德治建设的重要依托，在乡风文明培育方面亦体现出积极作用。经开区构建的“一约四会三榜”将三者统合，协同发力，彰显出新时代乡村自治、法治、德治相结合的时代意蕴。

（一）提升了村民自治的治理功能

“一约四会三榜”的治理逻辑本质上是政府主导下的村民自治培育，也是基于降低治理成本的必然选择。一方面，各村建立健全“一约四会三榜”机制离不开自上而下的统一领导。区民政局统一制订实施方案，宣传建立“一约四会三榜”机制的重要性，敦促各镇（办）结合各村实际制订此项工作行动实施方案，组织各村召开专题会议，强调“一约四会三榜”建设是加强基

---

① 陈荣卓，李梦兰，马豪豪．国家治理视角下的村规民约：现代转型与发展进路——基于“2019年全国优秀村规民约”的案例分析［J］．中国农村观察，2021（5）：23－36.

层治理、推进移风易俗、提升城乡文明程度的重要抓手，也是全市宜居乡村创建工作的一项重点任务，对此项工作作出安排部署。另一方面，培育自治能力是打破基层治理困局的必然选择。村级组织长期面临着“上面千条线，下面一根针”的治理困境，承担着大量烦琐的日常公共事务，村级内生的社会治理矛盾已难以经由村委会统一协调解决，因而面临着信访维稳等诸多压力。“一约四会三榜”机制以培育村民自治能力为重点，是增强村民民主权利意识的良好载体。在村委领导下围绕村内公共事务形成社会规范，从村规民约到“四会”“三榜”，针对化解社会矛盾纠纷、排查日常生产生活隐患形成了一种熟人社会特有的“日常契约”，通过村民的自我管理和自我监督保障其顺利实施。且自治范围主要侧重于村落环境卫生整治、村民日常行为规范、倡导文明向善等贴近群众生活的小事，有利于激发村民共同创建美好生活共同体的积极性，培育村民的主人翁精神，使村民主动参与村庄建设。

（二）推动了乡村善治的发展进程

乡村善治的目标是构建自治、法治、德治相结合的乡村治理体系。“一约四会三榜”作为以德治村的重要机制，为乡村法治提供了制度补充，有效弥补了法治不足导致的治理真空。在沿袭熟人伦理的农村社会，国家法在很大程度上是作为“底线”的象征意义而存在的，农民更多的是基于自在秩序的“民间法”来调和一切，法律无法触及农村基层的细枝末节，政府权力也只在“法无授权不可为”的框架内运行。[①] 通过构建和实施村内治理规范，调整乡村社会关系，化解乡村社会纠纷，培育村民自治能力和法治精神，不仅是推进“三治”结合、打造基层善治体系的有效路径，更是推进法治国家、法治政府、法治社会一体化建设的重要基础[②]。近年来关于农业农村的法律不断健全，但仍然面临着一些“送法下乡”的实际困局。其一，法律条文内容专业、语言抽象，对于大部分人而言非常晦涩难懂，甚至绝大部分村“两委”中也没有精通法律的人才。其二，法律是具有普适意义的行为规范，不能因地制宜，也难以事无巨细、面面俱到。特别是对于特色民族地区“十里不同音，

---

① 周铁涛．村规民约的当代形态及其乡村治理功能［J］．湖南农业大学学报（社会科学版），2017，18（1）：49－55．

② 姚保松，周昊文．乡村振兴视域下村规民约的困境及出路探析［J］．学习论坛，2019（3）：80－85．

百里不同俗”等地域差异，各个地方乡村的风俗习惯、文化传统有很大差别，普适意义上的法律针对性偏弱。村庄治理往往面临着小微事务的纠纷难题，比如土地矛盾、邻里纠纷等，很难有对应的法律条文。其三，国家法律为维护其严肃性和权威，制定和修改都需要非常慎重，因此通常情况下，法律总是滞后于经济社会发展①。因此，作为介乎国家法律与乡风民俗之间的村内规范，“一约四会三榜”既具有规范性的一面，也带有契约性的成分，依靠乡村公共权威得以实施，是国家法律与乡风民俗之间的补充条文，它有利于缓解农村法治化进程中政府与农民的矛盾，推进乡村民主化、法治化建设。

（三）形成了以德化人的良好氛围

德治是儒家学说中的一种道德规范，也是乡村治理体系中的重要价值支撑。没有有效的制度规范村民的行为，乡村善治就会变成空中楼阁难以落实。基于相同的文化背景与生活习惯以及约定俗成的行为准则，乡村社会中的个体逐渐形成了互相认可的道德基础，而政府引导下的村治则是对潜在的行为准则加以引导和制度化。潜在的价值体系得以制度化运转，受多种因素影响。其一是依托地方文化。村民日常行为规范主要以传统伦理文化为基础，以民风、民俗等为表现形式，以公众言论等非强制性手段保证实施，是“构建人类相互作用的制度框架时不可或缺的部分”，与地方文化的独特性和地域性分不开，所以德治需重视村落的特殊性与普遍性，因村施策。其二是辐射日常生活。“一约四会三榜”得以有序运转在于结合宜居乡村、宜居小镇建设，治理成果直接体现在村民日常生活中，村落环境卫生及移风易俗等得到村民普遍认可和接受。其三是对道德滑坡的提前防范。在市场经济体制下，大量的青壮年群体进城务工，新一代的青年生活成长的时代处在农业社会与工业社会的飞速变动发展中，丰富的物质文化生活若不加以引导，易走入挥霍堕落、难辨是非的境地。除了乡贤能人等道德模范的引领，禁毒禁赌会等协会也要发挥引导作用。新时代村民的精神文化素养在“一约四会三榜”规范化制度的建设下将进一步浸润提升。

---

① 刘思思．“三治融合”乡村治理体系中村规民约的价值功能、实践难点及完善路径［J］．宏观经济研究，2021（8）：128－133．

后 记

党的十九大报告指出，“我国经济已由高速增长阶段转向高质量发展阶段”。党的十九届五中全会就高质量发展作了进一步阐述，指出“我国制度优势显著，治理效能提升……发展韧性强劲，社会大局稳定，继续发展具有多方面优势和条件”；同时也提到高质量发展面临的现实问题，如“民生保障存在短板，社会治理还有弱项”，等等。党的二十大报告在提出“中国式现代化”时代论断的同时，指出要“坚持大抓基层的鲜明导向，抓党建促乡村振兴，加强城市社区党建工作”，“采取更多惠民生、暖民心举措，着力解决好人民群众急难愁盼问题”，“完善社会治理体系，健全共建共治共享的社会治理制度，提升社会治理效能”，“健全基本公共服务体系，提高公共服务水平，增强均衡性和可及性”等要求，因而有必要深入思考社会治理领域高质量发展这一时代课题。农村社区作为农村社会治理的基本单元，是农村居民生产生活的新型共同体。加强农村社区治理，推进农村重点领域和关键环节改革，不断激发农村资源要素活力，是促进乡村全面振兴的必然要求，也是广大农民群众的殷切期盼。安顺经开区对照乡村振兴战略的现实和要求，依托自身优势积极实践、勇于创新，探索出具有经开区特色的农村社区治理新路径、新方法、新经验，进一步响应了国家政策号召和发展需求。本书出版恰逢其时，可以提供有价值的参考和启发。

调查研究是谋事之基、成事之道。重视调查研究是我们党在各个历史时期做好各项工作的重要传家宝，也是做好各项工作的基本功。党的十八大以来，习近平总书记高度重视调查研究工作，倡导全党大兴调查研究之风。多年来，笔者致力于走出书斋、走向田野，将基层治理问题放置于中国国家治理进程中去考量和探究，以总结国家构建的微观经验和机制，并推出地方治理实验书系。回到研究主题本身，为了总结安顺经开区创新性经验，本人曾多次携团队实地调研、跟踪观察，在一线改革中指导地方实践、汲取地方经验、服务中央决策、聚焦理论提升，其间得到了贵州省民政厅、安顺市民政局、安顺经开区民政局的大力支持和积极协助。同时，本人依托华中师范大学全国民政政策理论研究基地，选派成员驻点安顺经开区，深入各个村庄和社区开展专题调研、挖掘一手资料，系统总结农村社区治理特色亮点，切实推动安顺经开区实验成果转化，为本书的写作打下了坚实基础。

最后还是需要说明，由于编者能力有限，书中难免存有疏漏，请各位读者多多批评指正！

陈荣卓

2022 年 11 月